UNA SOCIEDAD
DE SEÑORES

Donceles 66, Centro Histórico
C.P. 06010, Ciudad de México

Una sociedad de señores
ISBN: 978-607-9409-64-7

Primera edición: febrero de 2017

Diseño de interiores y composición: Sergi Gòdia

MARIO CAMPAÑA

UNA SOCIEDAD DE SEÑORES

DOMINACIÓN MORAL Y DEMOCRACIA

Jus

Para Isabel Avilés,
mi madre,
un aliento constante.

Para mi hijo Ian,
que ahora empieza.

Y para Iván Carvajal y
Constantino Bértolo,
que suelen decir mucho
con pocas palabras.

PRÓLOGO

¿De dónde venimos?, ¿a dónde vamos?, son dos de esas tradicionales preguntas a partir de las cuales las personas que irresponsablemente osamos autodescribirnos como cultas «sentimos» como «profunda» nuestra identidad, nuestra cualidad de ánimas reflexivas y filosóficas, y nuestra consiguiente diferencia de aquellos y aquellas, tan groseros y vulgares de alma y espíritu, que van por la vida sin preguntarse ni cuestionarse el sentido de la vida. Autodescribirse como persona culta no deja de ser un acto de vanidad y soberbia, pero no creo exagerado afirmar que esas vanidades y soberbias forman parte de la imagen que muchos de nosotros o nosotras vemos día a día reflejada en las aguas narcisistas donde consciente o inconscientemente nos vemos reflejados. Y tampoco creo que sea hacer juicios temerarios afirmar que son muchos los libros, esos espejos donde se miran nuestras palabras, que directa o indirectamente plantean esas mismas preguntas una y otra vez, de un modo u otro, en clave narrativa o poética o ensayista o dramática. Preguntas que de acuerdo con lo que se dice en muchos manuales de retórica son precisamente las preguntas que la buena literatura aborda y trata, inútilmente, de responder, constituyendo paradójicamente ese aparente fracaso uno de los méritos principales que nos permite, dicen, reconocer las bondades de la buena literatura. Que no en vano el considerar nuestra existencia como «misterio» es uno de eso halagos con que el humanismo generoso ha venido revistiendo de relevancia y trascendencia nuestro fugaz paso por la vida.

Este libro también nos plantea el análisis y desciframiento de un misterio, pero de un misterio menos profundo y existencial y mucho más concreto, materialista y ordinario: ¿por qué nos comportamos como nos comportamos? Y es justamente ese afán por lo ordinario lo que lo convierte en un libro extraordinario, lleno de información y reflexión y libre de pedantería. Un libro al que lo ameno y flexible de su argumentación dota de rigor, autoridad y precisión, y en el que la notable capacidad de hacerse entender del autor caracteriza el tono y fuerza de su entendimiento.

Una sociedad de señores parte de una hipótesis sorprendente: que en pleno siglo XXI, a pesar de las apariencias, vivimos inmersos en una inmensa burbuja ética en la que sobresale la presencia de unos valores que se corresponden con aquellos que históricamente hemos venido atribuyendo a las sociedades aristocráticas y señoriales. Dicho en sus propios términos, el propósito del libro «es intentar una relectura de doctrinas, instituciones, comportamientos y testimonios que revelan, en la historia occidental, una sorprendente línea de continuidad que desemboca en el presente de las democracias, una "corriente continua" ética y axiológica que puede ser llamada simplemente "cultura señorial" o aristocrática, la de nobles, señores y notables; un entramado que ha conformado un verdadero poder desde hace más de dos mil quinientos años hasta hoy y ha ejercido, y continúa ejerciendo, una influencia decisiva sobre todo Occidente, desde el fondo de la historia europea hasta nuestra época». Sin duda una hipótesis semejante choca frontalmente con aquellas visiones, hoy hegemónicas, que no dudan en describir nuestras sociedades como paradigmas democráticos de convivencia social, tanto por sus instituciones como por los valores éticos que actúan sobre las relaciones sociales que se producen en su interior. En ese sentido el libro funciona como inesperada y fuerte lección de humildad y sin duda despierta durante su lectura mecanismos de resistencia de los que conviene ser consciente.

A su vez esta hipótesis, que el buen oído estratégico del autor presenta sin ínfulas académicas («Reclamo la legitimidad y pertinencia de esta clase de lecturas, que trata de identificar valores y mentalidades colectivas no solo a través de trabajos de campo y bases estadísticas»—, se apoya sobre una tesis fuerte y arriesgada en su transparencia, en cuanto que desde el principio manifiesta que «por cultura señorial o aristocrática entendemos un complejo de ideas y valores, unos patrones de conducta, un imaginario, que surgieron de la élite gobernante, de los llamados al principio *aristoi* o "mejores" y después "nobles" en la Grecia arcaica y clásica, y se transmitieron luego a Roma. Esos valores distinguen a las sociedades y a los seres humanos según una estrecha noción de humanidad y una jerarquía moral, y los clasifican así en superiores e inferiores».

Al desarrollo de esta tesis y a la comprobación de aquella hipótesis dedicará Mario Campaña las páginas de este libro que cabe definir como ensayo aun ubicándolo más en los registros cercanos a la investigación de corte kantiano que a los propios del vuela pluma usual en el modelo del maestro Montaigne, sin que esto implique rigidez alguna en el libre avance de sus líneas de argumentación.

Siguiendo los consejos aristotélicos sobre la conveniencia de abordar el comentario de una obra tratando de dar cuenta en primer lugar de la «familia» literaria a la que pertenece, para luego proseguir con la determinación de aquella diferencia específica que la singulariza, parece oportuno a la hora de buscarle parentescos hablar de toda una genealogía literaria que agrupa tratados, ensayos e investigaciones sobre historia de las ideas, mentalidades o costumbres —valga nombrar obras de tono generalista como la *Historia del Mediterráneo* de Fernand Braudel, *El proceso de la civilización* de Norbert Elias o *El lenguaje clásico de la arquitectura* de John Summerson—, mientras que a la hora en que abordemos sus diferencias específicas sin duda habrá que encontrarle acomodo entre títulos difícilmente clasificables como serían *La distinción. Criterio y bases sociales del gusto* de Pierre Bourdieu o *Mímesis* de Erich Auerbach.

Evidentemente, la propia sustancia histórica que su hipótesis representa obliga a que sus razonamientos, siempre apoyados en ejemplos de perfiles narrativos o en la cita que transfigura lo teórico en prueba de cargo y la anécdota en categoría, se desarrollen ocupando cronológicamente todos aquellos momentos en que la tesis se hace visible y adquiere credibilidad.

Se inicia su trayectoria en el mundo clásico de Grecia y Roma («En cuanto a la humanidad, los griegos desarrollaron una doctrina que fue después seguida en gran medida por los romanos. Distinguían entre una humanidad verdadera y otra no verdadera, entre el hombre completamente humano y otros seres que, con apariencia humana, tenían una naturaleza en realidad más próxima a la de los animales»), subrayando con acierto cómo la idea germinal de una humanidad superior en contraposición a otra no-humanidad o humanidad inferior, distinción clave en la génesis y configuración de cualquier cultura señorial, está directamente relacionada con las ideas de *Imperium*, esclavitud y conquista: «Puesto que ellos [los bárbaros] no habían sido criados como hombres libres en sociedades libres, sino que habían vivido como súbditos de un gobernante, eran manifiestamente esclavos por naturaleza, y por tanto era perfectamente legítimo dominarlos y esclavizarlos de hecho».

El texto avanza en su línea argumental y argumentativa abrazado al *tempo* histórico, observando las distintas manifestaciones concretas de esa cultura en donde categorías como lo alto o lo bajo, lo noble o lo plebeyo, lo bello o lo feo, lo señorial o lo vulgar, adquieren un naturalidad absolutamente invasiva. Aun manteniendo siempre esa mirada diacrónica, el transcurrir de este ensayo sabe, en ocasiones siempre oportunas, y esta característica en su metodología es una de sus peculiaridades más estimables, tomar distancia de lo descriptivo para hacerse reflexión, recopilación o sugerencia: «Grecia y Roma rechazaron la idea de igualdad: fueron sociedades estrictamente jerárquicas, como es bien conocido. Esclavos, extranjeros y mujeres no tenían una existencia civil [...]. A todos les faltaba lo que Aristóteles llamaba *timai*, o estatus político».

Del mundo clásico el texto pasará a detenerse, con especial fortuna para los lectores, en un espacio histórico-cultural, la cristiandad, bastante menos frecuentado por investigaciones semejantes, para poner de relieve el papel de la Iglesia y la expansión del cristianismo como vehículos de transporte y mediación entre los valores de aquellos mundos clásicos que las invasiones de «los bárbaros» arrasaron y la emergente época del feudalismo con sus señores, órdenes de caballería, vasallos, nobles, purezas de sangre y linajes.

Tomando como referencia la famosa carta de Clemente de Roma a los corintios, en donde el padre de la Iglesia expone sus doctrinas sobre el rango y las jerarquías humanas: «Todos no son prefectos ni tribunos ni centuriones ni comandantes al mando de cincuenta hombres y así sucesivamente, sino que cada uno en su propio orden cumple lo ordenado por el rey y los jefes», Campaña nos muestra cómo la Iglesia antigua fue incorporando a su doctrina los principios de la aristocracia grecorromana: «Los no cristianos carecen de humanidad en sentido pleno. Para llegar a serlo plenamente deben activar el potencial que recibieron al nacer, realizar las acciones y asumir las creencias y los deberes que impone la fe. Ser humano es ser cristiano y ser cristiano es ser humano. En sentido contrario, no ser cristiano es no ser humano». Con esta interpretación del cristianismo como fusión y amalgama del humanismo aristocrático con una concepción jerárquica de las relaciones sociales, la Iglesia se presenta como una de las piedras angulares sobre las que descansa el paisaje axiológico que el libro recorre hasta esos momentos. Todo un tiempo de gestación y asentamiento de los elementos intangibles de lo que viene a conformar esa cultura señorial y aristocrática que pronto va a encontrarse en su camino con el nacimiento de la modernidad y del grupo social, la burguesía, que la sustenta.

Es obvio que todas aquellas partes en las que el libro aborda el encuentro entre esa cultura señorial y los nuevos modos de estar en el mundo que la burguesía trae consigo pueden resultar las más polémicas y, en consecuencia, las más atractivas y sugestivas. Y eso es precisamente lo que sucede. Acostumbrados como estamos los lectores a escuchar que la clase dominante, la burguesía en este caso, determina el conjunto de valores presentes en las sociedades que esa clase protagoniza, enfrentarse a toda la suma de pruebas, argumentos y razonamientos que en el libro se nos ofrecen para defender la supervivencia de los valores señoriales (que indudablemente reflejan una cultura que se asienta en la condición guerrera de las sociedades preburguesas) en unas sociedades donde, sin negar el papel de las armas, es la rentabilidad comercial y económica la que marca los límites del ser y estar de la condición humana, no es fácil. Con notable eficiencia se nos cuentan los nuevos valores que la burguesía introduce: el ahorro, la prudencia, el mérito personal y económico, y se analiza el complejo proceso que va a permitir —tanto en los países del mercantilismo europeo como en las naciones americanas surgidas de los procesos de descolonización— que esta nueva llegada de criterios no imponga el desalojo de los antiguos sino su reacomodo. Una cita bien seleccionada de Adam Smith se muestra reveladora al respecto: «Nuestra admiración del triunfo se basa en el mismo principio de nuestro respeto por la riqueza y la grandeza, y es igualmente necesaria para establecer la distinción de jerarquía y orden de la sociedad. A través de esta admiración del triunfo se nos enseña a rendirnos con mayor facilidad a los superiores, a quienes el curso de los asuntos humanos puede asignarnos, y a mirarlos con reverencia y, a veces, incluso con una especie de afecto respetuoso», sin que falten al respecto los comentarios oportunos sobre las aportaciones de un Montesquieu o un Tocqueville, dejando así constancia de cómo el modelo ya no es aristocrático en sentido estricto, aunque se mantiene vía «la aristocracia del mérito».

Es además realmente brillante la forma en que el autor nos hace ver cómo esos valores señoriales acaban infiltrándose en las democracias representativas actuales, donde el yo narcisista y aristocrático convive sin problemas con una visión del yo como mercancía. Una contemporaneidad que, desde ópticas y categorizaciones muy contemporáneas, nos llevaría a hablar del marketing como distinción, del yo como marca, del prestigio digital como prueba de sangre, del currículum como linaje o del Facebook e Instagram como heráldicas.

No es pretensión de este prólogo dar cuenta completa del recorrido histórico a través del cual Mario Campaña construye la verosimilitud de sus tesis. Reconociendo incluso que, desde posicionas marxistas que me son cercanas, puede entenderse que a las condiciones subjetivas habría a veces que sumar datos objetivos que tienen repercusión directa o indirecta sobre la supervivencia o no de determinadas mentalidades —como recuerda Martín López Navia «es la propiedad sobre el caballo lo que hace caballero al caballero y no sus buenos modales»—, el libro reúne en su discurrir un aliento hegeliano y una metodología positivista que da lugar a una especie de materialismo histórico francamente sugerente y escasamente idealista a pesar de moverse a veces al borde de ese abismo que postula que las ideas modelan el mundo.

Hablando, por ejemplo, de modales, el libro nos ofrece algunos de sus mejores y más significativos momentos: esos pasajes reflejan cabalmente la capacidad de observación, interrelación de datos y asociación mental que distinguen a Mario Campaña. Hablando de urbanidad y cortesía como valores de esa cultura señorial hoy sobreviviente, entiendo que merece la pena recoger el siguiente enunciado: «La superioridad debe exponerse socialmente y exhibirse individualmente, en todos los planos y de modo central en la sociabilidad diaria, en los diversos tipos de relaciones, en especial en las que convocan a protagonistas sociales. Eso es indispensable; es prueba de la superioridad misma. La nobleza y sus seguidores pensaron que la vida distinguida en las cortes reales o virreinales y en todos los círculos "respetables" no debía admitir la filtración de rusticidades o vulgaridades de ningún tipo. Así que elaboraron normas para las maneras de caminar, sentarse, entrar en una vivienda o una habitación, gesticular, expresar emociones, hablar (seguridad y modulación de la voz, correcta selección de palabras y temas apropiados, al participar en una conversación) o comer (adecuado conocimiento y uso de cubertería y cristalería), que después se propagaron progresivamente en las clases medias. Era necesario conocer cuáles son las posturas aceptables de la cabeza, los hombros, la espalda, siempre bien erectos, cuando se está sentado a la mesa, por ejemplo».

Creo que esta larga cita resume de manera justa el tono, la envergadura y el calibre de la inteligencia expresiva del autor: su capacidad para encontrar en lo aparentemente menor la esencia de lo que se está debatiendo, su densidad real; su habilidad para situarnos delante de una verosimilitud que al apoyarse en lo vivencial apenas permite disquisiciones teoréticas; la sutileza dialéctica con las que nos hace aceptar las piedras que caen sobre nuestro propio tejado. Porque, ¿cómo aceptar todo lo que en ese párrafo se expone sobre los orígenes y causas de nuestras formas de actuar y seguir considerándonos como dotados de distinción y autonomía? Momento significativo de un libro que nos interpela sin aspavientos academicistas pero con la eficacia y contundencia de una tormenta en la calma de una noche de verano.

Hablamos antes de la genealogía familiar e intelectual de este libro. Que, aun entrando en comparaciones, entendamos que es de justicia encontrarle un lugar entre aquellos libros citados que, cada uno a su modo, aclaran el origen remoto de hechos o valores que hoy están presente en nuestros actos y mentalidades, creo que ya dice mucho sobre el interés que su lectura contiene. Pero no hemos de olvidar que siguiendo la propuesta de Aristóteles entendemos que el verdadero mérito de un libro reside en la diferencia específica que en él se encuentre. Pues bien, ¿qué es lo que hace a este libro diferente? No su materia ni eso que algunos llamarían su forma. Lo que lo hace diferente es su voluntad, hecha estilo, de aparecer como un ensayo que no busca reconocimiento académico sino entrar en diálogo democrático, entre iguales. Una voluntad así en una sociedad marcada por las desigualdades de clase parece un imposible. Y sin embargo ese imposible se hace realidad, escritura, gracias al despliegue de una cualidad que lo hace diferente: una inteligencia sabia, *entrelagente.* Como cuando decimos de alguien: da gusto hablar con él. Gracias.

CONSTANTINO BÉRTOLO

UNA SOCIEDAD DE SEÑORES

PRELIMINAR

Vivimos en una sociedad de señores. Preeminencia, poder, privilegios, clientelismo, linaje, honorabilidad: el vocabulario del señorío se ajusta con nuestra experiencia en la realidad cotidiana. ¿Para qué negarlo? Lo único bueno de las crisis es que saca a la luz muchas cosas ocultas: la crisis económica internacional, más aguda en el sur de Europa, nos ha descubierto a los hombres y mujeres que el señor no se ha ido, o que ha vuelto. Apenas disimulado, convertido legalmente en ciudadano, comparece en las democracias del siglo XXI con un poder similar al que tenía en los tiempos del Antiguo Régimen y del mundo colonial, tiempos que creíamos extinguidos.

El señor tiene de burgués y tiene de noble. Cultiva el respeto a la ley y la jerarquía, la audacia y la cortesía, la libertad y los privilegios, la insolencia y la condescendencia. Puede que ya no sea un noble *titulado*, pero siente, piensa, actúa y hasta gesticula y respira como si lo fuera: el poder es suyo. Unas veces se presenta sin nombre y sin rostro: es inversor, prestamista, buitre o tiburón que pone condiciones a los gobiernos y a nuestras vidas; es gestor del capital; ejecutivo de las grandes consultoras y agencias de calificación; economista y abogado de alto *standing*; accionista de empresas y corporaciones transnacionales. Otras veces conocemos su nombre y su rostro, podríamos identificarlo en calles o en iglesias, pero sus calles y sus iglesias generalmente quedan fuera de nuestro radio de circulación: es banquero, gerente, comerciante e industrial exitoso, gran propietario urbano o rural, dueño de medios de comunicación, jefe de partido político, jerarca de la Iglesia, alto funcionario del Estado, de las cámaras de producción, del Senado, miembro de consejos consultivos o academias reales, asesor de tribunales, presidente vitalicio, rector de universidad... O es alguien que no tiene ocupación conocida, que vive de las rentas que generan negocios y patrimonios acumulados por sus antepasados.

Más a menudo, el señor está en nuestra realidad cercana: si alargáramos la mano, hasta podríamos tocarlo. Es supervisor, jefe de sección, gerente de sucursal, encargado de páginas de un diario, director de oficina, de hotel, de sección, de instituto; a veces es conductor de autobús o de taxi. Es cualquiera que tiene un empleo y que, en esta época de parados, mira con desdén al que no lo tiene. Es el hombre o la mujer que actúa en nuestra casa, en nuestras relaciones diarias, en nosotros. Es, en fin, aunque sea de modo vicario, esa persona anónima a quien, sin venir a cuento, le ha dado por imitar los gestos y las ínfulas del señor.

El señor está en los cuatro puntos cardinales de la geografía de nuestras vidas. Sabemos que es él, el mismo de antaño, por los gestos que lo identifican, por sus tics y por el visible e inquebrantable convencimiento acerca de su superioridad. Efectivamente, lo reconocemos a diario por sus señas más estables: descree de otra igualdad que no sea la jurídica; jamás reconocería a la «gentecita» (es decir, a quien no tiene un estatus similar al suyo) como su igual; defiende las jerarquías basadas en la riqueza, el poder, el «mérito» o «la excelencia», las supuestas diferencias de dignidad, o sea, morales; divide a los hombres entre ganadores y perdedores; apela a las instituciones de la democracia, pero de la cultura democrática no quiere ni oír hablar; está orgulloso de su apellido, incluso de su linaje y hasta de su cargo; cultiva puntillosamente su reputación y exige que los otros la reconozcan; piensa que los demás le deben deferencias por su función o cargo, su riqueza, méritos, fama, talento o esfuerzo; a veces es condescendiente y ejerce el patronazgo, pero se indigna cuando ve que algunos («chusma», «indeseables») se atreven a protestar en las calles, a acampar en plazas públicas o tomar posesión de viviendas abandonadas; o cuando otros (otra «chusma», otros «indeseables») pretenden saltarse los controles migratorios e invadir su reino.

Se equivoca quien crea que el hecho de hablar del señor en democracia es impertinencia o exageración. En nuestras sociedades, el alma del señor, su cultura, está viva. Vive en nuestras ciudades, en nuestros barrios, en nuestros trabajos. Vive como siempre ha vivido: educado para «ser señor de sí mismo para ser señor de los demás», como decía Gracián, y permanece obsesionado por el reconocimiento y la distinción.

Al partir, los señores dejaron una herencia, una cultura, que les ha permitido volver, encarnarse, reencarnarse. Otra vez están aquí. Quizá estuvieron siempre; tal vez, en medio de nuestro entusiasmo democrático, pasaron décadas inadvertidos, y la crisis nos ha permitido volver a verlos en toda su crudeza; elegantes, altivos, *superiores*: hombres y mujeres libres, selectos ejemplares de la humanidad.

Con la democracia nosotros no hemos podido acabar con todo ello. Nosotros, *los otros*, a quienes la cultura del señor identifica como una especie de subhumanidad.

El mundo del señor es muy antiguo. Su sustrato es el de todo Occidente, donde campan por sus respetos principios que no se han modificado desde la Antigüedad clásica. Es un mundo dominado por valores nobiliarios, un mundo señorial. Este libro sostiene que algunas ideas centrales de aquel mundo moral aún perviven en las democracias de hoy.

La primera, la madre de esas antiguas nociones, es la idea de humanidad. Efectivamente, la más densa, sofisticada y perdurable definición del ser humano se creó en Grecia y maduró en la tradición filosófica. Y he aquí que en la llamada cuna de la civilización se concibió al hombre teniendo ante los ojos el ideal nobiliario: el modelo fue el hombre libre, el ciudadano, el noble ateniense, que personificaba la capacidad de vivir conforme a leyes preestablecidas, a la deliberación racional y a la virtud.[1] El noble, el señor, era el prototipo, el culmen de lo humano: la humanidad verdadera. Bajo él quedaba, hacinada, la *otra*. Porque la filosofía y la civilización grecorromanas y sus herederos concibieron lo que bien puede considerarse las *condiciones* para reconocer el atributo y la dignidad de lo humano.[2] Naturalmente, esas condiciones estaban inspiradas en su modelo: el ciudadano que vive en una comunidad política y elige racionalmente la virtud. Las tales condiciones, además, excluían a los *otros*, que, pese a su aspecto, estaban en realidad más cerca de la animalidad.

Desde la lejana Grecia hasta hoy, el señor vive en las alturas, en la cumbre de la jerarquía que él mismo ha construido, y moralmente es superior a nosotros, la defectuosa subhumanidad. Nosotros, es decir los bárbaros, los esclavos, los trabajadores, los ignorantes, los incultos, los idólatras; nosotros, o sea las mujeres, los extranjeros, los maleducados, la «gentecilla», los radicales, los viciosos, los mediocres; nosotros, es decir los que no tienen poder, los racial, social, económica, cultural o sexualmente inferiores, los moralmente inferiores.

Más tarde se ha elaborado un conjunto de principios para hacer valer esta primera jerarquía, y derivar otras de ella.

Este libro habla de cierto tipo de cultura que alimenta las relaciones sociales en las democracias. No las relaciones que se fraguan en torno a la producción, sino las que se ponen en juego en la reproducción de las sociedades, y, en nuestro caso, las que favorecen la reproducción de sociedades de corte señorial. Las relaciones de producción están determinadas por el trabajo y el salario; las de reproducción, sobre todo, por la cultura, por valores, principios y hábitos. Las dos sustentan la dominación social. Las relaciones de producción la fundan; las de reproducción, si son exitosas, la naturalizan, la legitiman y así la perpetúan. La función general de la cultura es naturalizar o legitimar un cierto orden. Mediante la preservación, renovación o creación de ideales y hábitos prestigiosos, la cultura genera, sobre la determinante influencia de la producción, una manera de vivir, pensar y sentir, un orden idóneo para la vigencia de una sociedad. En sociedades como las nuestras, esa cultura es de corte señorial: su orden apunta a la subordinación, a la obediencia, a una ética de la dominación.

Este libro postula que, desde sus comienzos, las modernas democracias representativas occidentales apelaron, junto a valores nuevos, a una serie de principios antiguos que procedían de las sociedades señoriales, de las viejas clases nobiliarias europeas, y que a su vez tenían su origen en la nobleza grecorromana. El concepto de nobleza alude no solo a una clase social sino también a un conjunto de valores, principios, ideales, patrones de comportamiento, hábitos, un imaginario: una cultura. En las democracias de hoy están presentes importantes aspectos morales de la cultura de la nobleza antigua; estos fueron transmitidos por la Iglesia desde la Alta Edad Media y después, en la modernidad temprana, asumidos por la burguesía. Para legitimarse, para complementar el cuadro ideológico que las había hecho nacer, las democracias representativas proyectaron esos valores heredados en su marco legitimador.

Así, lo que se consagró en las democracias no fue sino un acervo moral muy similar, aunque disimulado, al que mediaba en las relaciones entre señores y vasallos, una jerarquía y un esquema de dominación moral que desvirtúa a las democracias y las asemeja a las sociedades del pasado. En la matriz conceptual de ese acervo hay una dicotomía entre una humanidad verdadera y otra que no lo es, es decir, la idea de una humanidad diferenciada, condicionada, cuya primera consecuencia es la noción de jerarquía, de que hay una diferencia moral o de dignidad entre los hombres, y que la superioridad de unos implica que tengan distintos derechos, privilegios, y que otros sufran discriminaciones legales y morales.

Aun en estos tiempos en que la impostura nos lleva a apelar a una supuesta corrección (siempre provisional), no conseguimos disfrazar los postulados discriminatorios, y así no podemos ocultar del todo que en nuestras sociedades democráticas la idea de humanidad es tributaria de la antigua disyuntiva entre humanidad verdadera y no verdadera, de la noción de humanidad condicionada del mundo antiguo, que ha prevalecido en Occidente hasta hoy día. En nuestras sociedades no caben con el mismo derecho y la misma magnitud todos los miembros de la especie, sino solo quienes cumplen con ciertas *condiciones*, que pueden ser de naturaleza racial, cultural, económica, sexual, religiosa o política. Las pruebas saltan a la vista; no hace falta enumerarlas, basta con recordar a los exiliados, a las numerosas víctimas de discrímenes legales.

Este libro analiza la genealogía y las características de este acervo moral, de esa idea de humanidad, y la noción de diferencia entre los hombres que se deriva de ella, esos ideales de jerarquía y dominación moral. Señala asimismo el conjunto de valores asociados a esos principios seminales.

Ignoro si tales asertos serán o no considerados plausibles por los defensores de la democracia, y si despertarán o no el interés de los estudiosos de la historia, la sociología o la moral de las sociedades actuales. La superficial convicción de que las sociedades modernas y contemporáneas han dejado definitivamente atrás la era nobiliario-señorial constituirá sin duda un serio obstáculo para que estas tesis sean tomadas en serio. Esa probable resistencia no es sorprendente: como hemos dicho, la misma democracia adoptó como parte de su ideario algunos principios aristocráticos, al tiempo que difundía la buena nueva de su completa superación.

Esta investigación se ha ido gestando a partir de pequeñas sospechas que han tenido que cotejarse mucho hasta adquirir la forma de explicaciones racionales. Así pues, mi percepción ha sido progresiva. Intentaré ofrecer argumentos sobre la necesidad de revisar a fondo los valores que actúan en la vida diaria de nuestras democracias, con la esperanza de que sirvan para una posible discusión futura.

En mis frecuentes visitas de los últimos años a Estados Unidos e Hispanoamérica no han dejado de llamarme la atención ciertos asuntos y conceptos allí muy presentes. El confuso enaltecimiento del individuo, tan característico del mundo contemporáneo, adquiría visos nuevos al contemplarlo junto a las dinastías económicas y políticas, la moda de los árboles genealógicos y la exaltación de la excelencia, la meritocracia, el triunfo y el valor militar en Estados Unidos. Y los protocolos tradicionales de algunos medios urbanos de Latinoamérica cobraban nuevo sentido junto a la preeminencia, notable allí, del sentido del honor, la honra, la búsqueda de méritos en los ancestros y el prestigio público familiar, exacerbados. Lo uno y lo otro sugerían una anomalía, cierta impropiedad con respecto a la democracia. Los vítores a los soldados en los aeropuertos estadounidenses y el tan publicitado juicio por atentado contra el honor que instauró el presidente Rafael Correa en Ecuador, por ejemplo, recordaban a la *Ilíada*.

Instigado por una inesperada afinidad entre mis observaciones actuales del continente americano y asuntos de un pasado lejano, como los que se encuentran en la literatura griega, quise tomar notas sobre los elementos que me parecían comunes. Por una parte, ese mundo de Homero y los trágicos en que la imperiosa competencia por el poder, el honor, la gloria y el triunfo lanzaba a los hombres a empuñar las herramientas más viles, y los incitaba a la crueldad, la traición, la venganza y el engaño. Al mismo tiempo, lo que constituía una incongruencia clamorosa, esa competencia parecía basarse en una ética superior, en la que predominaban ideales como la nobleza, la valentía y la amistad. Por otra parte, la institucionalización en el discurso público y privado de América del Norte y del Sur de nociones como libertad e igualdad, de apariencia tan elevada, contrastaba con la evidente injusticia en la vida práctica. Advertido del sentido contradictorio que cabía atribuir a ciertas instituciones de la democracia y a algunos esquemas de relaciones sociales, lo que empecé observando en Estados Unidos y Sudamérica pude constatarlo también en Europa y sus élites. Y no solo en el señorío castellano, el «bachillerato de excelencia» de Madrid y otras ciudades europeas, el orgullo catalán, los aires conspicuos de los señoritos andaluces, el auge masivo de los libros de Osho y su meritocracia, o las legiones de honor y las órdenes al mérito de Francia, sino también, y sobre todo, ya en plena crisis económica, en la abrupta separación moral entre las víctimas y los posibles victimarios, aquellos que condenaban las protestas y con poco disimulo despreciaban a sus protagonistas, molestos como un señor de antes por la insolencia de campesinos que se atrevieran a protestar ante su balcón.

Años después, las observaciones que había hecho durante la crisis me llevaron a pensar que el repudio de las víctimas por parte de los posibles victimarios no tenía solo un sentido político (la reacción contra los adversarios en la lucha por el poder), sino también moral: esa mezcla de arrogancia y desdén del superior ante cualquier muestra de descontento del «inferior moral». Entonces, ya fuera en medios universitarios, empresariales o bien gubernamentales de Europa o de América, no fue difícil reconocer la misma música tras la invocación de conceptos como «excelencia», «meritocracia» y «mediocridad». Percibía esa música en la anacrónica existencia de dinastías políticas; la estimulación del régimen de competencia social; el afán, simulado o real, por cultivar la ética del «mejor»; las intempestivas defensas del honor y la honra como factor revelador de rangos sociales; la búsqueda de singularidad y excepcionalidad; el reclamo de deferencias, diferencias y privilegios sustentados en el linaje, la riqueza, el mérito o la posición social; la abierta apelación a la genealogía y al apellido, y, en fin, en la ratificación no disimulada de superioridad y jerarquías individuales y sociales: en la cultura de la subordinación, de la dominación. Todo ello es de origen aristocrático y su presencia podía indicar que la ideología propia de la antigua clase nobiliario-señorial ganaba terreno en el seno de sociedades que se reputan de democráticas. Pero ¿era esa una hipótesis razonable?

Buscando una respuesta, consideré la posibilidad de que la cultura señorial, antaño asentada en las sociedades monárquicas o coloniales y, en el presente, confinada a la esfera privada y al perímetro de las instituciones heredadas del Antiguo Régimen, hubiera pasado en las últimas décadas a formar parte de un discurso público y de un ideal social legitimado e imitado en plena democracia.

Creo que en el fondo no iba descaminado, pero me engañaba al pensar que se trataba de una tendencia reciente, acaso estimulada por la crisis, y no, como creo ahora, una condición congénita y estructural de las democracias representativas occidentales. Así como en la Roma del siglo III los patricios se consideraban «la mejor parte del género humano» y en los Estados Unidos del siglo XVIII los *Founding Fathers* de ese país se sentían «los espíritus más nobles», asimismo ahora una parte de las sociedades democráticas occidentales de Europa y las Américas —individuos, grupos y países que quedaron a salvo de la crisis— se siente «la mejor parte» y «los espíritus más nobles» de esas sociedades e incluso del mundo y califica a los otros de inferiores, cuando no de simple «chusma». Este libro se dedica a explorar la pervivencia de este extraño fenómeno, que hasta ahora habíamos considerado parte del pasado.

Obviamente, no trato de ensayar ninguna interpretación general sobre el comportamiento de las sociedades occidentales ni sobre las condiciones específicas para la adopción de los principios y pautas de conducta que las distinguen, sean estas aristocrático-señoriales o de otra naturaleza. Dada mi condición profesional —no soy historiador ni sociólogo, sino escritor—, mi trabajo no posee otra aspiración que prefigurar hipótesis de un modo que anime a historiadores o sociólogos profesionales a realizar investigaciones más certeras, es decir, investigaciones que ofrezcan la plausibilidad que requiere todo punto de partida. Creo que si averiguamos bajo qué ropajes y disfraces medra la vieja cultura señorial en las democracias de hoy, y cómo las limita y pervierte, todos saldremos ganando.

Algún lector habituado al microanálisis, a la investigación comparativa, al estudio de registros, archivos e inscripciones, a casos particulares y períodos o regiones bien delimitados, podría desconfiar de este trabajo y tacharlo de reunir simples conjeturas. Sin embargo, aunque alejado del modelo analítico, este trabajo está basado en investigaciones específicas, y trata de observar un proceso genealógico, las huellas de unos cuantos principios ético-culturales en diferentes épocas y su presencia activa en nuestras democracias contemporáneas. Es a partir de esas observaciones como formulamos proposiciones teóricas que podrían a su vez verificarse con investigaciones particulares. Reclamo la legitimidad y pertinencia de esta clase de lecturas, que tratan de identificar valores y mentalidades colectivas no solo a través de trabajos de campo y bases estadísticas sino también en los ideales registrados en el pensamiento, el ideario, el imaginario y los actos de los protagonistas, y de ser organizados en modelos abstractos. Mi propósito es intentar una relectura de doctrinas, instituciones, comportamientos y testimonios que revelan, en la historia occidental, una sorprendente línea de continuidad que desemboca en el presente de las democracias, una «corriente continua» ética y axiológica que podría denominarse «cultura señorial» o aristocrática, cultura de nobles, señores y notables. Se trata de un entramado que ha conformado un verdadero poder desde hace más de dos mil quinientos años y ha ejercido, y continúa ejerciendo, una influencia decisiva sobre todo Occidente, desde el origen de la historia europea hasta nuestra época.

Con nuestra perspectiva genealógica sobre la «cultura señorial» o aristocrática, no intentamos enlistar ideales y hábitos que habría de incluir en un modelo general de las élites de todas las épocas y regiones, sino algo más específico. La teoría de las élites no forma parte de nuestra inspiración. La llamada burguesía, formada principalmente por comerciantes, banqueros, prestamistas y profesionales asociados a sus actividades, si bien comparte elementos importantes de la cultura aristocrática, tiene también valores que le son propios y la identifican nítidamente, y que no se diferencian mayormente de los principios que rigen la vida económica. En los términos más elementales posibles, por cultura señorial o aristocrática entendemos un complejo de ideas y valores, unos patrones de conducta, un imaginario, que surgieron de la élite gobernante, de los llamados al principio *aristoi* o «mejores» y después «nobles» en la Grecia arcaica y clásica, y se transmitieron luego a Roma. Esos valores distinguen a las sociedades y a los seres humanos según una estrecha noción de humanidad y una jerarquía moral, y los clasifican así en superiores e inferiores. En primer lugar esta ideología afirma que la humanidad carece de unidad y que lo humano no es un atributo incondicional, irrevocable e idéntico en todos los miembros de la especie, sino que se trata de una potencialidad que puede realizarse o no, y cuya materialización histórica puede ser total o solo parcial, según se cumplan o no ciertas condiciones preestablecidas. Ello da lugar a una especie de gradación que refleja los modos y alcance en que se ha cumplido, o no, en cada caso, cada individuo, grupo o pueblo, la potencialidad humana. De esta primera afirmación deriva una segunda igualmente esencial: ciertas sociedades, pueblos, razas, religiones e individuos están moralmente por encima de otros, que son inferiores. A lo largo de la historia las primeras han procedido, de modo legítimo, a someter moralmente a las segundas, a las que se les exige el reconocimiento de la superioridad de las otras en la vida pública y privada. El dominio moral se expresa de forma cotidiana y de muchos modos, tanto en el plano racial y sexual como en el educativo y religioso, y con frecuencia llega a consagrarse en las leyes. En efecto, de las diferencias morales emergen privilegios y discrímenes legales así como políticas públicas y privadas que los materializan. De este primer núcleo así conformado surge un gran número de valores socialmente consagrados, articulados y funcionales al poder, que rigen la vida cotidiana de las sociedades y los individuos, o al menos influyen en ellas de manera importante.

Este complejo de ideas y valores se originó y alcanzó una dimensión hegemónica en las sociedades arcaica y clásica de Grecia y dominó en Roma y las sociedades europeas que acogieron su legado, es decir, en toda la Europa cristiana. Más tarde alcanzó una dimensión aún mayor a través de la expansión política, económica y militar europea en el mundo. La expansión de la civilización romana y de la religión cristiana fue el factor clave para la propagación en Occidente de aquella cultura nobiliaria que concebía y entronizaba el ideal de superioridad, las nociones de humanidad no verdadera y condicionada, y la convicción de que existe una diferencia moral radical entre los seres sociales.

En las diferentes concreciones históricas que adquirió esa matriz cultural, del fondo que conforman esas nociones que hemos llamado «humanidad no verdadera o condicional» y «diferencia moral», surgieron doctrinas, conceptos, metáforas, principios y costumbres que han condicionado decisivamente los más diversos aspectos de la vida en común. A la vez inspiraron legislaciones que discriminaban a las personas por razones raciales, sociales, sexuales, ideológicas, políticas, económicas y religiosas. Y se acuñaron «marcas» de distinción de grupos a los que se atribuyó privilegios permanentes: los *eupatridae* atenienses, los patricios u *optimates* romanos, los *nobili* renacentistas, los «grandes», los «señores»...

Este libro afirma que ese tipo de nociones están presentes en las democracias de hoy. Pese a las oscilaciones históricas, la esencia de algunas de esas nociones ha permanecido viva a través de los siglos, y aún nos afecta. Por eso nuestra hipótesis dice que, aunque las instituciones de las democracias representativas de hoy sean democráticas, su cultura no lo es, pues en ella predominan concepciones de la vida, las personas y las relaciones sociales no igualitarias desde el punto de vista moral. Aun hoy día, en nuestras sociedades actúan e incluso imperan una noción de humanidad no verdadera o condicional y la convicción acerca de la existencia de jerarquías morales que se asocian a una constelación de nociones aristocrático-señoriales.

Históricamente, la noción de humanidad no verdadera o condicional ha consistido en negar que la humanidad del ser biológico sea absoluta y suficiente, que se es incondicionalmente humano por el mero hecho de nacer, sin que esa naturaleza dependa de ninguna condición, contingencia o variación. Según esa noción el reconocimiento de la condición humana depende de la existencia y verificación de elementos exteriores y del cumplimiento de ciertas condiciones. En otras palabras, que se es verdadera e indudablemente humano solo si se ostenta una determinada condición étnica, cultural, intelectual, social, política y hasta religiosa, o se tiene cierto tipo de comportamiento racional, o no se infringen determinadas leyes.

La idea de diferencia moral tiende a traducirse en diferencia de derechos en beneficio de los superiores y en dominación moral sobre los inferiores.

Estas nociones elementales han sido definitorias en la genealogía de los valores europeos y occidentales. Quizá pueda afirmarse que la cultura europea nace de estas semillas, que han conferido a Europa la unidad que se observa a lo largo de su historia; y que, con la ayuda de la filosofía y la religión, el árbol nacido de esas semillas adquirió frondosidad y sofisticación y dio frutos tan ricos y sutiles que han alimentado a las élites de todas las épocas y lugares en Occidente. Así el árbol ha contribuido poderosamente a sostener un mal absoluto: la dominación moral permanente de los considerados «superiores» sobre los llamados «inferiores» como obra de la naturaleza humana.

El cuadro de las nociones, valores y prácticas que conforman ese árbol y que, vigentes hoy, pervierten la cultura de las democracias no es difícil de identificar. Lo señalamos a continuación y lo comentaremos en el capítulo VII de este libro: humanidad no verdadera o condicional y diferencia moral; ética del mejor; mérito; honor y honra; excelencia; ganadores y perdedores; éxito y competencia entre iguales; gloria, fama, reputación, prestigio; héroe, gran hombre, genio; nacimiento y linaje; culto a la personalidad; singularidad, excepcionalidad, exclusividad; patronato, mecenazgo y clientelismo; privilegios y discriminaciones; beneficencia, caridad y filantropía; urbanidad, cortesía y buen gusto; sociabilidad cívica y civil; deferencia y condescendencia; ostentación; belleza física y virtud; virginidad; elegancia y buena apariencia; profesiones superiores; riqueza; servidumbre; superioridad de la minoría; cultura letrada; culto a la autoridad y la ley. El resultado de todo ello es lo que hemos llamado la cultura de la subordinación y la obediencia, una ética de la dominación moral que afianza la material.

Nadie ha incursionado aún en este terreno para averiguar si las transformaciones que hicieron nacer nuestras democracias acabaron de veras con todo rastro señorial, si la supuesta oposición entre burguesía y nobleza tuvo un sentido revolucionario en el campo de los ideales o si, por el contrario, también en el terreno moral se produjo una alianza, y las élites nobiliarias y burguesas aunaron sus fuerzas y derribaron las barreras que las separaban para instalarse más sólidamente en el poder con el apoyo de un conglomerado de valores que ya habían servido para gobernar durante siglos a la antigua clase señorial. La presencia de estas nociones en las democracias representativas de nuestra época me parece segura, y dedico el capítulo VI a tratar de demostrarlo.

Si estos ideales están vivos en Europa y Estados Unidos, más aún lo están en Latinoamérica, donde el peso de la historia colonial se manifiesta con más crudeza, no solo en los modos de producción y las relaciones de trabajo, en cierta legislación o en la política, sino también, y con particular iniquidad, en las relaciones sociales de reproducción, en el comportamiento cívico, en el sistema de valores: en la cultura.

Efectivamente, en los países que fueron sometidos a largos procesos de dominación los componentes de esa cultura están incrustados de un modo más patente y dramático en un entramado ideológico que cabe llamar «colonial», como puede comprobarse en las relaciones económicas, políticas y morales entre las clases y grupos sociales, de género y étnicas. No es demasiado audaz suponer que, al igual que en Europa y Estados Unidos, los valores de la aristocracia colonial han permeado hasta el presente la vida diaria de los latinoamericanos.

¿Cómo se introdujeron esos valores, cómo se expandieron y adquirieron la supremacía que ostentan hoy? ¿Cuáles son en Europa, Estados Unidos y en las diferentes regiones latinoamericanas? ¿Cómo se transmitieron y cómo actuaron? ¿Qué papel representó en esa transmisión la educación pública, la privada, la religiosa? ¿Qué función cumplió la Iglesia católica? ¿Y cómo se transmiten y se multiplican hoy, si eso ocurre? ¿Cómo describe a su país la derecha estadounidense? Acaso los héroes de la historia hispanoamericana, sus líderes, ¿no estaban también afectados por la herencia de la cultura señorial europea? ¿Qué significa que varios países latinoamericanos, incluyendo el de «la revolución ciudadana» de Ecuador, proclamen la «meritocracia» como criterio de «justicia retributiva»? ¿Qué debemos pensar del hecho cierto de que la mayoría de los faros intelectuales latinoamericanos creyeran en la superioridad del hombre del «Nuevo Mundo», como creyeron del griego los griegos y del romano los romanos, originarios de naciones eminentemente aristocráticas? ¿Qué sentido tiene que Simón Bolívar deseara que América fuera «un imperio poderoso», «la más grande nación del mundo», como en su momento desearon los patricios romanos? ¿Qué significado hay que otorgarle a la idea que Andrés Bello tenía de América Latina, a la que veía llamada a ser «la guía de la humanidad del futuro», como los griegos veían a Atenas y los romanos a Roma? ¿Cómo entender algunas de las doctrinas de ilustres pensadores de América, como aquella que divide este mundo en civilización y barbarie, o esa otra que asegura que en América ha nacido una «raza cósmica»? ¿No están también teñidas de una visión aristocrática?

Acudiremos a la época fundacional de la actual civilización europea, a Grecia, Roma y el cristianismo en su etapa formativa, así como a la época colonial latinoamericana y a la era de la independencia y la fundación de la república estadounidense, para acumular elementos que nos ayuden a responder a estas preguntas sin perder de vista la naturaleza de los principios que, pese a la distancia cronológica, aún contribuyen a modelar las sociedades de hoy en Occidente. Dichos elementos nos llevarán a pensar que lo que hoy nos parece natural quizá no lo sea y que algunas de nuestras ideas, valores y creencias no son otra cosa que una herencia inconsciente e indeseable. Porque es en el seno de la cultura griega, romana y cristiana, en los siglos coloniales y en la era fundacional estadounidense que encontraremos el origen de las nociones, conceptos y esquemas que hoy deploramos en las democracias.

En los capítulos II, III, IV y V analizaremos cómo la herencia aristocrático-señorial se remonta a la civilización grecorromana y se transmitió a través de las principales instituciones europeas, en primer lugar de la Iglesia cristiana y de la propia democracia representativa, cuyo trazado ideológico seguiremos por esa razón. Lo haremos partiendo de fuentes impresas tales como tratados, autobiografías, declaraciones y constituciones, donde este pensamiento y esta ideología han quedado cristalizados. Para ello contaremos de un modo particular con la experiencia de los países que más han influido en el diseño y el recorrido de las democracias en Occidente: Francia, Inglaterra y Estados Unidos. Y es que las revoluciones, constituciones, declaraciones y debates políticos de estas naciones son una gran fuente para cualquier reflexión sobre la democracia y sus vínculos con los valores del Antiguo Régimen.

La investigación y el análisis crítico que proponemos no son meros ejercicios académicos sino intervenciones políticas: los elementos culturales señoriales, aristocráticos o coloniales presentes en la vida actual afectan a la calidad de las democracias y son eficaces soportes de la dominación. Nuestra intención es detectar esa presencia oculta y postular la existencia de una histórica línea de fuerza que en la Edad Moderna y Contemporánea ha terminado limitando y neutralizando las democracias. Esa presencia ha sido tanto más perniciosa cuanto que ha sabido no solo legitimarse, sino además naturalizarse, erigiéndose como esencial para la civilización y la democracia. Poner esos elementos en perspectiva y destacar su presencia en el mundo de hoy es una condición para despojar a las élites de sus arraigadas herramientas de poder.

Me sentiría satisfecho si este trabajo lograra llamar la atención del lector sobre la supervivencia de estas nociones en el seno de su sociedad, de su comunidad o en su propia vida, e incitara a los especialistas a explorarlas con las herramientas adecuadas, y todo ello ayudara a que este género de reflexiones se abriera camino hasta llegar a informar programas dirigidos a depurar las democracias. El hecho de identificar esos valores que operan en nuestra vida diaria orientará mejor nuestros esfuerzos y ayudará a cualquier gobierno que pretenda de veras la transformación de su sociedad en términos cada vez más democráticos.

Es harto lamentable que algunos gobiernos, como los llamados bolivarianos de América Latina, hayan ignorado que ni una mejor distribución de la riqueza, y ni siquiera ciertas transformaciones de la estructura productiva, o actuaciones menores en los estímulos a la producción de las artes, pueden provocar sustanciales modificaciones en el ámbito de los valores, la cultura y la sociedad, que la innegable relación entre poder e ideología no puede por sí misma sustituir una consciente y profunda voluntad transformadora de los valores y principios de vida. Y es evidente que lo han ignorado, en todas partes.

Se requiere una amplia indagación en el campo de los ideales y la vida republicanos, teniendo como meta la sustitución de los valores señoriales y coloniales por los democráticos, lo que en el caso latinoamericano consistiría en profundizar en el proceso de descolonización iniciado en el siglo XIX. La consecuencia será el reconocimiento de que una revolución moral es una de las principales necesidades de hoy.

I
INTRODUCCIÓN

Estamos acostumbrados a pensar que la democracia es el punto culminante de un largo camino de gradual perfeccionamiento de las formas de organización de las sociedades, de una sucesión de batallas que nuestros antepasados libraron para dejar atrás la esclavitud, la servidumbre, la segregación por género, raza, riqueza: todo cuanto limitaba formalmente el ejercicio de derechos a las personas. La universalidad del voto, la libertad de trabajo, de credo y de expresión de pensamientos y sentimientos, y el amplio ejercicio de derechos civiles, más la presunta igualdad ante la ley, nos hacen pensar que si hay carencias, estas no proceden del pasado sino del futuro, pues aquel ha sido depurado por las generaciones precedentes y en este se acomodará poco a poco lo que ya entrevemos pero aún no hemos logrado conquistar: formas directas de participación, una distribución de la riqueza más justa o la plena autonomía de los poderes del Estado, por ejemplo. Los grandes hitos de ese proceso de consecución de logros democráticos serían las revoluciones nacionales que siguieron a la Revolución francesa para los europeos; las guerras de independencia del siglo XIX contra España y Portugal para los latinoamericanos y la guerra del siglo XVIII contra Inglaterra para Estados Unidos. A través de ellos las metrópolis y las excolonias dejaron atrás cuanto impedía la igualdad y la libertad, y consiguieron que fuera el pueblo el verdadero depositario de la soberanía. Con esa base, pensamos, debe buscarse en el futuro la conquista de una democracia más radical.

Pero este evolucionismo es erróneo debido a su ingenuidad. Supone una incompatibilidad entre las democracias representativas y las formas de gobierno y de estado precedentes; considera que la vigencia de la democracia excluye las formas predemocráticas. Hoy, muchas personas pondrán en tela de juicio este supuesto en lo político y económico. No es mi intención participar del debate en esos terrenos; este libro tratará de incidir en otro: el cultural. No en el campo de las artes, la literatura o el audiovisual, sino en uno que le precede, más amplio y por tanto más influyente: el terreno de los principios y valores, el de la ética civil. Se trata de esa materia que modela nuestro comportamiento público, personal e interpersonal, y nos pone en interacción con los otros; la materia de los principios generadores de prácticas objetivamente relacionadas con las clases sociales y el sistema de ordenamiento por clases (*principium divisionis*) de esas prácticas, «donde se constituye el mundo social representado, esto es, el espacio de los estilos de vida»: lo que Pierre Bourdieu llamó *habitus*,[1] un factor dependiente del capital que se aplica a todos los campos de la práctica y que resulta determinante en la perennización de las estructuras sociales.

Sería absurdo negar que las democracias han recorrido un importante camino en su esfuerzo por dejar atrás el régimen moral señorial y aristocrático; las diferencias han menguado, sin duda. Sin embargo, la ambigua renovación emprendida por las democracias ha estado siempre socavada por la presencia debilitante de una herencia aristocrática; así, su acción transformadora no ha podido materializarse de un modo radical.

El equívoco que propone una supuesta incompatibilidad entre democracia y aristocracia está asociado a otro más general: el de la radical oposición entre burguesía y nobleza, basada a su vez en la incontrovertible escisión entre feudalismo y capitalismo. La idea de un choque directo de las dos clases, representado por la guillotina para Julian Sorel en *Rojo y Negro* y la persecución de nobles desatada por la Revolución francesa, se debe a los economistas e historiadores del siglo XIX y primera mitad del siglo XX con Karl Marx a la cabeza. El triunfo de la burguesía, su prevalencia en el sistema productivo, llevó a pensar durante décadas en la desaparición de la nobleza y su cultura, como si el capitalismo y la burguesía repudiaran estructuralmente esa cultura, como si las relaciones capitalistas y las instituciones que crearon fueran incompatibles con el imperio de las nociones de humanidad no verdadera o condicional y de diferencia moral y la constelación de principios que derivan de ellas.

Pero los historiadores erosionan cada día más la teoría de una irreconciliable dicotomía entre nobleza y burguesía y han terminado probando la presencia activa de la nobleza en la empresa capitalista y en la expansión industrial, en suma, en la construcción del poder en la Europa moderna. En este continente, la nobleza no desapareció con el triunfo de las llamadas revoluciones democráticas. Aunque individualmente los nobles —en especial los de estratos más bajos— pudieron ser superados en sus roles hegemónicos por los cambios económicos y sociales que trajeron el comercio y la industria, en su mayoría los grupos nobiliarios consiguieron adaptarse a los nuevos tiempos y protagonizaron una transición de la que salieron reforzados, acaso incluso más cohesionados y más fuertes. Los resultados de la «completa integración de algunos nobles en la cultura capitalista y la aceptación de muchos de los elementos básicos de esa cultura» se verán en el siglo XIX, época en que ya «los nobles se movían fácilmente en los consejos directivos de empresas industriales, es decir, cuando se involucraron ellos mismos en la administración y rentabilidad del capitalismo».[2] En muchos casos, los nobles fueron también capaces de atraer a la burguesía hacia su reino: «comerciantes y banqueros normalmente quisieron entrar en la nobleza más que desplazarla».[3] Así, donde antes se veía a la burguesía como la única clase que ostentaba el poder en las sociedades democráticas modernas, es necesario ver más bien una alianza o una convivencia temporal, incluso una «interpenetración» entre burguesía y nobleza, el acoplamiento de dos mundos ya cercanos cuando alcanzaron el poder de los estados. La sociedad capitalista no era pues un reino exclusivo de burgueses sino uno que nació cuando «la élite del tercer estado y la élite de la nobleza derrumbaron las barreras colocadas entre ellas por el orden existente y unieron su fuerza y su ambición en la persecución de un mismo objetivo: el monopolio del poder».[4]

En materia cultural, la de las mentalidades, los sentimientos y la moral, el lugar común que señala a Grecia como la cuna de la civilización europea debe ser matizado: en este terreno es más justo aclarar que somos herederos de la nobleza y no del pueblo de la Grecia antigua. No faltan historiadores que destacan los vínculos entre los valores de la aristocracia antigua y la modernidad de Occidente.[5] El profesor William Doyle, de la Universidad de Oxford, considera necesario recordarnos que las élites nobiliarias «dominaron las sociedades y los sistemas de poder europeos desde tiempos antiguos hasta épocas relativamente recientes».[6] El historiador Jonathan Dewald, de la Universidad de Nueva York, ha demostrado que algunos elementos del liberalismo capitalista considerados fundamentales emergieron de un ambiente altamente aristocrático, y que la experiencia aristocrática está en los orígenes de la cultura moderna.[7] Asimismo, el profesor Chester G. Starr, de la Universidad de Michigan, defiende que la aristocracia griega fue de «decisiva importancia en los orígenes y magnífica consolidación de las raíces de la civilización occidental», y advierte acerca de «la importancia de los valores aristocráticos en el pensamiento occidental».[8]

En terrenos más acotados también se han identificado las huellas del imaginario nobiliario en los siglos XIX y XX. El profesor Len Platt, de la Universidad de Londres, defiende la idea de que entre 1890 y finales de la década de 1920, la aristocracia fue reinventada por intelectuales, artistas y académicos europeos, y que «el desarrollo de la idea de aristocracia fue central en la teoría y práctica de la literatura moderna».[9]

Según Platt, el movimiento literario que en el mundo anglosajón se conoce con el marbete de «modernism» —de enorme influencia en la literatura y la cultura del siglo XX y que incluye escritores como Virginia Woolf, Thomas S. Eliot, Ezra Pound, Bernard Shaw y James Joyce— constituye un «retorno de la aristocracia». En la misma línea, el profesor David Martens, de la Universidad de Lovaine, ha demostrado que, como sistema de representación, el imaginario nobiliario ha tenido un considerable impacto en la literatura del siglo XX. Martens y sus colegas han estudiado la presencia del paradigma nobiliario en la literatura de Estados Unidos y Europa; no solo en obras donde la nobleza tiene una representación obvia, como las de Marcel Proust, en las escritas por aristócratas, como Henri de Montherland, o en los libros de intelectuales católicos como George Bernanos, sino también en las obras de autores como Rilke, Fitzgerald, Lovecraft, Musil, Joseph Roth, e incluso en las de un artista *maudit* como Jean Genet, en las de pensadores radicales como George Bataille, Guy Debord y Emil Cioran y las de artistas de la vanguardia como Filippo Marinetti y Tristan Tzara.[10] La más importante aportación reciente al tema es la de Didier Lancien y Monique de Saint Martin, que en 2007 editaron *Anciennes et nouvelles aristocraties de 1880 à nos jours*, un estudio que lleva un epílogo de Pierre Bourdieu y presta amplia atención al tema de la aristocracia en la Europa actual.

Tanto los principios culturales del mundo grecorromano como los del Antiguo Régimen se basaron en la noción de diferencia, que ocupaba un lugar central en su configuración ideológica. La diferencia era jurídica (no todos eran iguales ante la ley), política (no todos podían elegir y ser elegidos), económica (los grandes propietarios de tierras se distinguían del resto de la sociedad), social (separación de amos y siervos) y moral (diferenciación entre superiores e inferiores).

Las revoluciones burguesas de finales de los siglos XVIII y XIX, aunque introdujeron principios nuevos, especialmente relativos a la ciudadanía, no rompieron del todo con ese núcleo y no forjaron valores enteramente revolucionarios. Los burgueses lucharon para que el trabajo, el autointerés, el mérito y el ahorro fueran valorados como virtudes, y para que el comercio, la manufactura, el préstamo y las inversiones se aceptaran como actividades honrosas; y hasta se rebelaron contra los títulos y las corporaciones nobiliarias, que les subordinaban a los nobles. Sin embargo no cuestionaron la percepción del mundo, de la humanidad y de la sociedad en que lo aristocrático ocupaba un lugar central, limitaba esas nociones a lo concebido por la propia experiencia y llamaba *mundo* solo a la circunscripción de los propios territorios, al tiempo que consideraba humanos únicamente a los habitantes de sus ciudades y llamaba *ciudades* solo a las suyas.

Una pléyade de investigadores europeos ha demostrado la asimilación de los ideales éticos de conducta, urbanidad y etiqueta nobiliarios por parte de la burguesía como medio de construcción de su cultura y su identidad. De ese proceso emergió una nueva urbanidad, conformada por rasgos burgueses sobre el fondo de las tradiciones y rituales de la aristocracia. La edificación de la urbanidad y civilidad «clásica», llevada a cabo por la nobleza, fue analizada por Norbert Elias en *El proceso de la civilización, investigaciones sociogenéticas psicogenéticas* y Anna Bryson en *From Courtesy to Civility. Changing Codes of Conduct in Early Modern England.*[11] Una constelación de investigadores liderados por Alain Montandon ha trabajado en esos campos con respecto a varios países europeos.[12] La ideología aristocrática fue una verdadera fuente de inspiración para la burguesía tanto en un sentido ético como estético.

En lo esencial, la burguesía dejó incólume el complejo sistema de jerarquías que informó a las sociedades nobiliarias europeas y las acompañó en su expansión colonial dentro y fuera del continente. Sobre todo, la burguesía dejó en pie y aun reforzó la noción de humanidad no verdadera, el ideal de superioridad y la existencia de diferencias en la dignidad y moralidad de los hombres.

Es cierto que la era democrática se encargó de contestar filosófica y jurídicamente las diferencias que sostenían al Antiguo Régimen, esgrimiendo la extendida noción de igualdad y consagrándola en el corazón de las sociedades modernas, en sus principales instrumentos constituyentes. La igualdad devino el concepto angular de las democracias, como antes, en el Antiguo Régimen, lo había sido la diferencia. Igualdad de todos ante la ley, igualdad jurisdiccional, igualdad de derechos políticos, de oportunidades económicas, de condiciones laborales, de condición social. Todo aquel complejo quedaba absorbido en el concepto de ciudadanía. La ciudadanía universal fue así la garantía de la igualdad universal.

Sin embargo, jamás se intentó una revolución igualitaria radical, es decir, que comprendiera la igualdad moral. Ninguna sociedad y ningún gobierno rechazó completamente los principios morales de la nobleza; la democracia nunca procedió a una ruptura cabal y completa con estos; forjada en la interacción con la aristocracia, la personalidad de la burguesía conservó las trazas de la cultura del Antiguo Régimen. Ocurrió lo mismo que había ocurrido con la antigua democracia griega, que no acometió empresa alguna a favor de la igualdad moral de los griegos. Ni Solón ni Pericles, que legislaron a favor de un mayor reparto de poderes en Atenas, concibieron la unidad de la humanidad, ni objetaron el principio de superioridad de unos sobre otros, ni el principio de diferencia moral. Tampoco lo hizo la Declaración de Derechos francesa de 1789, que proclamó la igualdad de derechos de todos los hombres y abolió la nobleza; ni lo hizo la primera Constitución de Estados Unidos, que prohibió los títulos nobiliarios. Ni la Revolución americana ni la Revolución francesa, pese a sus medidas antinobiliarias, afectaron de modo suficiente los fundamentos morales de la nobleza.

La respuesta democrática dejó en pie un ideal moral de superioridad, y con este la noción de diferencia de la ética nobiliaria, una excepción fundamental, vigente más allá de cualquier consideración religiosa, económica o política y capaz de revivir enteramente y provocar el regreso de las jerarquías. Se trata de la diferencia en el seno mismo de la noción de humanidad, que distingue entre unos pueblos e individuos que habrían alcanzado la realización del ideal humano en sentido cabal y otros que no lo han logrado.

De esa diferencia de grado de la humanidad deriva la excepción moral, la diferencia moral, aplicada a pueblos e individuos, que consagra la distinción entre «superiores» e «inferiores», «mejores» y «mediocres», y la diferencia de derechos y de políticas públicas asociadas a esos derechos. Esta doble diferencia, colocada en el centro del espacio público y civil, es la esencia de la cultura señorial y aristocrática y de ella emerge la constelación de valores de la antigua nobleza que, según creemos, subsisten en las sociedades contemporáneas.

La antigua noción nobiliaria de diferencia moral nunca ha sido contestada por las democracias, ni en Europa ni en América. En los dos continentes esa noción ha sido el caballo de Troya de la vieja cultura, gracias a la cual penetró en los diferentes sistemas y épocas, desde la Grecia de los *aristoi* hasta la élite socialista y la nobleza no titulada del capitalismo avanzado. Esa noción de diferencia moral ha sido una de las matrices de una serie de principios que formaron la ética burguesa, la de las sociedades basadas en el lucro y sus políticas públicas, que aún distinguen entre superiores e inferiores en la vida social y el ejercicio del gobierno. Merced a esa noción, la cultura señorial ha sido capaz de influir en las democracias representativas y bloquear los avances hacia la igualdad moral. Las clases dirigentes nunca han asumido la igualdad moral, que equipara en lo profundo a todos los miembros de la especie y de las sociedades, sin exclusión ni excepción alguna, la igualdad más subversiva de la democracia, sobre la cual deben levantarse las demás nociones de igualdad.

La esencia de esa cultura antigua se vio reforzada por el ascenso de la burguesía, que entre los siglos XIII y XVIII, a través del comercio y la industria, fue generando principios sociales y éticos que en su mayor parte armonizaban sin esfuerzo con los de las clases nobiliarias. En efecto, los valores burgueses resultaron, al menos en esa fase histórica, compatibles con los ideales señoriales, lo que incluso puede observarse de forma anecdótica en el hecho de que precursores como Voltaire y Montesquieu preconizaran el ennoblecimiento de los comerciantes. La adaptación y conveniente asimilación de esos dos órdenes axiológicos fue un insumo importante del proceso de construcción de la identidad de la burguesía y de la misma democracia, y dio lugar a una nueva civilidad, a una ética mixta, aristocrática, señorial y burguesa erigida en eje modelador general de la cultura del capitalismo y las democracias representativas. La novela del siglo XIX, en especial la francesa y la inglesa, dejó magníficos retratos de esa operación. Bajo la estrategia de la igualdad jurídica y política, desde entonces quedó reconstituido el paradigma jerárquico, la idea de que debido a la herencia, la riqueza o el mérito puede existir una diferencia moral, una legítima dominación de unos sobre otros. Ello se ha convertido en el ideal del individuo de hoy.

En conexión con la nueva historiografía, Arno Mayer, profesor de la Universidad de Princeton, inauguró en un libro precursor y ya clásico titulado *The Persistence of the Old Regime. Europe to the Great War* (1981), una perspectiva diferente para la investigación de la historia cultural moderna y contemporánea, al señalar que el mundo que estalló en pedazos con la Gran Guerra no se había liberado de lo que él llamó simplemente «old order». Ese libro, en el que Mayer intentaba crear «un nuevo ángulo de visión y marco de análisis», se ha visto reforzado por investigaciones que han ensanchado el campo inicial. En Italia, por ejemplo, Anthony L. Cardoza se ocupó del noroeste en *Aristocracts in Bourgeois Italy. The Piedmontese Nobility, 1861-1930*, demostrando que la nobleza de

Turín no desapareció por el ascenso de la industria y el comercio y que mantuvo su influjo en el nuevo mundo. Paolo Gaspari (1993) atendió al fenómeno de los «nobili e borghesi nella formazione dell'etica civile» en el Véneto y el Friuli; Maria Malatesta (1999, 2006) se ocupó de la educación y los profesionales en toda Europa y de «la aristocrazie terriera» de la Italia contemporánea; Sergio Amato (2008) estudió ese encuentro en el pensamiento político-cultural alemán. El profesor Jesús Cruz, en su libro *The Rise of Middle Class Culture in Nineteenth Century Spain* (2011), demostró que también en España la burguesía y la aristocracia vieja y nueva habían interactuado y compartido un espacio de dominación. Lo mismo ocurría en otros países europeos. Este libro postula que en el terreno de los valores aquella convivencia aún perdura.

Asimismo propone que si, por un lado, nobleza y burguesía supieron crear alianzas en la construcción del poder, por otro, los valores, la moral y la cultura de las nuevas sociedades así edificadas adquirieron un cariz de tal naturaleza que la democracia no resultó incompatible con la aristocracia. Los valores de la antigua nobleza no fueron incompatibles con la democracia ateniense y no lo han sido con los de las democracias modernas: estas, en efecto, tienen una importante dimensión aristocrático-señorial; su cultura actual se compone de numerosos elementos procedentes del torrente nobiliario de Occidente.

Por eso puede afirmarse que uno de los mayores problemas de la democracia procede de su pasado, de un pasado del cual el presente no ha terminado de desprenderse; un pasado cuyos valores continúan en buena parte vigentes, aunque disimulados. Ni la Revolución francesa ni las revoluciones decimonónicas ni las guerras de independencia americanas —no estoy tratando de homologar dos procesos distintos, por supuesto— fueron suficientes para acabar completamente con los principios morales característicos del antiguo mundo nobiliario y colonial. En ciertos aspectos estas influencias se han desvanecido, pero en otros se han naturalizado, adquiriendo una legitimidad fuera de dudas, y de este modo se han integrado en la vida pública y privada de las democracias sin que la conciencia lo advierta. Por eso hoy en Occidente se habla de democracia pero no de cultura democrática.

Afirmamos pues que las democracias representativas de Occidente no acabaron con la constelación de principios, conceptos y nociones del mundo aristocrático-señorial sino que los incorporaron a su ideario. Atacaron y consiguieron abolir buena parte de los privilegios legales (fiscales, políticos, jurisdiccionales) y su derivado filosófico, la jerarquización de derechos y deberes, pero dejaron incólume gran parte del sustrato moral del Antiguo Régimen. Las nuevas unidades políticas surgidas en Europa desde el siglo XIX —repúblicas o monarquías parlamentarias— incorporaron una institucionalidad democrática que dejaba atrás la del mundo gobernado por los señores, pero no erradicaron valores de estirpe nobiliaria arraigados profundamente en sus élites. Como hemos dicho antes, en la matriz de esa constelación de valores están el ideal de superioridad y las nociones de humanidad no verdadera y diferencia moral. En torno a esa matriz, la aristocracia y la burguesía tejieron su alianza y, con esta, la cultura de las democracias representativas.

Es así como, a pesar de haber vivido un innegable proceso de democratización, en especial después de la Segunda Guerra Mundial, y aun teniendo en cuenta los movimientos renovadores de las décadas de 1960 y 1970, puede decirse que Occidente no ha terminado de liberarse de la herencia señorial. Particularmente visible es el caso de Europa y Estados Unidos, que sufren desde entonces una paradoja oculta: los ciudadanos de democracias representativas desarrolladas, europeos y estadounidenses, dan por hecho que pertenecen a un mundo que ha dejado atrás la antigua cultura de los señores, mientras se nutren de esta y la reproducen a diario; a tal punto esos valores se han incorporado a sus ideas y creencias.

En cuanto a las repúblicas latinoamericanas, no hemos de olvidar que su independencia fue solo político-administrativa: una secesión, como la llaman algunos historiadores. Muy pocas constituciones fundadoras de los países surgidos de las guerras de independencia prohibieron títulos nobiliarios y privilegios hereditarios, como hicieron la primera Constitución de Estados Unidos y las leyes de la Revolución francesa. Ninguna de las primeras medidas de las nuevas repúblicas tuvo intención de alterar el orden social y menos aún los valores que lo sustentaban. En América Latina no se crearon valores o principios de convivencia para sustituir al entramado colonial. Si no se hizo nada relevante en los siglos XIX y XX, vemos como el siglo XXI avanza sin indicios de que se esté preparando o concibiendo esa transformación. La forma colonial de conciencia —la del colonizador y la del colonizado— no se ha disuelto y por tanto la época que la originó no ha muerto. Así pues, algunos aspectos de la cultura señorial y aristocrática han seguido vivos también en ese continente en plena democracia, y continúan siendo líneas divisorias que atraviesan todo el entramado social iberoamericano, de arriba abajo y de un lado a otro.

Este libro plantea que en Europa Occidental y América del Norte y del Sur se llamó «cultura democrática» al sistema de valores basado en las nociones de humanidad no verdadera y diferencia moral que, emergido en la antigüedad y construido y codificado por la aristocracia cristiana europea, se fusionó con los valores de la burguesía y cobró forma definitiva bajo el influjo del capitalismo y sus élites durante la era democrática. O, lo que es lo mismo, que los principales componentes de esta cultura los aportaron, por una parte, la vieja nobleza grecorromana y el cristianismo —que a lo largo de siglos maduraron una ética cívica y personal basada en las nociones que hemos llamado humanidad no verdadera y diferenciación moral—, y, por otra, la burguesía, que proclamó la igualdad jurídica y a su vez legitimó y naturalizó, en el marco democrático, la diferencia moral.

Según esta hipótesis, uno de los más graves déficits democráticos que padecen las sociedades occidentales tiene su origen en esta supervivencia teórica y práctica que acabamos de señalar. Sus elementos no son marginales ni proceden de los grupos nobiliarios que aún perviven con más pena que gloria en Europa, sino que se trata de formas inmateriales esenciales que han sobrevivido como cultura a la decadencia política y económica nobiliaria y aun ahora actúan de modo cotidiano, legitimadas en la esfera pública y en los ideales privados, sin que ni la teoría ni la práctica social se haya percatado de modo suficiente para impulsar su erradicación.

La era moderna ha demostrado que esa cultura originada y desarrollada en la experiencia histórica de los grupos nobiliarios no requería de ninguna forma de gobierno específica para su vigencia, pues puede existir en regímenes aristocráticos tanto como en los oligárquicos y democráticos. Ni siquiera ha necesitado la presencia de las élites nobiliarias en la cúspide del poder político o económico: se ha revelado compatible con las más diversas formas de Estado y de gobierno ensayadas en Europa y en la América poscolonial. Desde el siglo XIX la democracia le dio un salvoconducto oficial, la consagración que necesitaba para mantenerse con vida aun después de que desapareciera el mundo material del que se había nutrido. Que hoy se considere democrática se debe solo a una confusión astutamente alimentada por los grupos en el poder, tanto los comerciantes, industriales, financistas y sus profesionales como la Iglesia y las mismas capas nobiliarias que, aunque débiles en muchos sentidos, conservan todavía un gran poder simbólico. Esos principios son asumidos por las mayorías inconscientemente y se consideran democráticos por el mero hecho de imperar en nuestro mundo, aunque sus contenidos teóricos y prácticos sean contrarios a la esencia democrática. Según nuestra hipótesis la democracia y la cultura señorial, no siendo incompatibles, se han armonizado de tal manera que esta forma parte de aquella como una de sus bases morales.

Tal confusión, que afecta sobre todo a la naturaleza de los valores que finalmente sustentan a nuestras sociedades, ha convertido a estas en meras *democracias de instituciones*. Efectivamente, cuando en Occidente se habla de democracia solemos referirnos solo a elementos institucionales, propios de la esfera pública: una determinada forma de gobierno, división y autonomía de poderes, un sistema electoral de designación de representantes, la relación de las mayorías con las minorías, etcétera, así como a los elementos inmateriales asociados al funcionamiento de esas instituciones. En Occidente hablamos de estados o gobiernos democráticos en sentido institucional, pero no de una cultura moral democrática. Aquí, una democracia es fundamentalmente una manera de organizar el poder, el espacio público y la participación ciudadana; es la idea griega de democracia, y también la de los filósofos de la Ilustración. En Occidente, la igualdad jurídica es el límite de la democracia; la dominación moral su realidad.

La democracia así entendida en Occidente es una forma de organización compatible con la herencia señorial y aristocrática y tal vez sea la más adecuada —como no se cansaron de señalar los pensadores británicos y franceses de la democracia de los siglos XVIII y XIX— para el comercio y la industria. Por eso, hacia 1825, el teórico liberal francés Charles Dunoyer llegó a proponer con rigurosa coherencia que el Estado se convirtiera solo en un mero departamento de la producción.[13] Entre las preocupaciones de los fundadores de la democracia no figuraba la naturaleza de las relaciones sociales y culturales predominantes en la sociedad. Por eso no es sorprendente que en un país como Estados Unidos se haya gestado una corriente sociológica que afirma que las democracias modernas no son verdaderas democracias, sino estructuras mixtas en que lo democrático se combina con lo ademocrático.[14]

Sin embargo, en una democracia auténtica, la cultura moral democrática tiene tanta o mayor influencia que las instituciones. Cultura e instituciones deberían ser las dos caras indiscernibles de la democracia, pues, al contrario de lo que se afirma públicamente, las instituciones no son la esencia de la democracia; algunas, como el parlamento, han existido en regímenes feudales y monárquicos.

Más aún, puede decirse que la democracia es, sobre todo, una cultura. Más que una forma de gobierno, la democracia debe ser un tipo de sociedad, una forma de organización de la vida común dirigida a lograr el mayor bien posible para los miembros de esa comunidad. Y en el destino individual y colectivo lo inmaterial cuenta tanto como lo material; los seres humanos sufrimos o somos felices también por las ideas y creencias que poseemos o nos poseen. Es eso lo que determina la autopercepción de los individuos y su horizonte de vida. Y es eso lo que en la vida de los individuos determina la presencia de un otro significativo, de sus congéneres y su comunidad, tanto en los intercambios materiales como en los intersubjetivos que tienen lugar en el curso de una existencia.

¿Qué relevancia tiene para una sociedad una institucionalidad democrática y una forma de gobierno democrática? Cualquiera que esta sea, será siempre demasiado limitada y en ocasiones parecerá una pantomima si no está fundada en relaciones democráticas y en una cultura democrática.

Pero la democracia que dio a luz la sociedad mercantil y burguesa tiene la limitación que acabamos de describir. Se trata de una limitación que la define: culturalmente heredera de las sociedades aristocráticas, con cuyos valores no terminó de romper, es una democracia de instituciones, no de cultura, y por tanto una democracia solo a medias.

Así, hay que insistir en los siguientes puntos:

(1) Debe diferenciarse entre las instituciones democráticas y la cultura democrática.

(2) La implicación mutua de instituciones y cultura es condición de existencia de la democracia.

(3) Por eso, solo hay verdadera democracia representativa cuando las instituciones y la cultura democráticas se encuen-

tran estructuralmente unidas e implicadas de modo recíproco.

(4) La institucionalidad y el gobierno democráticos son valiosos y congruentes si existen en el seno y como consecuencia de un Estado, una sociedad y una cultura democráticas.

(5) Si no surgen de una sociedad democrática, la institucionalidad y el gobierno democrático corren el riesgo de ser un mecanismo de apoyo a la dominación de unos sobre otros.

(6) La cultura democrática es el contenido de la sociedad democrática.

(7) Solo la sociedad democrática puede darle sentido y realidad a la forma de gobierno democrático.

(8) La sociedad y el gobierno democrático confieren realidad y valor al estado democrático.

(9) Cultura democrática y sociedad democrática son, pues, las dos condiciones de existencia de un Estado y de un gobierno democrático.

(10) Una sociedad en la que predominan los valores democráticos es distinta de otra en la que predominan los oligárquicos o aristocráticos, por mucho que ambas tengan instituciones democráticas.

(11) Pueden existir —y es común que existan— instituciones democráticas en una sociedad y un Estado en que predominen valores no democráticos.

(12) Lo anterior se debe a que en la existencia de una sociedad inciden más los valores que las instituciones.

(13) La legitimidad democrática procede de la vigencia de valores democráticos, no de la existencia y funcionamiento de instituciones democráticas.

(14) Las elecciones solo legitiman el origen de la representación, no su ejercicio.

(15) En consecuencia, un gobierno no se legitima plenamente por el resultado de unas elecciones sino por los valores democráticos que observe, defienda y procure implantar en la sociedad.

(16) Una sociedad no democrática no puede tener un gobierno verdaderamente democrático.

(17) No puede existir una sociedad democrática si no es en el imperio cotidiano de valores democráticos.

(18) El principal valor democrático es la igualdad moral de los individuos de la sociedad, sin distingos de ninguna naturaleza.

Es evidente que la élite que gobierna las instituciones y se apropia de la riqueza social prefiere que predominen las instituciones y se ahoguen las manifestaciones o reclamos de la cultura democrática: en eso se basa su estrategia de reproducción de las condiciones que garantizan sus privilegios. La creación de una cultura democrática que tienda a la abolición de la noción condicional de humanidad y de los principios de diferencias y jerarquías morales sería en sí misma una interpelación que pondría al descubierto las raíces no democráticas de la configuración moral y social actual.

II
UNIVERSALISMO, IMPERIO Y HUMANIDAD. EL HOMBRE SUPERIOR SEGÚN GRECIA Y ROMA

Para cumplir nuestro cometido debemos empezar por volver la mirada a ciertos momentos fundacionales de Occidente, bajo la consideración de que en el mundo antiguo se originaron algunos de los principios que más perniciosamente limitan nuestras democracias.

Sería un grave error creer que la cultura de Grecia y Roma tiene poco que ver con nosotros, habitantes de la posmodernidad; que nuestro vínculo con ella es genealógico solo en relación con la política, la historia de la literatura o de las ciencias, sin que su tejido moral perviva en nuestra mentalidad de manera importante. Cuando se dice que esa antigua civilización está en los orígenes de Occidente se expresa una realidad no solo histórica sino, sobre todo, axiológica, moral y social: algunas de las categorías centrales del mundo psíquico de hoy tienen en su base nociones del aristocrático mundo de Grecia y Roma. De estas debe destacarse una noción no universal de humanidad y la convicción de que existen diferencias morales entre los seres humanos, un valor o dignidad desiguales entre unos y otros. La antigua civilización grecorromana entendió que los seres de nuestra especie solo alcanzan la humanidad si cumplen ciertas condiciones; dio carácter universal y moral a las diferencias que producían la naturaleza o la historia. Así clasificó a los hombres en superiores e inferiores moralmente.

Para ensayar una reflexión acerca del proceso de construcción y proyección de esas nociones de humanidad y diferencia moral, recordaremos los conceptos de imperio, mundo y humanidad vigentes entonces, así como la noción de superioridad que sustenta la diferencia moral.

Hay pocas ideas que exijan la acumulación de tanto poder y condiciones excepcionales para su realización como la de imperio, y, sin embargo, es esta una de las más recurrentes de la historia de Occidente. Visitar la historia de Europa, primero, y de todo Occidente, después, es como recorrer la Via dei Fori Imperiali de Roma: de principio a fin, a diestra y siniestra encontraremos la noción de imperio como ideal político de las élites, sus reinos y sus naciones, desde Alejandro Magno, en el siglo IV a. C., hasta tentativas como la de la Francia napoleónica en el siglo XIX y las de Estados Unidos después de la Segunda Guerra Mundial en el XX.

En el siglo V a. C., Grecia se componía de 862 ciudades-estados independientes y Atenas, que presidía una liga marítima, llegó a imponer tributos al menos a 248 (algunos historiadores hablan de 300) de ellas. Se ha dicho que entre 700 y 1000 funcionarios atenienses cumplían sus funciones en el extranjero.[1] La ambición, la conquista y la colonización atenienses, sin embargo, se limitó a las costas del Mediterráneo, el Jónico y el Egeo, y en el interior no llegó más allá del mar Negro. Fue solo un siglo después, en el IV, cuando la idea de imperio irrumpió con fuerza suficiente para su realización histórica; su protagonista fue el rey macedonio Alejandro Magno, que reunió en un imperio todos los pueblos del Mediterráneo, y abarcó desde Gibraltar hasta Punjab, en la India. En su campaña expansionista en la India, se recuerda una arenga de Alejandro a sus hombres que ilustra la vinculación de la cultura griega tradicional con la idea de dominación universal contenida en la idea de imperio:

> No creo que haya otro término a las fatigas para ningún varón de ánimo generoso que aquel que conduce *a la gloria y el honor*. Pero si alguno quiere saber cuál es el fin que tendremos en nuestras guerras, ese conviene que entienda que ya nos queda muy poco terreno para llegar al Ganges y al océano oriental [...]. Ahí [...] os mostraré yo, a vosotros, macedonios y aliados, cómo el golfo de la India se

une al de Persia y el Hycarnio con el Índico [...]. Navegaremos hasta Libia y hasta las columnas de Heracles. Y desde esas columnas poseeremos todo el interior de Libia y toda Asia: entonces *los límites de nuestro imperio quedarán definidos por los mismos límites que el dios puso a toda la tierra.*[2]

El rey Alejandro Magno, que había sido alumno de Aristóteles, deseaba que su imperio y el mundo tuvieran contenidos idénticos, que Macedonia dominara a todos los pueblos de la tierra. Su reino tenía, como después proclamaría Roma, una misión universal. La justificación de esta misión colonizadora era filosófica: la teoría de los estoicos acerca de la raza humana única podía ser verificada mediante la congregación de todos los pueblos en un imperio universal. Basados en este universalismo, griegos, macedonios y romanos ambicionaron el mismo objetivo: construir un solo mundo, un imperio pacificado y sometido donde se realizaría su ideal de civilización y los conquistadores alcanzarían «la gloria y el honor».

Grecia vio a los pueblos no griegos como desprovistos de un destino valioso: los tuvo por carentes de razón (*logos*) y experiencia cívica (*polis*), habitantes de espacios amorfos que necesitaban ser integrados en un imperio conducido por un pueblo superior, el más avanzado de la tierra, para alcanzar una organización y una vida propiamente humanas. La idea de la superioridad griega sobre esos pueblos no verdaderamente humanos fue uno de los ejes de la cultura antigua.

Las pretensiones romanas fueron similares, especialmente desde el emperador Augusto. Impulsada por la aristocracia senatorial, Roma «desarrolló una teoría que identificaba su civilización con el universo».[3] Su imperio era *oecumenicus*, universal; su emperador se hacía llamar «señor de todos los mundos». En el siglo I d. C., Plinio el Viejo llegó a escribir que Italia era «una tierra que es criatura y a la vez madre de todo el mundo, elegida por voluntad de los dioses para [...] congregar imperios antes esparcidos [...], llevar el entendimiento a gentes de hablas tan diferentes y salvajes y aportar la civilización al género humano: en una palabra, a que fuera una sola en todo el orbe la patria del conjunto de las naciones».[4] En el primer siglo de la era cristiana, para los romanos, *Imperium* (Imperio) y *orbis terrarum* (círculo de la tierra) eran nociones idénticas, como lo demuestra el mapa dibujado por Agripa[5] que, de dimensiones monumentales, fue grabado en mármol, expuesto en el Porticus Vipsania de Roma y reproducido en numerosas ciudades del Imperio.

Para los atenienses primero, y para macedonios y romanos después, lo que estaba fuera del Imperio no era simplemente otro mundo, sino un no mundo, un mundo no verdadero,[6] una consideración que puede resultar familiar para los ciudadanos de las metrópolis de hoy, para quienes lo que está más allá de la llamada *civilización*, es decir, de los países ricos, tiene generalmente el olor de lo incierto, de lo no verdadero. Lucius Annaeus Florus, un historiador del primer siglo de esta era, pudo escribir en su *Epítome de la historia de Roma*: «Quienes lean de sus hazañas [las de Roma] estarán aprendiendo historia, no solo la de un pueblo, sino de la raza humana».[7]

Tanto para los griegos como para los romanos, «imperio» y «mundo» no solo coincidían en sentido físico o geográfico, sino que uno era condición de existencia de otro: en la mayoría de los casos, el imperio creaba el mundo, ya que le daba organización y sentido universal a la vida de espacios y comunidades amorfas. Porque para griegos y romanos solo había espacio *humano*, es decir, mundo en sentido propio, en comunidades organizadas políticamente. La justificación de este pensamiento podía expresarse de esta manera, resumida por los filósofos estoicos: todas las cosas están regidas por dos principios, la materia y la razón, o *logos*, que actúa sobre ella; el universo, así, es racional y tiene en lo racional su principio o alma; el mundo es animal racional, animado e intelectual; dios es racional, inmortal, perfecto e inteligente; el destino es «la razón por la cual es gobernado el mundo», y los hombres son animales racionales a quienes «les ha sido dada la razón como principio más perfecto, a fin de que viviendo según ella sean rectamente conformes a la naturaleza, pues la razón es la directriz y artífice de los apetitos».[8] Según Diógenes, Zenón, fundador del estoicismo griego, escribió que la finalidad del hombre «es vivir conforme a la naturaleza», lo que significa vivir según la virtud, «puesto que la naturaleza nos conduce a ella». Ahora bien, «vivir conforme a la naturaleza es vivir según la virtud propia y la de todos, no haciendo nada de lo que suele prohibir la ley común, que es la recta razón a todos extendida». Por naturaleza se entiende «aquella con la que debe conformarse la vida, esto es, la común; y en propiedad, la humana».[9]

Si todo es racional, el hombre, ser racional, debe en efecto vivir conforme a la naturaleza, que es asimismo racional: el ser humano conforma sus actos con «la ley común», que no es otra cosa que «la recta razón». ¿Cómo se puede reconocer «la recta razón»? La respuesta no admite dudas: la recta razón es la ley positiva, la que rige la vida de la comunidad. El mundo en sentido propio existe solo en sociedades en que esté vigente «la recta razón», es decir, la ley común, la ley positiva, donde los habitantes se atienen racionalmente a la organización política, sus instituciones y normas.

Estas conclusiones no deben sorprendernos; según el consenso de los historiadores, toda la vida moral y espiritual de los griegos y romanos estaba focalizada en el Estado.[10] Fuera del Estado, de la *polis*, de la familia y la ciudad, el hombre se asemeja a las bestias.

Desde la admirada época grecorromana, esta ambición universalista e imperial quedó fijada en la mentalidad de las élites europeas e influyó directamente, en primer lugar, en la Iglesia, al menos desde el siglo IV hasta el XV, y alimentó asimismo los proyectos colonizadores de la Edad Moderna: «Las raíces teóricas de los modernos imperios marítimos europeos alcanzan, hacia atrás, hasta los imperios del mundo antiguo. Fue sobre todo Roma la que proveyó el sistema ideológico de los sistemas coloniales de España, Gran Bretaña y Francia».[11] La *Renovatio Imperii Romanorum* (renovación del Imperio romano) y la *Traslatio Imperii* (cambio de sede del Imperio) fueron el sueño —y la argucia— de las más poderosas élites nobiliarias desde el siglo VI hasta el XIX. Su gran hito premoderno fue el carolingio, que entre 750 y 887 unió al reino de los francos nada menos que a Alemania e Italia, fundó los estados papales y sometió a Bohemia, Serbia, Croacia y otras naciones de Europa Central, e incluso a algunos pueblos caucásicos, en el delirio de restaurar el Imperio romano.

El sueño imperial es evidente en la monarquía universal o «Imperio cristiano» concebido por la Iglesia y ambicionada por los españoles; en el Imperio portugués cantado por Camoens; en el napoleónico; en el austrohúngaro; en el nazialemán, y en la ambición estadounidense, proclamada desde muy temprano en la historia del país.[12] Son todas referencias inequívocas de la archiconocida vocación de dominio sobre otros pueblos que recorre la historia de Occidente. Desconozco si en alguna otra región del planeta la noción de imperio se desarrolló, se teorizó y se justificó tanto como en Occidente, desde Grecia y Roma en adelante, pero es seguro que ninguna otra civilización fue capaz de llevar a cabo una política de expansión a escala planetaria como la occidental. Sus causas inmediatas pueden ser diversas, sin duda también materiales; sin embargo, su fondo cultural (aunque a menudo eludido) es de naturaleza aristocrática; lo es la idea germinal y todos los valores que le vienen asociados: que la humanidad se divide en superiores e inferiores y que, por tanto, existe una humanidad superior; la convicción acerca de la superioridad del Occidente metropolitano y del conquistador sobre el conquistado; el papel redentor de los superiores sobre el resto de la humanidad, y aquella perversa convicción de justicia que anima al criminal ante su víctima.

En cuanto a la humanidad, los griegos desarrollaron una doctrina que fue después seguida en gran medida por los romanos. Distinguían entre una humanidad verdadera y otra no verdadera, entre el hombre completamente humano y otros seres que, con apariencia humana, tenían una naturaleza en realidad más próxima a la de los animales. Aunque cada vez menos perceptible, esta concepción de una humanidad que requiere de ciertas condiciones, esta distinción entre humanidad verdadera y falsa, entre unos seres que eran plenamente humanos y otros que de humanos solo tenían la apariencia, ha durado hasta hoy. En nuestro tiempo, esta diferencia es solo implícita en la vida diaria pero explícita en situaciones excepcionales. Durante muchos siglos, sin embargo, fue un argumento franco, cuyo rastro se puede encontrar en Europa, América del Norte y del Sur.

Para los griegos primero, y los romanos después, la humanidad *verdadera* era aquella que cumplía condiciones de naturaleza lógica, intelectual, social y política; no era un atributo de todos los miembros de la especie sino que su existencia dependía del cumplimiento concomitante de esas *condiciones* y no otras; unas condiciones que, en realidad, solo se encontraban realizadas en el imperio-mundo recién mencionado, por lo que se puede decir que, en un sentido eminente, la humanidad estaba formada por los ciudadanos de Grecia o de Roma.

¿Qué condiciones eran esas? La respuesta es clara y contundente. Un humano en sentido cabal es aquel que disfruta del *logos*, de lengua y racionalidad, de capacidad para desarrollar una argumentación lógica, de discriminar entre el bien y el mal, lo justo y lo injusto, cuya conciencia es autónoma e independiente, cuya motivación para actuar es interna, no externa, y es capaz de vivir en una *polis* o *civitas*. Únicamente el *logos* y la *polis* o *civitas*, por su naturaleza, orden y exigencias, instituciones y leyes, crean una «sociedad civil» y así permiten al hombre desarrollar su capacidad y su potencial, o sea, su humanidad. Cuando no se cumplen esas condiciones, la potencialidad humana, o la humanidad potencial, simplemente no se realiza. Si un ser no está en posesión de la razón, si no es capaz de deliberar y tomar decisiones, respetar la ley natural y vivir en una sociedad civil, en una comunidad que cuente con un sistema de gobierno y una ley, que es de donde proceden los derechos y las obligaciones, no es humano en sentido cabal; si no se es independiente, sino que el ejercicio de su voluntad depende de un superior, como ocurre con las mujeres y los esclavos, por ejemplo, entonces tampoco no se es completamente humano. Se podría decir que, siguiendo esta teoría, obviamente un hombre que vive fuera de la *polis* es solo potencialmente humano, que para alcanzar la humanidad debe desarrollar unas facultades exclusivas de la especie, lo que solo podrá hacer en una sociedad organizada políticamente, con leyes preexistentes que la rijan.

Que el hombre o ser humano es solo el que vive en la *polis* o *civitas* es el sentido del *Zoon Politikon* de Aristóteles. Aristóteles fue uno de los grandes valedores de esa doctrina que liga la humanidad a una determinada forma de vida cívica. Como acabamos de decir, él creyó que la *polis*, la ciudad o estado como unidad, era la principal condición para la existencia de la humanidad: la *polis* era el único espacio en que lo humano podía llevarse a término.

¿Qué ocurre entonces con *los otros*? ¿Qué clase de seres son aquellos que no han creado una *polis* o no viven en una *polis* (*civitas* para los romanos)? Por todo lo dicho antes —y no solo por un asunto de lengua— los no griegos eran —como lo fueron después en Roma— *bárbaros*, esto es, nómadas, gente sin un pensamiento racional ni instituciones ni unidad ni capacidades políticas; conglomerados que no habían desarrollado su humanidad; no eran —no podían ser— completamente humanos, aunque lo parecieran. No eran seres humanos en sentido completo porque no habían alcanzado la racionalidad ni desplegado las virtudes morales que exige la vida política y social conforme a las leyes. El hombre de esos grupos humanos es «mero animal viviente». Porque, como hemos dicho, Aristóteles cree que lo que hace a un ser humano diferente de los demás animales es su capacidad para «poseer, de modo exclusivo, el sentido de lo bueno y lo malo, lo justo y lo injusto, y las demás apreciaciones».[13]

Algo similar ocurría con quienes, aun siendo griegos, carecían de una conciencia y una voluntad autónoma e independiente, quienes no se pertenecían a sí mismos, cuyos actos o deseos no tenían una motivación interna y propia, sino exterior y por tanto ajena: estos tampoco eran propia y enteramente humanos. Es decir, lo eran solo parcialmente. Era el caso de los esclavos y las mujeres.

Se puede decir, pues, que existe una humanidad no verdadera a la que pertenecen quienes llevan una vida no regulada por leyes preestablecidas o carecen de comunidad política, o cuya voluntad depende de la de otros, o quienes obran no conforme a su buen juicio y razón sino según sus ciegas pasiones y sensaciones... Todos ellos forman una falsa humanidad. En realidad, esos seres están más próximos a los animales. Por eso pueden ser legítimamente esclavizados.

Como se ve, en Grecia la posibilidad de existencia de una humanidad verdadera dependía de la verificación de condiciones, esencialmente dos: ser libre y pertenecer a la *polis*. Ahora bien, *polis* o *civitas* solo eran las ciudades griegas y romanas, Atenas y Roma, en sentido eminente. Y solo pertenecen a la polis los ciudadanos. La conclusión es inconfundible: el ser humano, hablando estrictamente, es solo el hombre libre, el ciudadano, el aristócrata, de Grecia y de Roma. Este es el prototipo de la humanidad para la nobleza griega y romana.[14]

Así, para las sociedades griega y romana el ser humano era el miembro de un grupo en verdad selecto: los humanos son solo una parte reducida de la especie: ni todos ni una mayoría de los seres dotados de lenguaje, sino solo una minoría. Los demás, por mucho parecido fisiológico y biológico que hubiera, eran otra cosa: subhumanos, solo parcialmente humanos, cuerpos sin personalidad, sin alma, animales vivientes. «Nuda vida» (Agamben). Humanidad no verdadera.

«Las mentes más profundas y más capacitadas de Roma y Grecia nunca fueron capaces de llegar a la idea, a la vez tan general y tan simple, de la semejanza común de los hombres», escribió Tocqueville.[15]

Esta concepción condicional y política de lo humano prevaleció durante siglos y permeó también el cuerpo doctrinario del cristianismo, cuyo sustrato filosófico se alimentó principalmente de las doctrinas de Platón, Aristóteles y los estoicos. Efectivamente, el cristianismo concibió postulados semejantes, llegando a afirmar que solo el bautismo en esa religión daba vida verdaderamente humana a los hombres, como veremos más adelante.

Con los pueblos no griegos, esas nociones recién comentadas adquirían toda su violencia: los pueblos no griegos o bárbaros eran «esclavos por naturaleza». El razonamiento es simple y está basado en los principios expuestos. El profesor Donald Kagan lo resume de este modo sencillo y preciso: «Puesto que ellos [los bárbaros] no habían sido criados como hombres libres en sociedades libres, sino que habían vivido como súbditos de un gobernante, eran manifiestamente esclavos por naturaleza, y por tanto era perfectamente legítimo dominarlos y esclavizarlos de hecho».[16]

Quisiera llamar aquí la atención sobre la dicotomía entre verdad y apariencia, entre lo que es y lo que solo parece ser, entre el ser humano auténtico y el que tiene de humano solo la forma, que, aunque lo parezca, no es humano o no lo es en sentido completo, porque le falta ya sea capacidad deliberativa, ya sea la experiencia de la vida cívica y política, ya sea la autonomía en su voluntad, sus deseos y sus actos. Inspirada en el modelo nobiliario, la aristocracia griega, a través de su fortaleza política y su filosofía, ensanchó sistemáticamente la distancia entre el ser y el parecer, entre la humanidad verdadera y la no verdadera, y esa diferencia se convirtió en argumento contra los no griegos, no romanos, no libres, no varones, contra los bárbaros, y contra los idólatras, en el lenguaje de los evangelizadores. A lo largo de los siglos esa distinción fue usada como munición racional, como arma sutil, suficiente para discriminar legalmente a los que no eran completamente humanos.

Con este primer argumento, griegos y romanos, y sus herederos cristianos en los reinos y naciones europeas, pudieron legítimamente esclavizar, sojuzgar, someter, expoliar tierras, destruir pueblos y gobiernos, extirpar creencias...[17]

Los binomios humanidad verdadera / humanidad no verdadera y el concomitante superior / inferior quedaron grabados en la identidad de griegos y romanos. Fueron aplicados tanto a individuos como a pueblos y luego también a razas: así como es legítimo que el poder esté en manos del individuo y la clase superiores y estos dominen a los inferiores, asimismo es legítimo que los pueblos y las razas inferiores sean sometidos por los superiores. Alejandro —y como él los dirigentes romanos— nunca dudó de la dimensión civilizatoria de sus campañas, aunque tras estas numerosos pueblos quedaron completamente arrasados.

Según el pensamiento aristocrático grecorromano, tampoco todos los habitantes de Grecia y Roma eran miembros de una misma humanidad. Para Aristóteles, por ejemplo, los humanos no compartían una misma naturaleza ni una misma condición: podían diferir «entre sí tanto como el alma del cuerpo y como el hombre del animal»: alguno puede «depender de otro» o «participar de la razón en tal grado como para reconocerla, pero no para poseerla».[18]

Ni siquiera los ciudadanos ocupaban una posición similar, sino que se dividían en ordinarios (inferiores) y superiores. Aunque la democracia griega les había conferido a todos igualdad política, la clase nobiliaria hizo prevalecer su doctrina según la cual el orden natural dispone personalidades superiores y afortunadas y otras inferiores y pobres. Es ese orden el que determina el mundo social y político, que debe ser dirigido por los *aristoi* para el bien de todos. La justicia, concebida como proporcional al mérito, distingue a unos y a otros.

Grecia y Roma rechazaron la idea de igualdad: fueron sociedades estrictamente jerárquicas, como es bien conocido. Esclavos, extranjeros y mujeres no tenían una existencia civil. Ninguno de los tres grupos participaba en sentido completo de la humanidad ni de la organización política: «A todos les faltaba lo que Aristóteles llamaba *timai*, o estatus político».[19]

Se impone una mirada genealógica. Basándose en observaciones de orden filológico sobre la evolución de las palabras que el griego, el latín, el gaélico, el iranio, el eslavo y el alemán utilizan para designar conceptos como «bueno», «malo», «noble» y «negro», el filósofo Friedrich Nietzsche creyó que la moral tenía su genealogía en una operación llevada a cabo originalmente por las clases nobiliarias y después por el cristianismo. Por esta operación, los nobles habrían convertido su poder político, económico y social en superioridad moral y sus propios atributos físicos y anímicos en características positivas, ejemplares y universales de la humanidad. El noble se identificó así con el auténtico: «el que es», con «el verdadero, en cuanto veraz», que, por otra parte, no era otro que el propietario. Los nobles se autodefinieron como los superiores y se llamaron a sí mismos «ricos», «poderosos», «los que mandan». De ese modo se los identificó finalmente con *lo noble*, y a *lo noble* con lo más valioso y elevado, quedando los nobles homologados como la parte más excelsa del género humano.

En sentido contrario, los conceptos negativos identificaron a las clases inferiores: el hombre pobre, el vulgar u ordinario, pasó a ser el «malo» y el «mentiroso», el siervo. La diferencia llegó a ser incluso física: el blanco y rubio fue el noble; el de piel y cabello oscuros, el siervo.[20]

En el orden romano, las nociones «noble» y «nobleza» (*nobilis* y *nobilitas*) tienen, efectivamente, su origen y su contenido inicial en una operación como la descrita por el filósofo alemán.

Sea cual sea el valor que se atribuya hoy a las intuiciones filológicas de Nietzsche, es cierto que el complejo de valores morales griego viene de su época arcaica y se resume en la idea de hombre superior (*agathós*) y en el correspondiente ideal de superioridad, que no fueron abolidos sino asumidos por la democracia ateniense que se inauguró en el siglo v. La del hombre superior es una de las ideas más antiguas y sólidas de Occidente. En el mundo griego es aquel que posee la *areté*, es decir, la virtud o la excelencia. Se la reconoce por el éxito que acompaña al *agathós*, por su riqueza material y por la fama o reputación, que es premio a su virtud. La condición superior del *agathós* proviene de la naturaleza, que lo ha distinguido, y de su linaje, que ha acumulado virtudes que le han sido transmitidas. Efectivamente, la superioridad del aristócrata griego es heredada: se transmite en el interior de las familias y en el seno de la clase de los nobles. Esa jerarquía natural determina el orden social y político, cuyo poder está destinado solo a los mejores.

Ahora bien, esta virtud debe ser demostrada. ¿Cómo distingue la virtud y la excelencia el pueblo griego? Por el triunfo: la ética del *agathós* y de la *areté* es competitiva. En Grecia se distingue la excelencia y la virtud por el triunfo y el éxito que acompaña siempre al *agathós*, que a su vez es fruto de la excelencia y la virtud. La intención o móvil cuenta poco: sea cual sea, el hombre griego juzga por el resultado, que no es fruto de intenciones sino de realidades. Triunfo y virtud son correspondientes. No cabe poner en duda la excelencia y la virtud del atleta que se impone en las olimpiadas, del lancero que destaca en la batalla o del potentado que ha acumulado fortuna con la que beneficia a la comunidad. El triunfo —y la misma riqueza material es expresión de este— es demostración directa de excelencia, como lo es la fama o buena reputación, indicadoras infalibles. Como recompensa por su *areté*, el *agathós* se hace acreedor a honores y privilegios.[21]

El teorema de la moral griega podría expresarse así:

Linaje (a) + fortuna (b) = virtud o excelencia (c); esta [la excelencia] + esfuerzo (d) = triunfo sobre los demás competidores (e).
(a) + (b) + (c) + (d) + (e) demuestran la condición superior de un hombre (f).

Lo cual equivale a decir que el hombre superior es el que ha triunfado sobre los demás gracias a su esfuerzo, sus méritos, sus virtudes, su fortuna y su linaje:

$$(f) = (a) + (b) + (c) + (d) + (e)$$

El hombre superior merece que se le concedan privilegios (g), fama y honores en forma de cargos públicos y recompensas materiales, que son retribuciones por su virtud y su triunfo.

El privilegio (g) queda explicado y legitimado por la secuencia de (a) + (b) + (c) + (d) + (e) + (f). El *hombre superior* merece el estatus privilegiado de que goza y del que los demás carecen. La legitimidad de la jerarquía social queda demostrada. Así, la ideología aristocrática fue el gran mecanismo de legitimación de jerarquías, diferencias y desigualdades sociales.

En otras palabras, el linaje preeminente confiere a los hombres el derecho a una consideración especial. Además de la reputación familiar, existen cualidades que hacen a algunos hombres merecedores de estatus diferentes a los comunes y les permiten acceder a privilegios y deferencias concebidos como premio material y moral por sus méritos. La diferenciación moral de la familia y el individuo como fundamento de la diferenciación de derechos es la clave del pensamiento que pretende establecer una correspondencia entre el mérito, el linaje o la fortuna y los derechos y la justicia.

Claro que existió un pensamiento diferente en Grecia, sobre todo en la época alejandrina. En el jardín del materialista Epicuro, verdadero templo de la amistad, había mujeres y esclavos. Sin embargo, la influencia del epicureísmo fue débil, incomparablemente menor que la que ejercieron Platón, Aristóteles y los estoicos.

En su extraña mezcla de comunitarismo e individualismo, la civilización griega desarrolló un tipo de sociedad en que los «hombres superiores» (*agathois*) generalmente pertenecían a la nobleza y los inferiores a los grupos plebeyos y al *populus*. Platón, en *La república*, expuso una detallada teoría que lo explicaba a través de una correspondencia entre los estamentos de la sociedad, la ocupación de sus habitantes y la naturaleza del alma de cada uno de ellos. La teoría equiparaba el tipo de sociedad con los tipos humanos; hay cinco tipos de estados y cinco tipos humanos: como hay una sociedad oligárquica, hay un hombre oligárquico; una sociedad democrática y un hombre democrático, etcétera. Según Platón, hay un alma amante de aprender, conocer y filosofar: la de los hombres sabios y virtuosos, los filósofos; hay asimismo un alma impetuosa, que busca la victoria, el dominio y los honores: la de los militares, y hay un alma apetitiva, que busca riquezas y placeres del cuerpo: la de los comerciantes y productores en general. Esta disposición innata de la naturaleza de los hombres se traduce finalmente en la conformación de tres estamentos sociales: nobles, plebeyos y *populus*. Los sabios y virtuosos, que son superiores, deben mandar y ser «conductores y reyes de los enjambres».[22] Del mismo modo, Aristóteles, un miembro de la poderosa corte real de Macedonia durante varios años, creyó que la naturaleza hace a unos superiores y a otros inferiores, destinados el uno a mandar y el otro a obedecer. En la *Política*, escribió que «es por causa natural que unos seres mandan y otros obedecen, porque ello es mejor para su sobrevivencia; porque aquel que está dotado de una mente capaz de reflexionar y prever con su inteligencia es superior y gobierna por naturaleza, mientras que aquel cuyas virtudes son físicas o corporales está formado por la naturaleza para ser un esclavo; de lo cual se infiere que la condición de amo y de esclavo es ventajosa para ambos».[23] Todo esto es archiconocido, pero necesitamos recordarlo para elaborar el tejido de nuestro argumento. Aristóteles expande su explicación, con la claridad y la precisión de cirujano que lo caracteriza, en la *Ética a Nicómaco,* donde eleva la *areté* a la condición de eje del sistema ético, y al hombre de la *areté*, el «magnánimo de alma grande», como lo llama, a la más elevada condición entre los humanos. La *areteia*, según Aristóteles, no está distribuida de manera equitativa ni al alcance de todos los hombres sino solo de unos pocos; «bárbaros», esclavos y mujeres no pueden ser objeto de derechos porque carecen de *areté* propia o natural: la *areté* exige condiciones minoritarias, como nobleza de nacimiento, riqueza y tiempo libre. Los pocos hombres dotados de *areté* son la fuente de la virtud. De esta pueden participar todos, pero solo en la forma y medida que conviene a cada uno, según su función en la sociedad. Así, por ejemplo, «el artesano solo alcanza la excelencia en la medida en que se convierte en esclavo», es decir, en la proporción en que está en relación con el amo, fuente, como ha quedado dicho, de toda virtud, por su razón y su poder.[24]

Como sostiene Jaeger, «el pensamiento ético de los grandes filósofos atenienses permanece fiel a su origen aristocrático al reconocer que la *areté* solo puede hallar su verdadera perfección en las almas selectas».[25]

El profesor Arthur Adkins ha demostrado que a pesar de que la democracia institucional ateniense era verdadera, los valores de la sociedad eran aristocráticos y las relaciones sociales y la misma justicia ocasionalmente se veían afectadas por eso.[26] Cultura de resultados, de temores y vergüenzas por el juicio público que concede fama o denigra, la griega consagró el éxito y lo heroico como base de la moral y subordinó las nociones de justicia y piedad a las de excelencia y virtud. La justicia, así, no era concebida de manera igualitaria sino en forma proporcional al mérito: En Grecia «*Areté* y *eudaimonia* —dice el profesor Adkins— son incluso más importantes que la mera injusticia».[27]

Como se ve, aunque Grecia legara a la humanidad la idea y las instituciones de la democracia y durante doscientos años Atenas contara con instituciones políticas democráticas, no puede decirse que las ciudades griegas tuvieran una cultura democrática. La democracia ateniense fue fundada por aristócratas, lo cual se puede decir no solo porque Clístenes, Solón y Pericles eran nobles, procedían de las familias más ricas y antiguas de la ciudad (los dos últimos venían de la misma familia, la de los Alcmeóicas, cuyo origen se dice que se remontaba a la época de la guerra de Troya), sino porque todos ellos, a despecho de sus ideas políticas, profesaban principios basados en las nociones de preeminencia, gloria, poder, honor y fama, como se había establecido desde que la aristocracia griega se hizo con el poder en el siglo VII. No es tendencioso recordar que un sabio como Solón «detestaba al pueblo»,[28] tenía una ética competitiva y anhelaba «sobrepasar a todos los hombres», y que el gran Pericles, en su «Discurso fúnebre», defendió que la elección de ciudadanos para cargos públicos se hiciera en función de la «reputación» o «fama» que estos hubieran ganado con su «virtud».

La democracia ateniense no abolió los principios de la vieja nobleza, que eran también los de la ciudad y los de todos los ciudadanos atenienses y continuaron siéndolo a lo largo de los doscientos años que duró el experimento democrático. Había superiores e inferiores y todo el sistema estuvo basado en la esclavitud y el dominio naval imperial de Atenas. Hay que recordar esto para entender el alcance de esta conclusión de uno de los mayores historiadores de la democracia: «La democracia ateniense absorbió de sus opositores aristócratas una fuerte voluntad de realizar actos/hechos/hazañas gloriosos y [de] ser el primero en todo».[29] Los principios de la democracia ateniense fueron perfectamente compatibles con los de la aristocracia en cuanto a la clasificación de los hombres, a su valor moral, a las virtudes, principios y objetivos individuales y colectivos.

La ética desarrollada en Roma no fue distinta. Los pensadores romanos también tuvieron una noción condicionada de humanidad y validaron la diferenciación, que los griegos creían basada en la naturaleza, entre hombres superiores e inferiores, aunque insistieron en juzgar la finalidad de la acción del hombre, y autores como Cicerón creyeron que el hombre superior es el que ejerce la virtud «en la práctica y la teoría de la administración pública», no el que se refugia en la soledad y se retira del mundo. Según se ve, en lo más alto de la escala política y moral de las prestigiosas sociedades antiguas estaban los *aristos* y *eupatridae* griegos y los patricios u *optimates* y *nobili* romanos. La calidad de estos era de tal naturaleza que, en el siglo IV d. C., el senador Aurelio Simmaco consideró, en una de sus cartas, al Senado —casa de la aristocracia romana— como «la mejor parte del género humano».[30] La nobleza grecorromana se asumió como la máxima realización de la especie: la obra maestra de la naturaleza. Un sentimiento similar experimentaron los jefes de la Iglesia, que consideraron al pueblo cristiano como el verdaderamente elegido por Dios.

La idea grecorromana de mundo, hombre y humanidad, de naturaleza condicional, que distingue entre una humanidad auténtica y una no verdadera, formulada de diversas maneras, e incluso no formulada, la encontramos a lo largo de muchos siglos en Europa. Aplicadas al comienzo a «bárbaros» y esclavos, y después también a los no cristianos, reaparecen una y otra vez, de un extremo a otro. En el siglo XVII, el jesuita Scipioni Paolucci dejó un testimonio sobre la estupefacción que le causó ver, durante la campaña evangelizadora en la Italia meridional, en el reino de Nápoles, a los nativos de esas tierras, a quienes describe como «huomini, que d'huomo non haveano che la figura, nella capacità e scienza poco dissomiglianti a quelle bestie medesime che custodiavano».[31]

Esas mismas nociones fueron incubadas por los europeos en las Américas. En el sur, los aborígenes nativos fueron inventariados por los propietarios de tierras (entre los que se incluía la Iglesia católica) en la misma categoría que los caballos, las vacas, las ovejas o los bienes inmuebles. Aunque el papa declaró en cierto momento que los «indios» del sur eran hombres, la Iglesia y los propietarios siguieron considerándolos cosas, tal como habían hecho antes, en Europa, con esclavos y siervos.

En América del Norte predominaban los mismos principios, expuestos por la élite de origen o cultura europea. En 1783, para George Washington los nativos americanos solo se diferenciaban de los lobos por su forma humana.[32] En la misma época los líderes de las colonias que preparaban su independencia de Inglaterra no lograron concebir la humanidad de los esclavos negros, a quienes las colonias sureñas definían como *things*, cosas (del mismo modo que Roma había definido a sus esclavos como *res*), y el acuerdo alcanzado entre el Norte y el Sur para contarlos entre la población de los estados fue valorarlos en menos de una unidad atribuida a los blancos: un esclavo negro no contaba como una persona sino como tres quintas partes de esta para fines de recuento de la población de cada colonia y el consiguiente establecimiento del número de representantes a que tenía derecho en el Congreso.

Y ya hemos mencionado la corte de justicia de Estados Unidos que sentenció que los inmigrantes indocumentados eran «no persons», pues «the only persons are people with citizenship».[33]

La civilización grecorromana y cristiana europea tardó muchos siglos en concebir la humanidad de los pueblos diferentes. Parece que hasta que Bartolomé de las Casas fue a América, Europa nunca pensó en los otros pueblos como pueblos, como comunidad humana. De las Casas se vio obligado a explicar a sus congéneres españoles que «No hay, y no puede existir, una población que no sea un pueblo; y no existe, y no puede existir, un pueblo que no sea soberano».[34] La esclavitud y el comercio de esclavos —que da por descontada la falta de humanidad de sus víctimas—, actividad en la que durante siglos se comprometieron las grandes potencias europeas, fue abolida recién en el siglo XIX.

La antigua cultura clasista y señorial, determinante en la construcción moral de Europa y América, elaboró a lo largo de muchos siglos todo género de instituciones, teorías o pseudoteorías, leyendas y proyectos orientados a sustentar una descripción del mundo en que lo humano y la humanidad solo se daba entre los europeos; los pueblos blancos y cristianos eran la humanidad en sentido cabal.

Las mentes más agudas del Renacimiento no consiguieron ir más allá de ese marco. Quienes, junto con Erasmo, son tenidos como los mayores representantes del humanismo, es decir, Petrarca, Marsilio Ficino y Pico della Mirandola, explícitamente negaron el atributo humano a quienes incumplieran una condición, en los tres casos a quienes no vivieran «según la razón», faltaran a un determinado código ético, fueran «esclavos de los sentidos» o estuvieran «cebados por sensuales halagos» (estos serían no hombres sino «una bestia») o «entregados al vientre» (en este caso: «una planta»).[35]

Y si con el tiempo quedaron desacreditadas las teorías que asignaban a los blancos la exclusividad de lo humano, y hasta hubo un período en que Europa mostró interés por los «nuevos especímenes de la humanidad», la única consecuencia fue la constitución de una escala o jerarquía con la que los blancos llegaron incluso a mofarse de la supuesta (en verdad no admitida) humanidad de los pueblos no europeos. Ello fue patente en la primera etapa de la era colonial y sus demostraciones ocurrieron no solo en ultramar sino en el mismo territorio europeo. Una de las expresiones más degradantes y populares pudo observarse durante el siglo XIX y primeras décadas del XX, en Europa y Estados Unidos, en los llamados «zoos humanos» y en el espacio que esa idea de «zoos humanos» llegó a tener incluso en eventos internacionales oficiales, como las exposiciones coloniales.[36]

William Faulkner, uno de los novelistas que mejor comprendió la psicología del hombre blanco y su valoración del negro, pone en boca de un oficial blanco, un delegado de un sheriff de Jefferson, estas palabras sobre los negros, que utilizan un argumento antiguo, que apareció entre los griegos y los romanos y que ya había esgrimido el mismo Washington contra los aborígenes: «No son humanos. Tienen aspecto humano y caminan sobre sus pies como los hombres, y pueden hablar y uno les entiende y cree que ellos le han entendido, al menos de vez en cuando. Pero en lo que toca a los sentimientos y motivaciones comunes entre los hombres, son iguales que un rebaño de búfalos salvajes».[37]

Todos estos conceptos que acabamos de revisar, operativos desde el nacimiento de la civilización europea, han influido en la historia posterior de Occidente y aún hoy determinan la mirada occidental sobre «los otros». No es difícil ver que en la base de la incapacidad para ampliar la noción de humanidad, endémica en Europa, estaba la ideología grecorromana que asimilaba su imperio con el mundo, la humanidad con su propia comunidad política y el hombre con un grupo reducido, diferenciado moralmente. Con estos principios —y con el respaldo de su poder militar— la aristocracia grecorromana sostuvo unidos, de modo férreo, pueblos muy heterogéneos, integrados por seres de condición muy diversa, y así preformó el mundo de hoy. Directa o indirectamente la Antigüedad clásica ha nutrido la educación de las clases altas y de la alta cultura de Occidente. Los patrones culturales no desaparecieron con la caída de los imperios ateniense, helénico o romano sino que sobrevivieron, incrustados en las diferentes formas de vida y civilidad ensayadas a lo largo y ancho de la historia occidental.

Por supuesto, nada de esto fue concebido por los pueblos griego, romano, judío o palestino sino que es el fruto intelectual y moral de la nobleza de esos lugares. Esta clase fue —al menos hasta siglo XVII— la gran constructora del mundo europeo y occidental. Durante siglos, en la conciencia europea, imperio, cristianismo, mundo y humanidad (verdadera y falsa, superior e inferior) formaron una unidad inextricable, en la que una estructura económica, política y jurídica (imperio) se proyectaba sobre la esfera religiosa (cristianismo) y sobre la ontológico-moral (mundo y humanidad), dotando así a Europa de una base coherente y poderosa, sin fisuras para la acción, que sin duda condicionó las relaciones de los europeos con los otros pueblos. A finales del siglo XVIII la principal modificación de ese complejo modelo fue de orden político: la recuperación del ideal republicano —concebido por primera vez en Roma— como forma de gobierno y de sociedad, que alcanzó su realización material en Estados Unidos, que en 1787 declaró la primera república de la era moderna, después de los tímidos experimentos de los cantones suizos, las ciudades-estados italianas y las provincias holandesas.

Sería un error creer que esos esquemas de pensamiento solo han operado en los grupos de poder, en las clases altas o en las metrópolis coloniales. La confluencia del pensamiento aristocrático grecorromano con el cristianismo compuso una cultura rigurosamente jerárquica según la cual, insistimos, el mundo y la humanidad eran acontecimientos exclusivos de Europa y los europeos y las diferencias naturales o históricas entre los hombres eran biológicas y morales, y separaban a unos de otros como superiores e inferiores, los primeros eran humanos en sentido auténtico y los segundos solo en apariencia: había una humanidad y una subhumanidad. Esas nociones consiguieron filtrarse a todas las capas sociales educadas, entre las cuales fueron asimiladas profundamente y permearon, en mayor o menor medida según las épocas, a sociedades enteras no solo de Europa sino de todo su radio de influencia. Esos núcleos de significación se reprodujeron a diversas escalas, consiguiendo mantenerse vigentes de muchas maneras en la vida cotidiana de las sociedades occidentales.

III
LA TRANSMISIÓN

¿Cómo ha podido una cultura nacida hace más de dos mil quinientos años sobrevivir a tantas revoluciones y germinar en la mente de hombres y mujeres que nacieron entre proclamas de igualdad, como los habitantes de la modernidad occidental? ¿Cómo se ha desplazado hasta remotos rincones de la parte occidental del planeta?

Es probable que la historia tenga muchas respuestas. Los historiadores ya han recorrido un importante camino en la descripción de la transmisión de la cultura clásica, reproductora de nociones esenciales de la aristocracia, en Europa y Norteamérica. Historiadores medievalistas han informado del expansionismo de los nobles y comerciantes europeos dentro de la misma Europa y más allá, especialmente desde el año 1000, con el inicio de las cruzadas. A través de invasiones y conquistas o alianzas familiares, en la búsqueda de regiones prometedoras y mediante el establecimiento en ellas, los aristócratas europeos fueron construyendo un mundo a su medida, con la ayuda constante de la Iglesia católica. Esta colonización intraeuropea duró siglos. Nobles normandos estableciéndose en Inglaterra, Gales, Escocia, Irlanda o Sicilia; caballeros sajones encaminándose hacia el Báltico, asentándose en Estonia, Finlandia, Bohemia y Hungría; aristócratas occitanos en el sur de Italia y en España... Adondequiera que fueran llevaron consigo sus ideales y su cultura y los implantaron en los nuevos reinos creados o en las regiones en que se establecieron.[1] El proceso de expansión de Europa relanzado en el siglo XV (en el período eufemísticamente llamado «de los descubrimientos»), y más aún en el período industrial, ha supuesto la irradiación a todos los rincones accesibles del planeta de una mentalidad estructurada en gran medida según patrones nobiliarios.

De la multiplicidad de factores históricos que sin duda han representado un papel determinante en la transmisión de la cultura de la vieja aristocracia, se deben destacar dos prominentes de la historia europea, que en un momento dado se fundieron en uno solo: (1) la Iglesia y el complejo ético-teológico conformado por el greco-cristianismo, y (2) la visión económica, política y moral de la burguesía, que durante los últimos cuatro siglos adaptó sus principios a las pautas civilizatorias heredadas de la aristocracia y las relanzó, ya reelaboradas, al mundo de las democracias representativas.

La Iglesia y la burguesía asimilaron en épocas distintas los principios nobiliarios y los incorporaron a sus visiones del mundo, dejándolos actuar en su pensamiento y sus instituciones. Como trataré de demostrar, al menos desde finales del siglo I (tomo como referencia la carta de Clemente de Roma a los corintios, de *circa* 98 d. C.) la Iglesia antigua fue incorporando principios de la aristocracia grecorromana en su doctrina. Por su parte, la burguesía demostró muy tempranamente su deseo de emular a la nobleza, su aspiración a alcanzar alguna forma de elevación moral y social, su subordinación al cuadro de valores señoriales; ya hacia 1200 el padre de Francisco de Asís, un rico comerciante, ponía en los sueños juveniles de su hijo su esperanza de alcanzar «un escudo de armas para la familia».

Tanto la Iglesia como la democracia liberal legitimaron en diferentes momentos el legado cultural aristocrático, fundiéndose con este en las democracias representativas. Desde el seno conceptual de una religión y una doctrina sociopolítica los principios de los antiguos *aristos* griegos y patricios romanos tomaron lentamente posesión de los pueblos europeos visibilizados después de la caída del Imperio de Occidente, así como de los nobles medievales, renacentistas y modernos de Europa, y lograron asimismo incrustarse en los pliegues de la vida de las democracias representativas contemporáneas. En América esos dos componentes concurrieron en tiempos y formas distintas, en un proceso al que el factor colonial dotó de notables peculiaridades.

LA IGLESIA, CORREA DE TRANSMISIÓN [2]

El cristianismo nació en la fase imperial de Roma y en comunidades judías de la parte oriental del Imperio, en la zona de mayor influencia de la antigua civilización griega. Como toda Asia Menor, en el siglo I d.C. Palestina y Jerusalén estaban sometidas por Roma y empapadas de cultura griega, debido a las antiguas conquistas de Alejandro Magno, llevadas a cabo dos siglos antes. Aunque de origen judío, la religión cristiana se institucionalizó, pues, en el seno de la cultura grecolatina, que ya había puesto sus principios en moldes de bronce.

Durante la primera mitad del primer siglo de esta era no había Iglesia sino solo comunidades y asambleas (*eklesies*). En las décadas posteriores a la muerte de Jesús, la composición social de las comunidades distaba mucho de incluir a las clases altas; en su mayor parte, los primeros cristianos procedían de las franjas media y baja de la sociedad: «Los extremos superior e inferior de la sociedad están ausentes en las Iglesias del Nuevo Testamento [...], las Iglesias no incluían senadores ni miembros del orden social ecuestre y como mucho dos decuriones».[3] Después de la muerte de Jesús y los apóstoles, el cristianismo vivió un proceso de edificación institucional y su mensaje experimentó una primera transformación. Los postulados del mundo grecorromano, entre los que se encontraban los valores que hemos reseñado en el apartado anterior, no fueron ignorados por los hombres que se encargaron de elaborar la doctrina del cristianismo sino que formaron parte de la sistematización de la doctrina que la nueva religión necesitaba. En el primer período formativo, el pensamiento cristiano solo contaba con las enseñanzas originarias de Jesús, expresadas oralmente en su prédica, y con los libros sagrados de los judíos conocidos ahora como Antiguo Testamento.

Fue Pablo de Tarso, contemporáneo de los primeros apóstoles y tal vez también de Jesús, quien inició el proceso de elaboración de la doctrina en términos teológicos y filosóficos, para la que se sirvió, como sus descendientes, de la tradición filosófica en la que estaba inserto. Pablo era miembro de una acomodada familia de comerciantes judíos que ostentaba la ciudadanía romana. Tarso (en la actual Turquía) era uno de los mayores centros filosóficos de la región y sede de una de sus tres «universidades» especializadas en filosofía, ciencias y artes, a la que es posible que Pablo asistiera. El estoicismo, doctrina fundadora del universalismo, estaba entonces en boga en Tarso al igual que en todo el Imperio romano: «los razonamientos de Pablo a veces se parecen a los argumentos de los estoicos —señala un historiador—. Es incluso posible encontrar en las enseñanzas de Pablo frases que podrían ser tomadas para respaldar las doctrinas estoicas».[4] Las epístolas de Pablo, datadas entre los años 50 y 58, se consideran los primeros textos doctrinarios escritos.

CRISTIANISMO, IMPERIO Y HUMANIDAD

Está fuera de duda que la filosofía de Grecia y Roma, así como sus estructuras de poder, influyeron en el pensamiento y en la organización institucional de la Iglesia. Al menos desde Pablo, en los años 50 y 60 del primer siglo, el cristianismo asumió un universalismo similar al de los estoicos y al de Roma. El mundo y la sociedad humana como una sola gran *polis* o «cosmópolis» fue el eje de un pensamiento que llevó hasta el terreno social e histórico lo que se había aceptado acerca del universo físico. La posibilidad de universalidad de la acción y del destino humanos, que tuvo enorme influencia y fundamentó la idea grecorromana de imperio, se colocó asimismo en la base del pensamiento de la naciente Iglesia, hija intelectual del pensamiento filosófico y político grecorromano tanto o más que de la mística judía. Un comentario acerca del impacto de Roma sobre la doctrina cristiana puede muy bien empezar por las ideas de humanidad, universalidad, imperio y mundo, una «serie» en la que los dos últimos conceptos quedan identificados. La equiparación que la Iglesia hizo del Imperio romano como equivalente a la totalidad del mundo humano fue evidente. La idea de un gobierno universal animó vigorosamente a la jerarquía cristiana. Así, también al cristianismo la universalidad lo condujo a la visión imperial: su exaltación del imperio como elemento del plan divino fue clara. Tanto Jerónimo como Agustín entendieron que el Imperio romano era una de las monarquías profetizadas por Daniel en la Biblia, que daría paso al reino espiritual de Dios. De ahí que Ambrosio, obispo de Milán y uno de los cuatro doctores de la Iglesia,[5] haya considerado que «El timón del imperio, que gobierna el mundo entero, es precioso». La Iglesia tenía que seguirlo. «Se pensó el cristianismo como espacialmente coextensivo con el *Imperium romanum*. El *orbis terrarum* [romano] se convirtió, gracias a la traducción hecha por [el papa] León el Grande en el siglo V, en *orbis Christianus*. Este pronto fue concebido como *Imperium Christianum*».[6]

Efectivamente, en el año 442, el papa León el Grande pronunció un célebre sermón sobre los apóstoles Pedro y Pablo, titulado «In Natali Apostolorum», en que se apreciaba cómo la idea imperial romana había calado en la Iglesia hasta el punto de formar parte de su programa sobre la tierra:

la obra planeada por Dios necesita que muchos reinos sean reunidos bajo un imperio, de manera que la prédica del mundo pueda rápidamente llegar a todos, cuando estos estuvieren bajo el gobierno de un Estado, que la luz de la verdad sea mostrada para la salvación de todas las naciones, para que pueda ella misma expandirse más efectivamente a través del cuerpo del mundo desde la misma cabeza.[7]

La Iglesia pensó que un Imperio cristiano basado en la unidad de la Iglesia de Oriente y Occidente era posible y debía ser tan universal como el romano: este era un elemento esencial en el plan divino. Desde entonces la práctica de la Iglesia romana estuvo marcada por esa meta. Cuando Roma cayó, Jerónimo creyó que el mundo mismo había caído: «La luz brillante del universo se extingue —escribió en sus *Comentarios a Ezequiel*—, el Imperio ha perdido la cabeza, el mundo entero ha perecido en una sola ciudad».

Sin embargo, después de la caída del Imperio de Occidente, en 476, el universalismo concebido por los aristócratas griegos y romanos y adoptado por la Iglesia hizo que en cierto modo el Imperio siguiera en pie. Porque después de la caída, el territorio y los pueblos quedaron bajo la jurisdicción del emperador de la lejana Constantinopla, y fue la Iglesia la que tomó a su cargo, de hecho, el gobierno de los pueblos, asumiendo una jurisdicción civil. El papa fue lo que había sido el emperador y el obispo ocupó el lugar del desaparecido prefecto. A consecuencia de ello, a finales del siglo VI el poder de la Iglesia se había multiplicado de forma exponencial. En época de Gregorio el Grande, el papado era «el más importante poder político en las provincias occidentales del Imperio».[8] En el siglo VIII la Iglesia tenía un ejército propio y tantos territorios que se separó del Imperio romano de Oriente y constituyó los Estados Pontificios, que, con sus respectivos vasallajes, duraron más de mil años. En el siglo XV, en bulas papales y otros documentos oficiales, la Iglesia todavía hablaba de «Imperio cristiano» y de un patrimonio que incluía todas las islas y una parte del territorio continental europeo y todos los territorios y mares que se «descubrían» entonces.[9] Ese afán expansionista de la Iglesia fue uno de los factores más influyentes en la propagación de la cultura señorial de

Europa, particularmente desde alrededor del año 1000 y hacia el este. En esa campaña secular los misioneros católicos fueron tan importantes como los comerciantes.

Como Grecia y Roma, también el cristianismo tuvo en sus comienzos un concepto condicional y estrecho de la humanidad. La profesora Denise Kimber Buell ha demostrado cómo el cristianismo primitivo apeló a elementos étnicos y raciales para autodefinirse. Según ella, los cristianos de los primeros siglos se consideraron a sí mismos *genos*, una nación, en el mismo sentido en que lo eran los judíos, los griegos o los egipcios: una comunidad o pueblo, uno superior, «el pueblo de los salvados», en el que la humanidad alcanzaba su culminación ideal. Como habían hecho griegos y romanos, los cristianos se definieron a sí mismos como la verdadera humanidad, «el nuevo pueblo sagrado», en palabras del teólogo Justino. El cristianismo dibujó una ecuación similar a la de los nobles griegos y romanos: tal como estos equipararon a Grecia y Roma con el mundo y a lo griego y lo romano con lo humano, y relegaron así a los habitantes de otros territorios a los extrarradios de lo humano, así el cristianismo equiparó la cristiandad con la humanidad y relegó a los no cristianos a una condición incierta: discriminó el sentido profundo de la humanidad con tanta o más estrechez que los griegos y los romanos, y amparándose en los mismos fundamentos.[10] La misma Buell analiza la obra de algunos de los principales pensadores del cristianismo de los siglos II y III, como Justino Mártir, Clemente de Alejandría y Orígenes. Según ella,[11] para Justino, por ejemplo, los no cristianos son humanos solo en potencia. Los seres humanos se distinguen por su capacidad para pensar, razonar, elegir la verdad y actuar correctamente: han nacido con la razón y la inteligencia; están en posesión del *logos*, que es preexistente, una especie de esencia o semilla que en los seres humanos viene como dotación natural. Sin embargo, no todos los hombres acceden a ese *logos*, no todos han sido entrenados en el aprendizaje de la verdad y sin ese desarrollo su potencial humano no se realiza. «Aunque el *logos* es una esencia fija y universal, no ha sido completamente realizada en la mayor parte de los humanos», dice Buell del pensamiento de Justino. Ahora bien: Jesús es la encarnación histórica de ese *logos* preexistente. Ese *logos*, que es Jesucristo, es la semilla que todos los humanos tienen sembrada dentro de sí. Para su realización propiamente humana, los hombres deben convertirse al cristianismo y así acceder al *logos*, es decir, a Cristo; a las enseñanzas de la encarnación del *logos*, o sea, a Jesús. No hay otra vía de acceder a la humanidad que no sea el *logos* o Cristo. La conversión al cristianismo es, pues, condición de existencia de la humanidad. «La conversión transforma al pueblo de su imperfecta y particular etnicidad a aquella unificadora y universal: la cristiana.» Los no cristianos carecen de humanidad en sentido pleno. Para llegar a serlo plenamente deben activar el potencial que recibieron al nacer, realizar las acciones y asumir las creencias y los deberes que impone la fe. Ser humano es ser cristiano y ser cristiano es ser humano. En sentido contrario, no ser cristiano es no ser humano.

Como ha demostrado Buell, muchos pensadores cristianos, entre ellos Clemente de Alejandría y Orígenes, creyeron que la cristiandad era la manera más universal y auténtica de la humanidad, que solo el cristianismo podía hacer que los hombres alcanzaran su irrealizado potencial humano. El caso del primero es ejemplar: «Los cristianos, según Clemente, eran no solo el pueblo más antiguo sino de hecho la única raza humana». Y, asimismo, «el culto cristiano —como él lo define— es la única forma de religión».[12] Los creyentes de la nueva religión o nuevo pueblo asumieron desde entonces esa condición de elegidos, salvados y sagrados, «la luz del mundo», como llamó Aurelio Prudenzio a la curia romana en el siglo IV.

Como para Aristóteles, para la Iglesia del siglo IV los bárbaros eran «esclavos naturales». Como para griegos y romanos, también para la Iglesia «bárbaros» eran todos los pueblos no griegos ni romanos, y, después, todos los no cristianos, una acepción que todavía estaba vigente en la época del padre Bartolomé de las Casas, en el siglo XVI. En palabras de san Agustín, los «bárbaros» eran «sanguinarios», «salvajes» y «vulgares». Todos esos «bárbaros» resultaron así redefinidos por la Iglesia al margen de la humanidad cabal y por tanto susceptibles de legítima esclavitud y exclusión. En el siglo IX, el arzobispo de Reims escribió que los impíos debían ser «borrados de la tierra» por la espada medicinal del obispo y la espada judicial del rey.[13] Ya avanzada la Edad Media, el papa Urbano II, al llamar en Clermont a la Primera Cruzada, pudo instar a los fieles a «destruir a la raza vil» de «turcos y árabes».[14] En pleno siglo XX el sentido secular del sacramento del bautismo, según el cual los hombres nacen a la verdadera humanidad cuando entran en la fe cristiana, continúa teniendo predicamento.

Como se ha hecho evidente hasta ahora, en esta primera fase de la elaboración doctrinal cristiana están muy presentes las ideas grecolatinas de humanidad no verdadera o condicional, diferencia moral y la clasificación de los hombres en superiores e inferiores. Uno de los más importantes documentos es la carta que el obispo Clemente, futuro santo del cristianismo, dirigió en el año 97 a la Iglesia de Corinto. El episodio es harto significativo.

Corinto era la más grande y populosa de las ciudades griegas y una de las mayores del Imperio romano, con una gran cantidad de población esclavizada. En su Iglesia había estallado una rebelión de fieles contra los presbíteros. Por otra parte, después de la muerte de los apóstoles, como obispo de la capital del Imperio y descendiente del linaje de Pedro y Pablo, Clemente era la personificación de la continuidad de la Iglesia y parecía autorizado a intervenir en el conflicto de la Iglesia de Corinto a través de una misiva de naturaleza doctrinaria.

La *Epístola* es un hito en un proceso de elaboración doctrinaria que iba a afianzarse en el siglo IV; es una persuasiva exhortación a la obediencia y la subordinación de los fieles a los gobernantes, tanto del Imperio como de la Iglesia. Su base es la filosofía social platónica y la cosmología y la sociología estoicas, o sea, el principio de armonía y unidad de los diferentes componentes del mundo físico y social, de lo pequeño y de lo grande, en una descripción del mundo natural y humano que se consolidó como sustrato del pensamiento de la Iglesia a lo largo de los siglos, y que veremos repetidamente. La metáfora preferida fue la del cuerpo humano.

Según Clemente, el funcionamiento del cuerpo humano, del cuerpo social y del cuerpo eclesiástico puede ser explicado de un modo similar y en sentido recíproco. «Todos no son prefectos ni tribunos ni centuriones ni comandantes al mando de cincuenta hombres y así sucesivamente, sino que cada uno en su propio orden cumple lo ordenado por el rey y los jefes.» He ahí una teoría del rango, procedente del cuerpo militar, bien expresiva de cómo se organiza el todo, bajo qué jerarquías funciona el cuerpo: «Sin los pequeños, los grandes no pueden existir, ni los pequeños sin los grandes». No se trata de una diferencia de proporciones o simplemente funcional, sino cualitativa: «Tomemos nuestro cuerpo: la cabeza es nada sin los pies y, de igual manera, los pies sin la cabeza. Los miembros pequeños de nuestro cuerpo son necesarios y útiles a todo el cuerpo». Así, por la visión del cristianismo determinista, se insta a los feligreses de la Iglesia de Corinto a acoger estructuras «naturales», o más bien naturalizadas, en las que hay una parte superior llamada a dirigir y otra inferior que debe obedecer: es lo que ocurre con los presbíteros y los feligreses de Corinto. Ese orden y esa estructura no deben ser alterados; son sagrados. «Consérvese nuestro cuerpo en Cristo Jesús, y sométase cada uno a su prójimo tal como fue establecido por su gracia [...], consideremos de qué material fuimos hechos, cuáles y quiénes entramos en el mundo», dice. Eso tiene su traducción social explícita: «El fuerte cuide al débil, y el débil respete al fuerte; el rico provea al pobre, y el pobre dé gracias a Dios por haber dado a alguien por medio del cual sea suplida su necesidad».[15]

Esa diferenciación cualitativa entre hombres que ocupan posiciones superiores e inferiores («la cabeza es nada sin los pies y, de igual manera, los pies sin la cabeza») es similar a la de la *Política* de Aristóteles, que hemos citado más arriba, según la cual «es asimismo por causas naturales que algunos seres ordenan y otros obedecen», aunque la fuente más probable de Clemente sea otra, el estoicismo de Zenón, que ya dividía a los hombres en sabios e ignorantes, según su naturaleza y no según la historia. Los sabios eran libres y buenos, y los libres y buenos eran sabios. Los ignorantes eran esclavos, enemigos o extranjeros. Con estos argumentos, Clemente resuelve el conflicto en Corinto, la rebelión de los feligreses contra los sacerdotes. «El problema cristiano de la estructura de la nueva comunidad de la Iglesia obliga a Clemente a retroceder —dice un historiador— a problemas generales tal como fueron elucidados por la filosofía griega. Esto se repite siempre en la historia del cristianismo, en la medida en que la herencia clásica fue incorporada en la estructura del pensamiento cristiano.»[16] Tal como ha destacado Werner Jaeger, la *Epístola* apela tanto al pensamiento griego clásico como a la misma experiencia histórica del Imperio romano, a cuyo ejército pone como modelo de la disciplina y estructura jerárquica que necesita la Iglesia.

La *Epístola* se cierra con la prístina exposición de una doctrina que considera a los jefes del Imperio y de la Iglesia «jefes de la Tierra» por voluntad divina («Tú, Señor, les diste el poder del reino / por tu magnífica e indescriptible fuerza») y exhorta a los fieles a obedecerles sin oposición; oponérseles sería oponerse al plan de Dios.[17]

El estoicismo romano, la filosofía moral de las clases altas de la época, había recogido esa estricta clasificación de los hombres del estoicismo griego. Cicerón, en *La república*, escribió que entre hombres libres «la seguridad del Estado depende de la sabiduría y virtud de sus mejores hombres, especialmente porque la Naturaleza ha previsto no solo que estos hombres que son superiores en virtud y en determinación deben gobernar a los débiles, sino también que el más débil esté dispuesto a obedecer al más fuerte».[18] La correspondencia entre la *Epístola* de Clemente y el pensamiento de Aristóteles, Zenón y Cicerón es notoria. Clemente y otros padres de la Iglesia sirvieron de correa de transmisión de un esquema de pensamiento configurado a partir de estructuras sociales esclavistas. El monarquismo ha sido desde esta época —desde finales del primer siglo en adelante— un principio inalterado de la Iglesia. Feroz defensora del Imperio romano desde que el cristianismo se convirtió en su religión oficial, después de la disolución de este logró la conversión al cristianismo de los pueblos germánicos y fue un baluarte de la organización social feudal vigente hasta el siglo XIX, basada en el mismo esquema binario que opone la cabeza al cuerpo, el monarca al súbdito, el amo al esclavo, el señor al siervo, los que están destinados a mandar y los que deben obedecer, que reprodujeron ante sus feligreses clérigos, obispos y papas a lo largo de los siglos.

A esa metáfora del cuerpo, proyectada en el esquema social señor-siervo, la Iglesia le atribuyó origen divino. Grandes e influyentes talentos religiosos como Isidoro de Sevilla o Hildegar von Bingen le dedicaron extensas y obcecadas defensas. El esquema ha tenido mucha fortuna y larga vida en el pensamiento eclesiástico y a él han acudido filósofos, santos y papas a lo largo de la historia, hasta el mismo siglo XX.[19] Las huellas de ese pensamiento, por supuesto, no se quedaron en el marco religioso. En el siglo XVIII, el novelista Laurence Sterne, por ejemplo, hace decir al caballero Tristam Shandy que su padre tenía como «su metáfora favorita» la de la «enfermedad», manteniendo que la del «cuerpo físico» era igual a la de la nación: la cabeza (la capital), por una parte, y las extremidades (las provincias, los agricultores), por otra.

Estos principios de humanidad no verdadera o condicional, diferencia moral y jerarquías casaban perfectamente con la filosofía grecorromana y han sido la piedra angular de la doctrina social de la Iglesia, lo que explica la bien conocida discriminación racial y social de la vida eclesiástica. No hay contradicción entre esta doctrina aplicada por la Iglesia en su práctica histórica con aquella otra que proclama la igualdad, formulada por el apóstol Pablo ya hacia los años cincuenta y sesenta, en su primer siglo de existencia. Dos razonamientos permiten descubrir la armonía de las dos doctrinas, aparentemente antinómicas:

I. «Ya no hay judío ni griego, esclavo ni libre, hombre ni mujer: todos sois uno en Jesucristo» (Gal 3: 27-28; Col 3:11), proclamó el apóstol Pablo. Esa igualdad proclamada por el cristianismo tuvo una enorme repercusión en el espíritu de su feligresía y en la valoración que la historia cultural ha hecho de la doctrina de la Iglesia de Cristo. Sin embargo, solo tenemos que recordar el sesgo etnorracial que el cristianismo utilizó desde el comienzo en su autodescripción como comunidad o pueblo diferente, que acabamos de ver siguiendo a Denise Kimber Buell, para acotar correctamente el sentido y el alcance de esa declaración de igualdad. Esta igualdad no es universal sino que se la proclama solo en relación a Cristo y «en Cristo». El ámbito de su existencia es el del pueblo de Cristo, su comunidad. En el interior de esa comunidad y solo allí no hay diferencias: no hay esclavos ni amos ni judíos ni griegos, aunque unos sean llamados a gobernar y otros a obedecer. Fuera de ese ámbito, en el mundo y sus diferencias, el cristianismo primitivo nunca habló de igualdad. Si se quiere argumentar que la apertura a admitir en la Iglesia a cualquiera que se adhiera a su fe confiere universalidad a la igualdad cristiana, se tendría que contestar que se trata de una universalidad solo potencial, que no modifica su particularidad actual: en tiempo real, presente, para la Iglesia un cristiano no es igual a un judío, ni a un musulmán ni a un agnóstico, y no lo será hasta que este deje de ser judío, musulmán y agnóstico y se convierta en cristiano. Judíos, bárbaros, musulmanes o agnósticos no son iguales a un cristiano, aunque puedan llegar a serlo si se convierten, y solo si se convierten.

II. Por otra parte, que los hombres son iguales ante Dios quiere decir que lo son solo por su origen común. En la relación paterno-filial que establece el credo cristiano, todos los hijos son iguales ante el padre. En la doctrina de la Iglesia, esta igualdad se manifestará en el juicio cotidiano de Dios, pero sobre todo en el fin de los tiempos, en el Juicio Final. Fuera de esa relación y ese esquema, los hijos entre sí conservan sus diferentes jerarquías.

En conclusión, tanto en la doctrina como en la práctica histórica de la Iglesia, la igualdad anunciada se ciñe al origen de los hombres, se circunscribe a los miembros del pueblo o comunidad cristiana y se limita a la vida trasmundana, al juicio que Dios hará al final de los tiempos de las acciones de cada uno. Pero si las diferencias entre los hombres se anulan ante el superior (Dios), se restituyen en la relación que los hombres mantienen entre sí: los hombres son iguales ante Dios pero diferentes entre sí en sabiduría, honor y dignidad, y, por tanto, en la posición que cada uno debe ocupar en el cuerpo social.

La igualdad sin distinción alguna de los hombres ante el juicio de Dios proclamada por la fórmula de Jesús y el apóstol Pablo, y la simultánea declaración de desigualdad moral de los hombres entre sí, formulada repetidas veces por la doctrina de la Iglesia, formó un esquema sumamente influyente, tan perdurable que ha logrado sobrevivir hasta nuestra era. Ni siquiera el anticlericalismo de la época revolucionaria de la burguesía consiguió erosionarlo.

Las democracias representativas reprodujeron ese esquema en clave laica, cuando sus normas legales y morales enseñaron que los hombres son iguales ante la ley pero no ante otros hombres y que los hombres no son moralmente iguales, es decir, no tienen unos y otros la misma dignidad humana; al contrario, en unos esta es mayor y en otros menor.

Las doctrinas del cristianismo vigentes desde finales del primer siglo de esta era, que tan larga vida y tan amplia influencia han tenido en la historia del mundo, sin duda derivaban de la realidad legal, política y militar del Imperio. Porque el impacto del mundo cultural grecorromano sobre la doctrina y la práctica de la Iglesia no fue solo filosófico sino también social. La transformación de la base social del cristianismo a partir del siglo IV fue notoria. A medida que la Iglesia se fue institucionalizando —desde el último tercio del primer siglo— a través de la creación de las diferentes sedes de las Iglesias y de una estructura de gobierno en estas, su composición originaria cambió. El ascenso y la expansión de la nueva religión provocaron una acentuada diferenciación de clases en su interior. El historiador Alan Kreider sostiene que, bajo la influencia romana, el cristianismo sufrió una transformación radical que dio lugar al advenimiento de lo que se conoce como cristiandad. Él llama «precristiandad» a esos momentos en que el cristianismo se mantuvo como religión ilegal, situada en los márgenes de la sociedad romana, y *cristiandad* a los tiempos en que se situó en el centro, se legalizó y se oficializó. A medida que el cristianismo ascendía, «los varones aristócratas comenzaron a unirse a la Iglesia, cuyos valores y tradiciones procedieron a modificar para ajustarlos a los valores que su clase había abrazado por largo tiempo».

> ... los líderes cristianos suavizaron las angulosidades de la tradición cristiana para que el cristianismo pudiera encajar perfectamente dentro de una sociedad que estaría dominada por su élite tradicional que ahora se presentaba para el bautismo. Las enseñanzas del siglo IV para los candidatos al bautismo se concentraban no en la forma de vivir las enseñanzas de Jesús, sino en la manera de evitar los errores de herejía. Comenzó a aparecer literatura para guiar el comportamiento de los aristócratas cristianizados. Los valores de la élite —valores tradicionales romanos— ahora dominaban la vida pública.[20]

La conversión del emperador Constantino y la entronización del cristianismo como religión única del Imperio, con sus consiguientes privilegios, fue un punto de inflexión para la definitiva adhesión de la aristocracia romana a la Iglesia. La aristocratización del mundo cristiano se profundizó cada vez más. A mediados del siglo IV esa alianza ya se había consumado como fusión entre la clase nobiliaria y el alto clero gobernante. Fue una alianza «natural» entre dos grupos que se percibían a sí mismos como «elegidos», «luz del mundo», «la mejor parte del género humano».

Esa asociación del cristianismo con el Estado romano y su élite aristocrática tuvo que convivir con las numerosas religiones paganas del Imperio, que habían coexistido durante siglos. Hasta pasada la mitad del siglo IV, el «paganismo», como llamaban los cristianos a las religiones politeístas que precedieron a la cristiana, demostró gran tolerancia religiosa, trató al cristianismo como una más de las numerosas religiones que convivían en el Imperio, intentó mantener la prevalencia de la libertad de cultos y luchó por restablecer los valores religiosos tradicionales de los romanos, pero los intentos fueron arduos y, finalmente, vanos. Sus principales valedores, los emperadores Flavio Eugenio y Juliano el Apóstata, terminaron sucumbiendo ante el poder cristiano. A Flavio Eugenio, emperador de Occidente, lo derrotó el emperador cristiano de Oriente Teodosio II, y Juliano, que restableció la libertad de cultos y religiones (después de que Teodosio hiciera del cristianismo la única religión permitida), cayó en la batalla contra los persas. A medida que su poder crecía, la Iglesia, en la lucha por desterrar del espacio público a las religiones paganas, las ilegalizó, con el Edicto de Tesalónica, en el año 380, y las persiguió en Oriente y Occidente desde el trono imperial y desde los obispados de cada una de sus jurisdicciones. A finales del siglo IV el paganismo había sido ya relegado a los márgenes de la legalidad. El resultado fue decisivo para el futuro de la cultura europea. No podemos saber cómo habría sido la historia de Roma y del resto de Europa en un clima de libertad de cultos y tolerancia religiosa, pero puede conjeturarse que los siglos que siguieron a la caída del Imperio de Occidente, que dieron paso al gobierno teocrático y absolutista de la Iglesia y de pequeños reyes, no habrían visto tal acumulación de poder en torno a principios y costumbres de naturaleza tan jerárquica, excluyente y asociados al poder monárquico y absolutista como los que promovió, custodió, defendió y propagó la Iglesia católica, un poder y unos valores que sostuvo férreamente el Antiguo Régimen, y que al menos hasta el siglo X cerraron cualquier posibilidad democrática. Valores que, desde que en el siglo XIII la democracia empezó a abrirse incipientes caminos, han significado un freno a su alcance y desarrollo.

Resuelta la lucha contra el politeísmo, la alianza entre el emperador, la aristocracia y la Iglesia se fortaleció. Una vez oficializada, la Iglesia fue una pieza más del gran engranaje imperial, sometida a sus jerarquías, principios y estructuras dentro del funcionamiento vertical de gobierno. Se puede decir incluso que entonces la Iglesia tomó el poder del Imperio y que, a su vez, este se apoderó de la Iglesia. Conforme con la estructura, los principios y la organización política y social del Imperio, el cristianismo fue un poder central y como tal gozó de importantes privilegios. Fue determinante la decisión del año 415 del emperador Teodosio II de reservar solo para sus fieles los puestos dentro de la administración, lo que hizo aún más atractiva para las clases ricas su adhesión a la religión cristiana. El poder simbólico de la Iglesia fue jugado a favor de las clases aristocráticas y del mismo emperador, sin que por ello perdiera la Iglesia su entidad sino más bien la fortaleciera, aun en su condición simbiótica. La captación por parte de la nobleza de las más altas posiciones de autoridad dentro de la estructura jerárquica de la Iglesia fue la gran estrategia de las clases aristocráticas. El origen social (nobiliario o de los grupos económicamente opulentos) de papas, cardenales, arzobispos y obispos es una clara muestra de ello. Como en otros cuerpos jerárquicos del Imperio, también en la Iglesia se observaba la división que reservaba para las clases altas los puestos de dirección y para las bajas la milicia. El alto clero y el bajo clero han estado siempre bien diferenciados y nunca han compartido el poder.

El poder imperial romano en la nueva religión se expresó de muy diversas maneras, una de las cuales sin duda fue su estricta organización jerárquica. El emperador, *Pontífex Maximun* en las religiones paganas, lo fue también en la cristiana, en la que, como jefe supremo, tuvo plena potestad para asuntos administrativos y doctrinarios. «Él designaba a los obispos de las cuatro ciudades más grandes, Roma, Antioquía, Alejandría y Constantinopla, los patriarcas del imperio.»[21] Efectivamente, el emperador presidía elecciones de papas, influía en la designación de prelados, nombraba, daba instrucciones y destituía a obispos; nombraba o confirmaba a los principales metropolitanos y patriarcas; participaba en las disputas teológicas y ocasionalmente hasta pronunciaba sermones a los fieles; convocaba concilios, intervenía en sus discusiones y resolvía sus dilemas, como ocurrió en el primero, el de Nicea del año 325, convocado para superar disputas y modelar la doctrina por primera vez.

Desde esa época, la vida de los papas, obispos y todo el alto clero discurre entre la élite nobiliaria y real. Porque el poder de los papas no era otra cosa que el poder de la aristocracia y de la realeza, las de los lombardos y los francos, que los designaban, protegían, deponían, castigaban y expulsaban, según el momento y sus intereses. Después de que el rey Clovis se convirtiera el cristianismo, los nobles germanos pasaron a formar parte del grupo de gobierno de la Iglesia, como lo habían sido hasta entonces los nobles romanos. El sínodo de 769, convocado por el papa Esteban III bajo instigación de los reyes francos, dejó establecido que la nobleza laica podía participar en la elección del papa, aunque sin voto.

En el año 824 la Iglesia se puso oficialmente bajo la tutela de los reyes carolingios de Francia, que ya dominaban la mayor parte de Europa e intentaban restablecer el Sacro Imperio romano. La *Roman constitutio*, como se ha llamado al documento pactado entre el emperador carolingio Luis I el Piadoso y el papa Eugenio II, se suscribió el 11 de noviembre de ese año y en ella quedó establecida la soberanía del emperador sobre los dominios papales y restablecido el poder cabal de los nobles y del alto clero para elegir a los papas. El documento disponía que antes de ser consagrado, el papa electo debía cumplir con un juramento de lealtad al emperador. Así, entre 476 y 824, es decir, entre la caída del Imperio de Occidente y la ratificación de la *Roman constitutio*, hubo 63 papas, elegidos con la aprobación de la élite romana,[22] de los cuales al menos 24 pertenecían a la más alta nobleza. Recién en el siglo XII se puso en marcha el decreto de 1059 de Nicolás II, que reservaba a los cardenales en exclusiva la elección de los papas, pese a lo cual la aristocracia continuó dominando la elección, generalmente en medio de terribles disputas de sus diferentes facciones.

Después del papado, fueron los episcopados los lugares preferidos por la aristocracia. Los obispos tenían importantes funciones civiles y eran la primera y única autoridad eclesiástica en sus jurisdicciones. «El episcopado se ha convertido en un puesto altamente apetecido por el prestigio que reporta y los beneficios de tipo social y económico que conlleva —escribe un historiador—. Quienes detentan el cargo proceden por lo general de las aristocracias urbanas y están imbuidos de modo profundo de las tradiciones culturales.»[23] Asimismo, un experto en la Edad Media sostiene que «El examen de las biografías de obispos del Bajo Imperio hasta el siglo VI, en particular en la Galia, muestra que la casi totalidad de los obispos de los siglos V y VI fueron provistos por la aristocracia galorromana, y especialmente la senatorial. Un fenómeno idéntico se observa en España hasta el siglo VII».[24]

Los historiadores han demostrado que a finales del siglo IV los obispos de orígenes humildes eran una excepción: la gran mayoría procedían, o bien —desde inicios del siglo IV— de la aristocracia «terriera» municipal o provincial, cuyos consejos o curiales detentaban, o bien de la de los senadores. En ocasiones, la distinguida condición social o la elevada instrucción de un candidato eran ya suficientes —por encima de sacramentos como el bautismo o de toda práctica eclesiástica— para la designación de un obispo, en un trasvase directo desde posiciones de poder en el ámbito secular hacia otras igualmente de mando en la jerarquía cristiana.[25] Ocurría en todo el Imperio, pero más en Oriente, Italia y Galia.

Nacida bajo la influencia del más grande de los imperios conocidos en el mundo antiguo, la Iglesia conservó y defendió la concepción imperial de las sociedades y su gobierno monárquico.[26] En el futuro hizo su camino junto a las monarquías, cuya autoridad contribuyó a construir, consagrando a monarcas y a la institución de la monarquía como de origen divino.

LA PRUEBA DEL NUEVE: LA IGLESIA, UNA INSTITUCIÓN ESCLAVISTA

La doctrina y la práctica de la Iglesia con respecto a la esclavitud son harto ilustrativas de la influencia de la sociedad grecorromana y su cultura sobre el cristianismo, y en primer lugar sobre san Pablo y los primitivos padres y doctores de la Iglesia. Los imperios griego y romano fueron dos de los mayores ejemplos de sociedades esclavistas de la historia humana. Como hemos visto, su limitada idea de humanidad no incluía a los esclavos. Parece que ellos distinguían entre «hombre» y «ser humano». En la época democrática ateniense, «hombres» eran los ciudadanos, mientras los esclavos eran, unas veces cosas y otras «seres humanos». Los estoicos, y sobre todo Aristóteles, desarrollaron una doctrina según la cual el ser humano se distinguía por pertenecerse a sí mismo, por la autonomía e independencia de su conciencia, por la motivación interior, no exterior, de su voluntad, sus deseos y sus acciones. El esclavo no se pertenecía a sí mismo, y la motivación de sus actos no era interior; su conciencia y su voluntad dependían de los deseos y la voluntad de su amo; por tanto, no se le consideraba un ser humano. No se distinguía de los animales en esencia sino solo a medias (lo mismo ocurría con la mujer). La institución de la esclavitud no supuso a griegos ni a romanos problemas morales; en la vida práctica, los esclavos eran equivalentes a cosas. El suicidio de un esclavo, por ejemplo, podía incluso parecer una frivolidad. Séneca menospreciaba el suicidio debido al miedo del esclavo, pero en cambio valoraba el suicidio, «más noble», de un enamorado ante la puerta de su amada.

La profesora Jennifer A. Glances ha considerado una necesidad imperiosa «admitir cuán absolutamente el cristianismo primitivo internalizó los valores de la sociedad que lo rodeaba», así como «rastrear el insidioso impacto de los valores esclavistas sobre el pensamiento y la práctica del cristianismo».[27] Aunque en el siglo I no había en la parte oriental del Imperio ninguna ciudad comparable a Roma en magnitud e importancia, era en esa parte oriental donde estaban los principales centros comerciales (Corinto y Antioquía), intelectuales (Atenas y Alejandría), artísticos (Rodas y la misma Atenas) y urbanísticos (Esmirna, Éfeso y Delfos): la zona oriental era la más desarrollada, así como la más poblada y suntuosa. Allí se habían desarrollado las avanzadas civilizaciones egipcia, babilónica, asiria y griega; allí se gestaron las primeras comunidades cristianas y se instituyó su Iglesia. En ese mundo, la esclavitud legal estaba extendida, como en todo el Imperio. El este culto y rico, que acunó al cristianismo, albergaba una parte importante de la población esclavizada, y una ciudad como Corinto, donde predicó Pablo, igualó y posiblemente superó a Roma también en esto: «la vida como esclavo fue, o había sido, una experiencia de aproximadamente las dos terceras partes de la población de Corinto en el siglo I después de Cristo».[28]

El impacto de la institución de la esclavitud y sus justificaciones sobre la práctica y la doctrina de los primeros cristianos es innegable.[29] La esclavitud rodeaba a los apóstoles y a los primeros pensadores cristianos. Incluso Pablo, a quien hoy algunos ven como un subversivo, la aceptó, arguyendo un platonismo que le llevó a rechazar la materialidad histórica a favor de la idealidad moral, promoviendo al mismo tiempo su acatamiento: para él, la esclavitud legal debía ser trascendida, puesto que toda materialidad debe serlo, con lo cual los esclavos debían respetar «de corazón» esa realidad material que los sometía: Pablo aseguraba que no hay judíos ni griegos ni esclavos ni hombres libres, ni hombre ni mujer, circuncisos o no circuncisos, ni bárbaros ni escitas, sino que ante Dios todos son iguales y lo mismo, todos son uno en Cristo, que es todo y está en todo (Gal 3:28; 1 Cor 12:13 y Col 3:11). Pero no hay que olvidar que Pablo incitó a los esclavos a obedecer y a servir de buena voluntad a los esclavizadores, a ser sumisos y respetuosos con los amos, a considerar a estos como «merecedores de todo honor», porque sirviendo al amo está sirviendo a Dios y su plan. (1 Cor 7:20-24; Flm 1:10-19, Col 3:22-24; Tit 2:9-13; 1 Tim 6:12 y 1 Pe 2:18-21).[30] Según Pablo, la bondad, el respeto y el servicio al amo es bondad, respeto y servicio a Dios. Según el profesor Peter Garnsey, «como Séneca y otros filósofos estoicos, [Pablo] está interesado en la calidad de las relaciones amo/esclavo, como uno de los aspectos de su campaña para asegurar la paz y la solidaridad en la comunidad cristiana».[31] En la fase de la edificación de la doctrina, este género de operaciones intelectuales permitieron al cristianismo cohesionar su cuerpo de fieles y evitar conflictos con los poderes establecidos, lo cual favoreció su aceptación en el Imperio.

El caso de san Ambrosio es asimismo revelador. Nacido en la antigua Augusta (una de las sedes imperiales, la actual

Bélgica), perteneciente a una familia de nobles de Roma vinculada a la élite eclesiástica, al papa y otros altos dignatarios de la Iglesia, hijo de un virrey imperial que gobernaba sobre lo que hoy es España, Francia, Portugal, Cerdeña, Córcega, Sicilia y parte de Alemania y Gran Bretaña, Ambrosio, un hombre de acción, un pragmático, era pagano: un joven jurista representante del emperador, gobernador imperial del norte de Italia. Como gobernador, era miembro del Senado y formaba parte de la aristocracia en tercer orden, con el título de «excelentísimo» o *clarissimus*. En el año 374, pese a no tener vínculo alguno con la Iglesia ni con la religión, fue designado obispo de Milán, entonces capital del Imperio de Occidente y una de las más importantes y antiguas sedes de la Iglesia.[32] En ocho días fue bautizado, ordenado sacerdote y nombrado obispo. Al emperador Valentiniano y a la nobleza, Ambrosio les pareció ideal para ejercer el obispado de Milán. Promovieron su designación y acertaron. Esos ocho días en que fue bautizado, ordenado diácono, sacerdote y obispo fueron de una gran utilidad para la Iglesia y la nobleza: la labor de Ambrosio fue brillante, fortaleció a la nobleza de la región y tendió vínculos doctrinarios con la aristocracia. Como obispo ejerció una muy amplia influencia en su tiempo y en las épocas siguientes. Convirtió a Agustín al cristianismo y lo bautizó en el año 386. La posteridad católica lo reconoció como uno de los cuatro doctores de la Iglesia primitiva, uno de sus mayores ideólogos, junto con Agustín, Jerónimo y Gregorio el Grande. Utilizando su relación privilegiada con el emperador y los instrumentos de poder que le ofrecía el arzobispado de Milán, convirtió en doctrina de la Iglesia las convicciones, las actitudes ante la vida y el pensamiento social de la clase nobiliaria del Imperio.

La elaboración doctrinal de Ambrosio cubre un espectro amplísimo, fundamental para la erección de la sociedad medieval y los ideales de las clases privilegiadas: fundió teología y política para legitimar el Imperio, definió una inflexible postura oficial frente al paganismo —a favor de la exclusividad de la religión cristiana en los terrenos privado y público—, consolidó la doctrina sobre la virginidad de las mujeres como condición de virtud y salvación, y delineó minuciosas pautas de conducta para la feligresía masculina.

Con la actividad doctrinal y eclesiástica de Ambrosio la alianza de la Iglesia con la aristocracia antigua llega a su culmen. En esencia, la tesis teológico-política de Ambrosio dice que «la Corona procede de la cruz para que resplandezca la fe», que «las riendas también proceden de la cruz para que gobierne la autoridad» y que los príncipes obtienen la gracia «por liberal concesión de Cristo».[33]

Frente a la esclavitud, Ambrosio olvida el principio acerca de la unidad del género humano. Para él, el hombre no es uno e indivisible, hijo de Dios, sino que se distingue según su dotación intelectual o moral, según sea «sabio» o «necio». De acuerdo con eso organiza sus argumentos acerca de la libertad y la esclavitud. En su pensamiento, como en el de Aristóteles, la existencia de la relación «sabio/necio» justifica la de «amo/esclavo»: «Aquel que no puede ordenar y gobernar al otro debería servirlo, para ser gobernado por aquel que sea más sabio... [El sagrado patriarca] ordenó al necio obedecer a aquel que fuera más sabio. Porque por sí mismo el necio no puede avenirse a seguir la virtud o perseverar en su búsqueda, porque el idiota cambia como la luna, Isaac hizo lo correcto al negar a Esaú la libertad para hacer su propia elección».[34] Así explica Ambrosio, en *De Jacob et vita beata* 3.11, el pasaje bíblico en que el patriarca Isaac ordena a su hijo Esaú (quien en la historia bíblica vendió su progenitura a su hermano menor por un plato de lentejas) vivir bajo la esclavitud de su hermano Jacob.

Ambrosio se diferencia poco de los pensadores clásicos grecolatinos sobre la esclavitud, al sostener que el origen de esta no es natural ni histórico sino moral, que la esclavitud no tiene su origen en la naturaleza ni en las leyes sino en las deficiencias de los esclavos: la necedad, la imprudencia y la falta de sabiduría de los esclavos es su verdadera causa. Según Ambrosio, la esclavitud es de dos tipos: de cuerpo y de alma. Exterior o interior. La primera es la legal; la segunda es la verdadera. Lo que convierte en esclavo al hombre no es la ley sino el pecado y las pasiones, que dominan el alma del necio (*Epístola* 7.24). La verdadera libertad consiste en el conocimiento de la sabiduría, es decir, de Cristo. Por eso el cristiano nunca cae en la esclavitud; como tampoco cae el sabio. La manumisión no libera realmente al esclavo y por tanto no tiene por qué ser deseada; solo puede liberarlo la sabiduría (*Epístola* 7.9). Entre el sabio —que elude la esclavitud por su saber y su conocimiento de Cristo— y el necio —que cae en aquella por su incapacidad para salir victorioso del acoso del pecado y las pasiones— existe una relación de necesidad y subordinación: el necio necesita del sabio para su salvación; necesita ponerse bajo su guía por su propio bien: «En Ambrosio —dice Peter Garnsey, profesor de la Universidad de Cambridge— el necio es alguien con permanentes deficiencias mentales y morales, que necesita ser esclavizado y que se beneficiará siendo esclavizado».[35] El necio es incapaz de conducirse a sí mismo y necesita por tanto la guía y la prudencia de otro, uno más sabio, y no de manera pasajera o transitoria sino permanente.

Por supuesto, la pregunta pertinente es: ¿quién es quién en estas operaciones? ¿Quién el sabio y el prudente, y por tanto el amo, y quién el idiota, llamado a ser esclavo? En la *Epístola* 7.22 tenemos una contundente respuesta sobre la primera parte del binomio: «Todo aquel que acepta a Cristo es sabio: Él, que es sabio, es libre; todo cristiano es, pues, igualmente sabio y libre».[36]

Queda claro que el sabio es el cristiano y el cristiano el sabio, el libre y, al menos potencialmente, también el amo. En ningún caso puede ser esclavo. Incluso cuando un cristiano se ve sometido al imperio de otra persona, como José en la Biblia, su condición verdadera, por su sabiduría cristiana, lo hace trascender su condición aparente. «La esclavitud es una cosa miserable, pero José no era miserable; no, claramente, él era un bendecido», dice Ambrosio.[37]

¿Y los no cristianos, es decir, los necios? No es difícil responder: los no cristianos quedan equiparados a los «bárbaros», es decir, a los verdaderos esclavos: «En el enfoque de Ambrosio hay una implícita comparación entre Esaú y los bárbaros», dice Garnsey.[38] En eso Ambrosio coincide con Aristóteles. Se es esclavo por una deficiencia moral, como Esaú y como el bárbaro, cuyo déficit moral consiste en su falta de fe cristiana, en su no pertenencia al orden de los romanos, único pueblo cristianizado. El «bárbaro», en palabras de Ambrosio, es «salvaje», «violento», «guerrerista», «sin ninguna chispa de sentimiento humano», «impuro», incapaz de «oír el llamado» del «verdadero Dios». No siendo cristianos, los bárbaros no forman parte del verdadero pueblo, del pueblo elegido.[39] Las deficiencias morales o mentales condenan así a la esclavitud, con toda justicia, a hombres como Esaú y a todos los bárbaros (herejes, paganos, etcétera), mientras la superioridad mental y moral de los cristianos y sus defensores los libra de ello.

San Agustín, en *La ciudad de Dios,* hizo distinciones similares a las de Ambrosio. Para él, «el hombre, aunque esté sometido a servidumbre, es libre. En cambio, el malvado, aunque sea rey, es esclavo».[40]

Esta doctrina de Ambrosio y Agustín coincide con la estoica sobre la libertad y la esclavitud, confirmando la conexión y dependencia intelectual de la doctrina cristiana de la grecorromana. Porque la doctrina estoica distingue entre libertad y esclavitud interiores (verdaderas) y exteriores (irrelevantes). La primera libertad es una condición del alma de cada uno de los hombres; la segunda es de naturaleza legal, que atañe solo al cuerpo, y es aparente. La libertad verdadera es interior, fruto de la sabiduría y la virtud: «Todo hombre bueno es libre», dice una máxima estoica, sin distinguir la condición exterior (esclavo o libre), porque su virtud le permite ser su propio amo. Por lo mismo, la esclavitud verdadera es también interior: una condición del alma, propia del hombre ordinario, en la que «hay otros amos, además de aquel que levanta la vara sobre tu espalda. Esos son, principalmente, tus deseos y tu avaricia».[41] En otras palabras, para el estoicismo, como para los doctores de la Iglesia, un esclavo puede ser libre y un hombre libre un esclavo, según sea un hombre ordinario o un sabio.

Entre esos extremos —en que el sabio es libre y el necio esclavo— el estoicismo y con él el cristianismo terminaron reconociendo una gradación y por tanto una jerarquía en la que cabe todo el género humano. La de amo y esclavo es solo la clasificación más básica, pero en su interior, de modo tajante, la diferencia esencial es entre superiores e inferiores, en el marco más general.

De este modo, es comprensible que para estoicos y cristianos el ideal de libertad exterior fuera propio de esclavos, no de sabios, y que el deseo de libertad resultara secundario.

Es cierto que el judaísmo registra al menos una excepción frente al problema antiguo de la esclavitud, la de la comunidad de los esenios, de quienes el historiador Flavio Josefo informa que rechazaban la esclavitud por constituir una tentación para la injusticia. Pero los esenios, si existieron, lo cual no es seguro, habrían sido una secta minoritaria que desapareció hacia finales del siglo I d. C.

A lo largo de toda la Edad Media, e incluso más allá, la Iglesia siguió siendo una institución que defendía teológica y moralmente la esclavitud y la practicaba con regularidad, si bien de manera ocasional actuaba para lograr la emancipación de unos pocos esclavos, siempre que fueran cristianos. Frederik Pijper, que sigue siendo una referencia científica sobre el tema, afirmaba ya en 1909:

> Por desgracia no puede negarse que la Iglesia acordó estipulaciones por las cuales, en algunos casos, hombres libres fueron reduci-

dos a la esclavitud, y bajo algunas circunstancias ayudó a establecer la esclavitud en lugares en que antes no existía. De hecho, la misma Iglesia tuvo muchos esclavos, y se opuso a su emancipación [...]. Encontramos esclavos de la Iglesia en España, en el reino de los francos, en Alemania, en Hungría, en Italia.[42]

Algunos historiadores contemporáneos son más explícitos: «La posesión de esclavos por la Iglesia de Roma en sus extensas propiedades rurales hizo del papa quizá el más grande propietario de esclavos del Imperio occidental».[43]

Llegados a este punto podemos decir que las ideas de humanidad y diferencia de la Iglesia permiten entender la actitud de esta ante la esclavitud de los cristianos: aunque al comienzo, como acabamos de ver, no opuso objeción alguna a la institución de la esclavitud sino que, al contrario, la practicó a gran escala, es cierto que terminó oponiéndose a ella, pero solo y exclusivamente cuando se trataba de cristianos: abogó por su manumisión. Con respecto a los no cristianos, es decir, a los paganos, su actitud esclavista no cambió sino que fue constante.

Efectivamente, en 1455 la Iglesia dio el paso definitivo en su posición acerca de la esclavitud de los no cristianos. El 5 de junio de ese año, el papa Nicolás V, considerado un gran humanista, emitió la bula *Romanus pontifex*, que completaba la anterior de 1452, *Dum Diverses*. Las dos inauguraron el cuerpo legal que legitimó la esclavitud de la era moderna. En uno de sus pasajes clave, *Romanus pontifex* autoriza al rey Alfonso de Portugal a «invadir, buscar, capturar, vencer y subyugar a todos los sarracenos y paganos absolutamente, y a otros enemigos de Cristo donde quiera que estén, en los reinos, ducados, principados, dominios o posesiones, y a todos los bienes muebles o inmuebles y todo lo mantenido y poseído por ellos, y reducir sus personas a esclavitud perpetua».[44]

Con respecto a «sarracenos», «paganos» y cualesquiera otros «enemigos de Cristo», la Iglesia no solo no se opuso a la esclavitud sino que hasta entrada la modernidad ella misma los sometió a la esclavitud: como hemos dicho antes, durante siglos, en Europa y América, la Iglesia fue una gran propietaria de esclavos. En América fue esclavista en los monasterios, en las haciendas e ingenios de las órdenes religiosas y en la sociedad entera, y fue aliada de los otros esclavistas. Cuando los indígenas americanos fueron declarados súbditos españoles, la Iglesia se apresuró a proponer la esclavitud de los negros africanos, y cuando estos se convirtieron al cristianismo, a fin de mantenerlos en la esclavitud la Iglesia arguyó que la conversión no les confería de forma inmediata la dignidad de la criatura completamente humana.

LA TRANSFORMACIÓN DEL MENSAJE

Una vez convertida al cristianismo, «la aristocracia occidental hizo sentir su presencia en la Iglesia de modo cada vez más profundo».[45] La profesora Michèle Renèe Salzman ha demostrado que entre los siglos IV y VI los jefes cristianos buscaron cambiar la aristocracia e, irónicamente, también «aristocratizaron» el mensaje cristiano, «incorporando ciertos elementos claves de la cultura de estatus aristocrático». Efectivamente, «en la interacción entre cristianismo y aristocracia [...], el mensaje del cristianismo cambió en la medida en que los jefes de la Iglesia asimilaron componentes claves de la visión del mundo y el estatus cultural de la aristocracia».[46] Una de las más importantes consecuencias de ello fue la modificación de la doctrina de la Iglesia, que se convirtió en escenario de pactos y negociaciones que terminaron de desdibujar el mensaje del fundador, Jesucristo, despojándolo de todo carácter subversivo.

No hay que deducir de esta afirmación de Salzman —según la cual el cristianismo transformó su mensaje original con el afán de atraer a la aristocracia hacia su Iglesia— que antes del siglo IV la Iglesia haya sido ajena a la clase nobiliaria. Ya hemos mencionado que en el siglo I algunos fundadores como Pablo y Clemente de Roma sostenían puntos de vista afines a la clase de los *aristos* griegos y los patricios romanos, producto de la asimilación de la cosmovisión social grecorromana en su versión filosófica. Sin embargo, al contar ya en su primera línea de mando con notables aristócratas, a partir del siglo IV la aristocracia no tiene una presencia puntual o episódica sino permanente: Iglesia y aristocracia pudieron desde entonces influirse recíprocamente de un modo más cabal, tanto en la dirección de la Iglesia como en su liturgia y su doctrina.

Si Jesús reivindicó una noción de igualdad, repudió la riqueza material y mostró preferencia por los pobres, en esta época la Iglesia procuraba cada vez más que su mensaje encajara entre los valores e intereses nobiliarios. La Iglesia se instaló en ellos al más alto nivel. «La idea de jerarquía no fue desafiada por el cristianismo», sostiene un historiador del arte de la tardoantigüedad.[47] La metáfora de la unidad del cuerpo y el binomio cabeza/pie o alma/cuerpo, equivalente al de superior/inferior, habían reemplazado a la noción de hermandad universal de Jesús. El universalismo de Jesús, fundado en la identidad y la unidad de la criatura humana, se convirtió en el particularismo católico romano-imperial; el amor y la fraternidad fueron sustituidos por el llamado a luchar a muerte contra bárbaros, paganos y herejes; la humildad del débil fue reemplazada por el orgullo del elegido.

La transformación de la Iglesia acarreó, en efecto, la del significado de la religión y la identidad de sus fieles. En primer lugar se produjo un cambio en lo que se ha llamado «el modelo de conversión».[48] Si en sus orígenes, entre los apóstoles y las pequeñas iglesias, ser cristiano, *convertirse* en cristiano, implicaba un compromiso con los valores predicados por Jesús y sus seguidores, no solo en el plano de las creencias sino, sobre todo, en la vida práctica y cotidiana, llevar una vida entregada a la prédica del evangelio en el seno de una comunidad de creyentes que confiaban en la hermandad y el amor como medio de salvación, a partir del siglo IV no significaría ningún cambio fundamental en el comportamiento, ninguna ruptura con los valores convencionales: se predicaba la caridad, se oraba por el emperador y sus victorias y se tenía preocupación por la aprobación social. Las masas se convertían bajo coerción y amenazas de severos castigos, y las clases media y alta veían en la ahora única y obligatoria religión del Imperio una oportunidad para obtener honor, prestigio, preeminencia, nobleza y poder. La catequesis para la conversión se modificó sustancialmente: las enseñanzas de Jesús fueron suplantadas por las vidas de los patriarcas del Antiguo Testamento; los relatos y ejemplos de Jesús, por las historias y ejemplos de los santos; el énfasis en el comportamiento cristiano cedió ante el credo y ante las alabanzas al Señor. De los candidatos al bautismo se indagaba si habían sido exorcizados y no si había en ellos amor por los pobres.[49]

Todo ello pasó a formar parte de la identidad de la Iglesia. «Los aristócratas tardorromanos, sin embargo, rara vez hablaban de salvación universal o de espiritualidad igualitaria [...]. Ni los obispos occidentales de los siglos IV y principios del V se preocupaban de estos aspectos del cristianismo cuando se dirigían a sus aristocráticas audiencias.»[50]

Así pues, entre los principales cambios producidos en la doctrina cristiana, podemos señalar los siguientes:

RIQUEZA MATERIAL Y CARIDAD

El cristianismo adaptó su mensaje sobre la acumulación de riquezas a los parámetros de la clase nobiliaria. La riqueza económica, que en el mensaje de Jesucristo que resume la famosa parábola sobre el camello y el ojo de la aguja era un impedimento para la salvación, pasó a ser un elemento de redención.

Fue el inicio de un proceso de simonización en que lo crematístico y lo moral quedaban situados en un mismo nivel. Según el nuevo planteamiento eclesiástico, la existencia de ricos y pobres no afecta a las nociones de igualdad, justicia o fraternidad: la riqueza no es ajena al mensaje cristiano sino parte del plan de Dios. Lo único reprobable es la avaricia.[51] Los ricos existen para ayudar a los pobres y estos para poner a prueba a los ricos. Los doctores de la Iglesia primitiva, así como los obispos y los clérigos, instruyeron a sus fieles con esa nueva doctrina, resumida por Agustín: «La riqueza es buena, el oro es bueno, la plata es buena, los sirvientes son buenos, las posesiones son buenas, todas estas cosas son buenas, pero para que tú puedas hacer algo bueno con ellas, no para que ellas te hagan bueno».[52] La riqueza en sí misma es buena y, además, ventajosa para los nuevos cristianos: abre el camino para una fácil redención de los pecados: «tú tienes dinero, redime tus pecados [...], redímete a ti mismo con tus obras, redímete a ti mismo con tu dinero. El dinero es la base, pero la misericordia es muy importante», arengaba san Ambrosio a su audiencia de aristócratas en Milán, instándolos a entregar una parte de sus riquezas a la Iglesia. Aparte de ofrecer una mayor capacidad de redención, la segunda ventaja de la riqueza tiene que ver también con la caridad, considerada como estratégica para la vida trasmundana: con un poco de dinero o bienes se acumula en el cielo un gran tesoro.[53] La tercera ventaja es terrenal, incluso política: dando caridad a los pobres el aristócrata gana su fidelidad, refuerza su propia superioridad, aumenta su estatus social y sus privilegios: «Ellos [los pobres] te colocan por encima de sus hijos [...]. En todas las iglesias oran por ti, en las plazas públicas te aclaman», dice el obispo Paulino de Nola.[54] El mensaje de Cristo se transformó. El ideal de una comunidad de bienes devino en caridad y esta en una manera de ser rico y fortalecer la preeminencia y el prestigio en la cumbre de la pirámide social.

La incorporación de la noción de honor al sistema de valores de la Iglesia constituyó uno de los mecanismos por los cuales la nueva religión se rindió a las clases nobles. Esta noción tan cara a la aristocracia griega y romana era extraña a Jesús y los apóstoles. No aparece en los Evangelios. Sin embargo, vertebraba la vida en Roma. Su clase gobernante buscaba el honor enrolándose en el servicio del Estado y compitiendo allí por alcanzar las más altas dignidades, que conferían prestigio, distinción y derechos extraordinarios. Como concepto y valor social, el honor siguió siendo central en las sociedades cristianas y alcanzó a la misma institucionalidad eclesiástica. En cuanto valor legitimado socialmente, el honor aparece en los jefes y en la doctrina de la Iglesia en el siglo IV. Dada la posición de poder alcanzada por la Iglesia en el Imperio, llegar a sus instancias de gobierno se convirtió en fuente de honor y por tanto en meta de las clases altas. Desde entonces y a diferencia de lo que ocurría en las primitivas comunidades de creyentes, en la Iglesia los estratos superiores se movilizaron en abierta competencia por las más altas dignidades administrativas y eclesiásticas. La carrera cívico administrativa, la militar y la eclesiástica fueron así opciones del mismo nivel, de primer orden, para la clase nobiliaria. El linaje de Jesús y los apóstoles, la erudición en temas bíblicos y la proximidad con el emperador y otras altas autoridades del Imperio, así como el prestigio en las comunidades y las Iglesias de las que se formaba parte (las de Roma, Jerusalén, Alejandría, Corinto y Éfeso otorgaban mayor respetabilidad) ofrecían las mayores ventajas en esa carrera. A su vez, alcanzar posiciones de la más alta jerarquía en la Iglesia o prestigio moral o intelectual dentro de ella conferían mayor poder en el ámbito secular.

Al asimilar profundamente la noción de honor, el cristianismo contribuyó a transmitir la ideología señorial y las diferencias sociales, y a legitimar una de las mayores improntas que el mundo antiguo legó a la modernidad occidental.

LO NOBLE Y LO VIRTUOSO

En Roma, las palabras *noble* y *nobleza* (*nobili* y *nobilitas*) designaban un grupo social formado por las familias más antiguas, las de los patricios y descendientes de cónsules, los más altos magistrados y los plebeyos más adinerados. En la época del Imperio se referían ya a cualquier persona que hubiera alcanzado algún logro importante o que por otra razón gozara de una posición preeminente. *Nobilis* y *nobilitas* continuaban designando cierto tipo de cualidades personales, como «superioridad en la apreciación de logros culturales, un compromiso cívico conspicuo, comportamientos de orgullo y virtudes elevadas».[55] Los nobles y la nobleza se diferenciaban escrupulosamente de los plebeyos y del *populous*. «Los aristócratas de la esfera senatorial tardorromana —dice la profesora Salzman— deseaban sobre todo poseer la *nobilitas* [...]. Este concepto significaba renombre, distinción, superioridad.»[56]

Tampoco esta vez la Iglesia refutó esas nociones heredadas de la clase nobiliaria. Las asimiló y las adaptó a sus estándares morales de religión oficial del Imperio. No negó que el nacimiento, el linaje, la riqueza o el desempeño de elevadas funciones públicas pudieran otorgar distinciones morales sino que expandió el alcance del concepto de *nobilitas* hasta un punto que adquirió una influencia excepcional: «Los autores cristianos de la tardoantigüedad vincularon el concepto de *nobilitas* a la virtud, específicamente a la virtud cristiana y su reconocimiento social, añadiendo así un matiz ético a un término que en su origen era puramente social».[57] Vinculando la nobleza con la virtud, el cristianismo pudo expresar admiración por las «nobles familias», el «noble nacimiento», o «casas de nobles», como es frecuente en los escritos de algunos de los padres y doctores de la Iglesia.

Se legitimaba de este modo, en términos éticos y religiosos, a la clase aristocrática y se impulsaba además una nueva élite, que absorbía los principios de la tradicional y los reforzaba con nuevos valores. La mentalidad competitiva de los jefes eclesiásticos —a menudo ellos mismos aristócratas de origen— les llevó a discutir con la élite tradicional el rango de las virtudes y a hacer de las cristianas la fuente de un ennoblecimiento social superior. Así fue como el ascetismo, por ejemplo, se convirtió en una opción «in» en los círculos cristianos, y fe, piedad, virginidad y castidad en caminos hacia el ennoblecimiento de las familias. Como el honor, también la *nobilitas* fue un estímulo para la búsqueda de dignidades de gobierno de la Iglesia: «Los cristianos que tenían un alto cargo en la Iglesia eran "los más nobles", más aún que los mismos aristócratas que alcanzaban dignidades de dirección en el mundo secular. Era frecuente que la nobleza cristiana recayera en personajes que ya eran nobles por su origen, riquezas o dignidades seculares.[58] Así pues, consagrando la *nobilitas* y adoptándola en su jerarquía, la Iglesia estimuló a ciertas capas a buscar una nobleza más alta por la vía eclesiástica. En sentido inverso, una de las grandes metas de la ética cristiana fue desde entonces alcanzar el grado más alto posible de nobleza en el mundo secular.

Para nuestra tesis es especialmente importante destacar que en esta coyuntura, el cristianismo pasó a ser una religión que ofrecía experiencias distintas según fuera el lugar que el creyente ocupara en la sociedad. Instaladas ya en la doctrina de la iglesia la búsqueda de riqueza, honores y nobleza, las virtudes se diferenciaron según la pertenencia social de los fieles: las riquezas, *nobilitas*, caridad y honor, al igual que la compasión, beneficencia, piedad y caridad se consolidaron como experiencias y atributos morales de los grupos superiores; resignación y sufrimiento, obediencia y humildad se establecían como virtudes de los inferiores.

La doctrina ética que propagó la Iglesia desde el púlpito y en todos los ámbitos de la sociedad, especialmente en los educativos, quedó así basada en la diferencia moral predicada como realidad natural, es decir, dispuesta por Dios, de las comunidades humanas.

LA CULTURA LETRADA

A tal punto caló en la Iglesia el ideal del «mejor» y la clasificación entre hombres superiores e inferiores, que pronto adoptó la tendencia grecorromana a elaborar taxonomías de sabios, de la que nacieron obras como la famosa de Diógenes sobre los «más ilustres filósofos» de Grecia. Siguiendo ese ejemplo del mundo pagano, hacia el año 393 Jerónimo terminó un libro que él quiso que significara para el cristianismo lo que en su momento significó para Roma *De Viris Illustribus* («Sobre los hombres ilustres»), de Suetonio Tranquillus. Así como Suetonio Tranquillus ensalzó a rétores, gramáticos, oradores, poetas y demás gente letrada como parte de la élite del Imperio, Jerónimo y su círculo vieron en los escritores cristianos consagrados, en los santos y doctores de la Iglesia, a los nuevos ilustres. Jerónimo, que fue secretario del papa Dámaso y que quiso él mismo ser papa, se incluyó en su catálogo, junto a otros escritores eclesiásticos. La preeminencia que dio Jerónimo a la gente letrada en detrimento de los hombres sencillos, que hubieran podido quizá ser reconocidos por su santidad o bondad, ponía al descubierto la nueva jerarquía moral de la Iglesia —similar a la que imperó en el mundo grecorromano, que ponía al *logos* por delante del bien.[59]

La sencilla doctrina de los orígenes que expuso Jesús se convirtió en una compleja y sofisticada elaboración teológica. La Iglesia se nutrió de fieles de origen nobiliario y de gran formación filosófica, y estos fueron sus guías. Abandonando el discurso de Pablo, contrario al *logos* y a la sabiduría, la Iglesia confió su doctrina a la razón y al *logos* y respaldó a la cultura letrada como la más digna de ser valorada.

LA AMISTAD

En la breve prédica del fundador, la religión cristiana postuló el amor universal, una consigna que contenía capacidad de igualación social. En el siglo IV, la formulación de ese antiguo ideal aún pervivía, aunque ya de manera ambigua. Pero donde había estado el amor, la Iglesia colocó la amistad, de alcance mucho más limitado. «La amistad es guardiana de la piedad y maestra de igualdad; hace al superior igual al inferior, y coloca a este al mismo nivel del otro», afirmó san Ambrosio. Cómo la amistad era «maestra de igualdad» y cómo colocaba al inferior «al mismo nivel» del superior es algo que debemos pensar en el marco de la aristocratización de la Iglesia. Averiguar los contenidos de los conceptos más allá de su identidad morfológica es tan importante como la dilucidación de su función social. La igualdad a la que se refiere Ambrosio no es universal: funciona solo entre quienes reconocen entre sí afinidades, comparten fe o creencias y habitan un mismo mundo social o moral. La amistad propuesta por Ambrosio y la Iglesia es la que existe entre quienes ya se reconocen como iguales, aunque la posición de cada uno difiera por sus circunstancias. La superioridad e inferioridad pueden ser, así, igualadas por la amistad, aunque solo entre quienes están ya igualados por un elemento preexistente. «Para Paulino de Nola, por ejemplo, los cristianos solo podrían tener verdadera amistad con otros cristianos.»[60] Según los cristianos de los siglos IV y siguientes, hacía falta una comunidad de fe religiosa para la existencia de la amistad.

¿Y los no cristianos? ¿Y los herejes? ¿No cabe con ellos la amistad cristiana? ¿Y el principio de amor universal? «Hostes Ecclesiae mei quoque hostes fierent» («Los enemigos de la Iglesia eran mis enemigos»), escribió Jerónimo.[61] Abandonado aquel indeciso principio de hermandad universal insinuado por Jesús y aún aludido por Pablo («ya no hay judíos, ni amos, ni esclavos»), la Iglesia se deslizó hacia un terreno en que se llamaba «enemigo» a quien difería de su doctrina, lo que llevó a legitimar la persecución y la muerte. Autoproclamados «favoritos» y «pueblo elegido», los cristianos declararon, como hizo Clemente de Roma a finales del siglo I, que su Dios «no abandona a quienes esperan en Él, pero a los que caminan por otros derroteros los coloca en situación de castigo y desgracia».[62]

LA ARISTOCRATIZACIÓN Y LA HISTORIA DE OCCIDENTE

En el mismo siglo IV la nobleza asumió la narrativa cristiana de la historia del mundo, en la forma expuesta por Agustín en *De Civitate Dei,* el tratado con el cual la Iglesia consagró a la nobleza romana y su rol en la historia. Adoptando la perspectiva de la aristocracia senatorial, Agustín aseguraba en ese libro que las acciones de los romanos eran «admirables» y su «ambición y deseo de gloria» una fuente legítima de «maravillosas heroicidades, tan gloriosas a los ojos y estimación de los hombres». Según el obispo de Hipona, la existencia y expansión del Imperio romano respondían al plan de Dios para encaminar la historia de los hombres. Siendo como era una de las cuatro monarquías universales de las que habló el profeta Daniel como conducentes al reino de Dios, el Imperio romano constituía la fase final, la culminación del plan de Dios antes de la inauguración de la «ciudad divina», que acogería a todo el género humano y toda la creación de Dios. Ciudades devastadas, poblaciones esclavizadas, reinos y riquezas expoliados, resistentes masacrados para apropiarse de botines que enriquecían a senadores, cónsules o decuriones, todo, según Agustín, formaba parte del plan de Jehová: «La grandeza de Roma es un don de Dios», dice; fue «el verdadero Dios» quien quiso «favorecer a los romanos [...] y dilatar y acrecentar su imperio». La razón de toda esa cruenta historia de Occidente era religiosa y beneficiaba a la humanidad, que, dentro del Imperio, podía estar segura de marchar hacia la salvación: «No se dilató el Imperio romano solo por la gloria y honor de los hombres, a fin de que aquel galardón se diera a aquellos hombres, sino también para que los ciudadanos de la Ciudad Eterna, en tanto que acá son peregrinos, pongan los ojos con diligencia y cordura en semejantes ejemplos y vean el amor tan grande que deben ellos tener a la patria celestial por la vida eterna, cuando tanto amor tuvieron sus ciudadanos a la terrena por la gloria y alabanza humana».[63] Ciertamente Agustín expresa una tibia preferencia por que «la pasión por la gloria quede vencida por el amor a la justicia»; sin embargo, el aparente desprecio por «ese orgullo absolutamente vacío de la gloria humana» solo opera para enderezar su argumento a favor de Roma y la Iglesia. Así, el sacrificio de los pueblos vencidos nada le dice a Agustín, que no ve «qué importe para la salud y las buenas costumbres y para la misma dignidad de los hombres que unos sean vencedores y otros vencidos».[64]

Desde el siglo IV en que escribían Ambrosio, Jerónimo y Agustín, y cada vez de modo más profundo, la aristocracia manejó a la Iglesia como una de las piezas de su engranaje, una más de sus propiedades y privilegios. En la Alta Edad Media, reyes y emperadores alcanzaron un revestimiento sagrado gracias a la Iglesia ya transformada por el influjo aristocrático; conventos e iglesias fueron puntales de gran eficacia para el mantenimiento y fortalecimiento de la dominación social de la nobleza. La nobleza sometió orgánicamente a la Iglesia. Especialmente desde el siglo IX y en el mundo carolingio, el señor feudal fundaba en sus tierras una iglesia o un monasterio y estos pasaban a formar parte de sus propiedades; para dirigirlos el señor tenía la facultad de designar o investir a los obispos y abades de su circunscripción, para lo cual podía elegir a clérigos o laicos. Así el obispo, su iglesia y el monasterio quedaban afectados por un vasallaje que imponía lealtad, sumisión y ayuda al señor feudal o el rey.

En este apartado la nobleza castellana parece haber sido «sobresaliente». Los duques de Medina Sidonia, por ejemplo, fundaron doce conventos en sus territorios de Sanlúcar de Barrameda, y a los duques de Osuna se les han documentado veintitrés fundaciones de conventos en sus señoríos. Cosa similar ocurrió con los marqueses de Priego, que fundaron cinco conventos en Montilla, y con los Béjar, los Alba, los Medinaceli, etcétera.[65] «Todo parece indicar —dice una historiadora— que no había título nobiliario que se preciara y que no ostentara el patronato sobre uno o más conventos.» Aparte de la finalidad religiosa, en esas fundaciones había un obvio interés en la dominación política y cultural. «Unos y otros [conventos] fueron construyendo y reproduciendo aquellos signos de identidad propios de la aristocracia.» Los conventos e iglesias cumplieron su misión de difundir y transmitir los valores nobiliarios destacando la autoridad señorial y su linaje mediante todo tipo de ceremonias —a través, por ejemplo, de los panteones familiares en las iglesias, que resaltaban la preeminencia de la familia—; consagrando a los señores como portadores de la delegación divina; cimentando su autoridad como benefactores; exhibiendo su poder, generosidad y magnanimidad; canalizando el compromiso asistencial de los señores a través de la enseñanza de primeras letras, artes y oficios, incluso como refugio para mujeres.[66]

Algo similar ocurría en toda Europa:

Era usual para los príncipes tomar para sí mismos, o asignar a sus favoritos, los bienes temporales de las casas religiosas. Reinas y otras damas disfrutaban de los ingresos de grandes monasterios. En muchos casos, la apropiación de los beneficios pasaba como parte de las herencias en las familias nobles [...]. En el año 990 un conde de Toulouse vendió la diócesis de Cahors y por la misma época un vizconde de Béziers legó el obispado de la ciudad y de Agde en porciones a sus hijas.[67]

En Alemania, en la época en que el gobierno pasó de los francos a los germanos y comenzó el imperio de los Otto, la situación era similar; la subordinación de los clérigos al poder real fue permanente. Para asegurarse los servicios de la Iglesia, también los Otto tendieron a

> construir una nueva red de alianzas políticas mediante la creación de una sede obispal dentro de la jurisdicción de un poderoso señor feudal, aquel que confería dominios y títulos de nobleza a sus ocupantes. El resultado fue la integración de la Iglesia en la estructura del poder político del Imperio, y la creación de una nueva clase de aristócrata: el «príncipe espiritual» (*Geistlicher Furst*).[68]

Hasta la reforma gregoriana del siglo XI la situación no cambió. La nobleza copaba las posiciones del alto clero. Entre los siglos XI y XII, en Burgundia, por ejemplo, se estima que el 25 por ciento de los nobles ingresaban en la Iglesia; en Lorraine la cifra era del 20 por ciento. «Está claro que la vasta mayoría de los jefes de la Iglesia eran de procedencia noble o gentil en este período [...], la mitad de los eclesiásticos bien podía haber sido noble.»[69] Cuatro siglos más tarde, las cosas en Francia no eran distintas; la alianza de la nobleza y la Iglesia seguía en auge; los obispos todavía eran designados por el rey, a quien debían jurar lealtad. «Las familias nobles disfrutaron de un virtual monopolio del padrinazgo real.» No es sorprendente que «en 1516, en los tiempos del Concordato, de los 102 obispos en funciones, 90 fueran nobles (60 de los cuales pertenecían a linajes que se remontaban a 1400), cuatro fueran burgueses y los ocho restantes de estatus inciertos». Dos siglos después la estadística sería aún más demostrativa de la unión de la aristocracia y la Iglesia: «El predominio de la aristocracia continuó —dice el historiador a quien estamos siguiendo— hasta la Revolución: de las 1416 designaciones que tuvieron lugar de 1516 a 1789, 1227 fueron nobles, 62 fueron burgueses y el estatus social exacto de los restantes 127 no ha sido determinado».[70]

Lo mismo ocurría en el resto de Europa, con idénticos beneficios recíprocos para la aristocracia secular y la eclesiástica. Obispos de la aristocracia eran designados príncipes, duques, marqueses, condes o barones y gozaban de privilegios similares a los de sus pares seculares. Muchos de los obispados fueron hereditarios, siguiendo el principio centrado en el linaje: «Como lo demostró el ejemplo de Reims en 1777, un obispo puede ejercer suficiente influencia para asegurar a su sobrino la sucesión de la diócesis. Al obispo de Oloron, que murió en 1735, le sucedió su sobrino; al sobrino, promovido a Auch, lo sucedió su sobrino nieto; la cadena se rompió en 1783, por alguien de fuera, quien a su vez era sobrino y gran vicario de [Étienne Charles] de Loménie de Brienne».[71]

La vida de los obispos reflejaba su origen y condición, la cultura de la que estaban imbuidos, en el seno de una institución que era parte esencial del poder. La mayoría de esos obispos y arzobispos llevaba la vida mundana propia de los grandes señores, «no muy diferente de la de un acaudalado benefactor público». De ahí que, desde antiguo, las comunidades, conocedoras de los principios vigentes en la Iglesia, reclamaran a menudo esa clase de obispos, cuya condición superior y jerarquía habían ya asimilado: «La población de la ciudad a menudo pedía tener como su obispo a hombres prominentes que fueran muy conocidos como líderes cívicos, mediadores eficaces con el gobierno imperial y benefactores ricos».[72] Ante sus comunidades, las autoridades de la Iglesia actuaban «representando tanto a la Corona como a la Iglesia universal, y también su aceptación de una sociedad local jerárquica muy unida».[73]

Buenos ejemplos de la fusión entre la aristocracia, la Iglesia y el poder se encuentran en diversas épocas y lugares: «basta recordar —dice un historiador— cómo el obispado de Loçon desde 1584 era prácticamente propiedad hereditaria de la familia Du Plessis Richelieu, [y cómo] sirvió al cardenal (nombrado obispo en 1607) de trampolín para su carrera política».[74] Richelieu, el más excelso miembro de la familia nobiliaria de los Du Plessis, como se sabe, llegó a ser secretario de Estado y después primer ministro del reino de Francia. Al morir, en 1641, su fortuna ascendía a 20 millones de libras, de las cuales cuatro millones eran en efectivo, «una cantidad igual al ingreso anual de cuatro mil nobles ordinarios».[75] Piénsese también en el caso del cardenal Cisneros, que, siendo parte de la jerarquía eclesiástica (gran inquisidor), llegó a gobernar el reino de Castilla. En la historia de la nobleza europea puede constatarse la incorporación orgánica de la Iglesia a los cuerpos nobiliarios nacionales. Un buen ejemplo puede ser el de Inglaterra, donde los arzobispos y obispos eran también barones del reino y del Parlamento. «El arzobispo de Canterbury es el primero de los pares en Gran Bretaña junto a los personajes de sangre real; el gran canciller eclesiástico es el siguiente, y el arzobispo de York es el tercero: ellos tienen prioridad frente a los duques.»[76]

Durante toda la Edad Media y hasta la Reforma, los clérigos formaron parte de los consejos de gobierno de los países europeos. Jurando lealtad a los poderes temporales, a los que bendecían, garantizando su ejercicio conforme al orden divino, se desempeñaron como consejeros, ministros, jefes militares y hasta como príncipes. Los arzobispos de Maguncia, Colonia y Tréveris eran príncipes soberanos de sus territorios y por tanto electores del emperador. «En 1521, siete arzobispos, 46 obispos y 81 abades u otros prelados se contaban entre los príncipes o vasallos directos del Imperio en la convocatoria a la Dieta de Worms»,[77] una asamblea de príncipes presidida por el emperador Carlos V. Acaso la más elocuente expresión del incondicional alineamiento de la Iglesia con el poder, cualquiera que este fuese, y de su alianza con la burguesía triunfante sea el Concordato que firmó la Iglesia con Francia a principios del siglo XIX. El papa Pío VII y Napoleón Bonaparte suscribieron en 1801 un documento por el cual se confería al primer cónsul la atribución de designar arzobispos y obispos. En ese documento quedó convenido que en todas las misas los sacerdotes debían hacer una exhortación final de este tenor (art. 8): «Domine, salvam fac republicam; Domine, salvos fac consules» («Oh, Señor, salva nuestra República; oh, Señor, guarda a nuestros cónsules»).

Así, encargada de dirigir la vida espiritual de Europa durante siglos desde las entrañas del poder temporal, la Iglesia modeló la civilización occidental con la ideología nobiliaria, sobre la base de la división social, y sobre todo moral, entre superiores e inferiores; fue un factor primordial para que la nobleza gobernara en Europa durante mil cuatrocientos años. Lo hizo no solo a través de mecanismos eclesiásticos sino también de la educación regular y otras vías de control de la moral social. Fue la encargada, a través de la acción del bajo clero, de adoctrinar a las clases y grupos subordinados, siguiendo las instrucciones que el alto clero, o sea, la élite nobiliaria enquistada en los órganos de mando, establecía regularmente. El profesor Keith Thomas, que fuera presidente de la Academia Británica, en su libro ya clásico *Religion and Decline of Magic: Studies on Popular Beliefs in Sixteenth and Seventeenth-Century England*, recuerda cómo la Iglesia inculcaba severamente a sus fieles el respeto por la gradación social: mujeres separadas de hombres, ricos delante y pobres detrás; a veces los pobres debían ponerse de pie e inclinarse cuando los señores entraban. Y Dios era el Gran Señor.[78] Así, gracias al dominio religioso, de lo ideológico-simbólico, la Iglesia se convirtió en un importante actor político en toda Europa. En 1830 un miembro de la nobleza francesa podía advertir a sus pares acerca de la «imposibilidad de formar un partido armado en Francia sin contar con el clero», y de que «solo el clero, guiado por Roma, puede hablarle a los más pobres», a quienes «cincuenta mil sacerdotes repiten al día las mismas palabras indicadas por los jefes».[79]

Apoderarse del cristianismo fue la mayor victoria de las clases nobiliarias de la antigüedad, que tuvieron así un eficiente recurso ideológico y moral institucionalizado para fortalecer su dominio. La Iglesia no dudó en degollar, torturar, quemar y arrasar poblaciones enteras, en su afán *sanguinaire* (Voltaire), que, en gran medida, no era otro que garantizar la cohesión del mundo de la aristocracia. En la Iglesia, algunos miembros prominentes de la aristocracia han sido honrados, obedecidos, venerados y hasta santificados. En Europa no volvió a existir una religión popular. Inclinada hacia los pobres en sus orígenes, la Iglesia definió una nueva identidad en los siglos IV y V, y con esta identidad, como una religión exterior y clasista, compareció ante la sociedad que emergió tras la caída de Roma, a la que dominaría durante siglos y en cuyo tejido dejaría hondas marcas de identidad, que perduraron en los conceptos y valores de la civilización europea. Una doctrina en la que el clasicismo pagano y el cristianismo aristocrático formarían un tronco fértil al que luego se acoplaría fácilmente la clase de los comerciantes, industriales, prestamistas y profesionales.[80]

Pero la confluencia entre la Iglesia y la nobleza no fue un proceso armonioso ni excepcional, limitado a la tardoantigüedad romana, sino el factor determinante de la estructuración social y política de Europa a lo largo de la Edad Media y el Renacimiento. Habiendo colocado lo religioso en segundo lugar, la Iglesia, especialmente desde el siglo VIII, convertida en una facción más de la aristocracia, disputó la primacía del poder político en Europa. Teólogos, biblistas, canónicos, junto con las autoridades eclesiásticas, pretendieron trazar los límites legales, intelectuales, sociales y morales que debían regir la vida de los ducados, principados y reinos en que fue dividida Europa después de la caída del Imperio de Occidente, hasta la aparición de las monarquías y los estados. En ese período conocido como Edad Media, que duró más de mil años, la Iglesia llegó a hablar de «Imperio cristiano» y a argüir a su favor un derecho de sucesión sobre los territorios del Imperio romano, fruto de una donación de Constantino, y en uso de tal supuesto derecho feudal osó «conceder a perpetuidad» diversos territorios, como Córcega, Cerdeña, Sicilia, Irlanda, Dinamarca, Suecia, Noruega, Islandia, en los siglos XI y XII, y luego sometió a vasallaje a Inglaterra y otros estados, siempre a cambio de un tributo, como era protocolario en el derecho feudal, que la Iglesia llamó *Denarius Santi Petri*, o dinero de San Pedro: «Hasta finales del siglo XIII la Curia pontificia recibió tal prestación, exclusivamente, de islas figuradas (Noruega, Suecia; hasta cierto punto, Dinamarca) y reales (Inglaterra, Irlanda, Islandia, Orcades, Faroes, Groenlandia, Gotlandia, Man, Escocia y Gales). Pero a partir de esa época, y especialmente a lo largo del siglo XIV [...], vienen ahora a añadirse los envíos de Polonia, de Bohemia, de Silesia y de Moravia».[81]

Amparada en la misma doctrina y la misma ambición, la Iglesia, ya en los siglos XV y XVI, donó igualmente «a perpetuidad» a monarquías europeas las islas de Gran Canarias y los territorios africanos mencionados en la bula *Romanus Pontifix*, de 1455, obra del papa «humanista» Nicolás V, y los comprendidos a un lado y otro de la famosa Línea Alejandrina de la bula *Inter Caetera* de 1493, de Alejandro VI, es decir, el vasto espacio que conformó los imperios portugués y español.

La aristocracia eclesiástica y la secular se repartieron así el poder y enraizaron en las sociedades europeas, del modo más profundo, los principios de la ética y la cultura nobiliarias. Como escribió el gran medievalista John Neville Figgis, en la Edad Media «la Iglesia no fue un estado sino el Estado; el Estado, o más bien la autoridad civil (porque una sociedad separada no fue reconocida), fue meramente el departamento de policía de la Iglesia».[82]

Numerosos hitos puntean este largo período. Uno de los más importantes en el campo intelectual fue la obra de Tomas de Aquino. La *Suma teológica* defendía que la virtud incluye «nobleza, poder y riqueza material».[83] El mismo De Aquino incluyó a la democracia entre los gobiernos «malos» e «injustos», junto a la tiranía y la oligarquía, y a la monarquía y la aristocracia como formas buenas e incluso ideales de gobierno,[84] fortaleciendo la doctrina por la que la Iglesia fue, durante toda la Edad Media y más tarde en la moderna, un factor de resistencia a la democracia, un obstáculo para la aparición y el desarrollo de un pensamiento y unas instituciones libres. En la Iglesia, la ética que eleva a la clase nobiliaria a la condición de máximo modelo social y moral es evidente. «Aquino —dice Quentin Skinner— ejerció una influyente intermediación en la transmisión de estos valores.»[85]

Esa convergencia, encarnada en un corpus doctrinario ético-religioso de gran alcance, fundamentó el dominio directo, legítimo y hereditario que la aristocracia ejerció sobre los europeos y se prolongó en el nuevo mundo de América del Norte y del Sur. En los Estados Unidos del siglo XVIII, por ejemplo, «cristianismo y aristocracia se unieron en la definición del carácter gentil. La literatura sobre el tema asumió que un verdadero caballero debía ser cristiano», dice un importante historiador de la época.[86]

Estas doctrinas construidas por la Iglesia tuvieron un impacto muy importante en la representación iconográfica, ya que los valores y la visión de la historia de la nobleza quedaron grabados no solo en la doctrina eclesiástica sino también en las realizaciones artísticas. Los nobles y el alto clero idearon un corpus de obras de arte que fusionaban el relato judeocristiano sobre el origen y la salvación con el poder y el estatus de las clases nobles. Ese corpus se convirtió pronto en el favorito de la nobleza, que vio representadas en la cumbre espiritual sus mayores aspiraciones a lo largo y a lo ancho del territorio europeo. Esa fusión permitió observar desde la tardoantigüedad y hasta el Renacimiento la ostentación de la riqueza en los templos y en las obras de arte, y a los personajes protagónicos de la Biblia caracterizados según los patrones de la aristocracia y la realeza: Jesús portando una corona de joyas podía coronar reyes, a la Virgen María se la podía ver descansando en aposentos de mármol, a los arcángeles vistiendo trajes imperiales y a los santos con indumentaria de la nobleza. En general, los rasgos físicos de los personajes de la primitiva historia cristiana adquirieron los caracteres finos y distinguidos, la tez blanca y los cabellos rubios que se atribuían a los miembros de las casas nobles y las cortes reales.[87]

La alianza aristocrático-eclesiástica fue nefasta para la historia europea, como se pudo ver, por ejemplo, en el trágico período de la Inquisición. En España los inquisidores generales procedían del clero secular y de la más alta clase social, a menudo de la aristocracia, particularmente durante los siglos XVI y XVII.[88] Los valores del patriciado romano y de la doctrina cristiana fueron el modelo de los nobles de la parte occidental del planeta. Su emulación devino una práctica común en las otras clases y grupos gobernantes e incluso entre los subordinados. La elevación de la riqueza a la altura de la virtud en la doctrina cristiana legitimó moralmente la búsqueda de enormes fortunas por parte de la aristocracia laica y eclesiástica, primero, y de la burguesa, después.[89]

La Iglesia alentó constantemente las distinciones sociales y raciales y en general la diferencia entre superiores e inferiores enraizadas en las conciencias. De ahí el apoyo expreso o tácito que la Iglesia, a través del papado, dio al fascismo italiano y al nazismo, así como a sus leyes y políticas raciales y sociales. De ahí que el mismo Hitler declarara que «las iglesias cristinas eran los más importantes factores para el mantenimiento de nuestra identidad», mientras prometía «proteger la influencia que las confesiones cristianas legítimamente ejercen en la escuela y la educación».[90] Pío XII, el papa de la guerra, que gobernó a la Iglesia entre 1939 y 1958, llegó a celebrar la victoria de Franco en la Guerra Civil española y a alabar las «buenas intenciones» de Hitler, especialmente en su política anticomunista, e instruyó a los obispos alemanes para que declinaran toda oposición al líder nazi.[91] Desde la desclasificación de archivos del Vaticano en 2006, se sabe que su predecesor, Pío XI, respaldó a Mussolini y suscribió un pacto secreto con él, por el que apoyaba las leyes raciales del fascismo.[92]

Para abrirse camino, la democracia no solo ha tenido que luchar contra la nobleza secular y las relaciones feudales sino también contra la Iglesia y la religión católica, que se ha pronunciado contra ella repetidas y significativas veces. El avance de la democracia ha ido a la par del retroceso del poder de la Iglesia, y la decadencia de la religión no se explica solo por la famosa «desacralización» o el «desencantamiento» del mundo teorizados por Karl Marx y Max Weber, sino también por la paulatina y relativa democratización general de las sociedades y las relaciones personales, que han tomado cada vez más distancia de los principios raciales y sociales de la Iglesia.

IV
LA BURGUESÍA Y LA TRANSMISIÓN

El cristianismo fue la primera fuente de la identidad cultural de la burguesía, como lo fue de toda la sociedad europea desde la caída del Imperio romano de Occidente hasta la Edad Moderna. Los valores proclamados por la Iglesia, que ya había convertido el mensaje del fundador en una doctrina con importantes componentes aristocrático-imperiales, ofrecieron inicialmente un marco adecuado para la burguesía en ascenso. Al menos desde el siglo XIII, mercaderes, prestamistas, cambistas y comerciantes de títulos financieros realizaban sus transacciones bajo la mirada de la Iglesia, escuchando la prédica de los sacerdotes, seguros de sus relaciones con los encargados de la administración financiera de la Iglesia.[1] Cuando se produjeron contradicciones entre el ideario cristiano y el interés burgués, siempre hubo una adaptación de los principios de uno y otro, aunque en ocasiones resultaran necesarias largas negociaciones.[2] El sustrato cristiano emparentó desde el comienzo a la burguesía con la nobleza, en un terreno, el de la religión, que, aunque cada vez menos operativo, ofrecía suficiente legitimidad a la burguesía para aspirar a hacerse progresivamente con el poder económico y político de las naciones europeas.

La historia europea, desde el tiempo de aquellos legendarios reyes que tomaron Troya hasta el de Carlos I y Luis XVI, guillotinados en Londres y París en 1649 y 1791 respectivamente, consistió en el manejo del poder de los nobles y aristócratas frente a los grupos subordinados, esclavos, siervos, campesinos, obreros y burgueses. Sus conflictos internos dominan los relatos de la historia política y el retrato de su mundo ha sido materia principal de la pintura, la poesía, el teatro e incluso la novela. «El proceso de la civilización» que condujo a nuestra época, descrito por Norbert Elias, fue llevado a cabo por la nobleza y estuvo fundado en la centralización del Estado, la domesticación de la nobleza militar y, sobre todo, la progresiva imposición de normas de comportamiento y cortesía basadas en el autocontrol. Otros historiadores como Stephen Greenblatt y David Warrent Sabean han demostrado que, en la trama que culmina con la construcción de los ideales de la era moderna y, por tanto, con la cultura de las democracias representativas, la Iglesia y el Estado desempeñaron un papel represor determinante.[3]

Gracias a su inmensa acumulación de riqueza, comerciantes, manufactureros, cambistas, prestamistas y financieros debilitaron progresivamente a la nobleza. Solo el enorme poder económico acumulado por la burguesía pudo poner fin a la historia despótica de reyes y nobles enfrentados, rebeliones y masacres de siervos y esclavos, papas con ambición de emperadores, Iglesias dirigiendo Estados y defendiendo imperios. Convertida cada vez más en un nuevo poder social, desde el siglo XIV la burguesía luchó contra la aristocracia nobiliaria y logró imponer el comercio, la industria y el libre cambio; transformó las formas de organización del trabajo y estableció nuevas relaciones sociales, abolió las corporaciones exclusivas, como las órdenes, y acabó en la medida que pudo con los privilegios de la nobleza (exenciones de impuestos, fueros, prelaciones, franquicias y señoríos). Creó nuevas sociedades basadas originalmente en un mayor grado de libertad económica, de producción, comercio e industria: la libre competencia. La economía agraria y las relaciones de siervos y señores en que se apoyaba el poder de la nobleza no desaparecieron, pero se volvieron secundarias en la vida económica y social de Europa. El capital derrocó al sistema monárquico, que se basaba en manejos exclusivos de asuntos públicos, en privilegios y corporaciones. El poder pasó a manos de comerciantes, prestamistas, artesanos y, después, de industriales y profesionales, que accedieron a cargos de dirección y representación de los reinos, regiones y municipios. Procurar libertad e igualdad de condiciones para la economía y ampliarlos a la política fue un logro histórico burgués.

Sin embargo, aunque parezca paradójico, la burguesía europea interpretó un papel esencial en la propagación en las sociedades modernas de la cultura de los nobles y la Iglesia, de la aristocracia con la que había contendido durante siglos por hacerse con el poder económico y político. Incapaz en sus orígenes de creer del todo en su propio *ethos* y de reconocerle dignidad moral, la nueva clase en el poder no se liberó de los valores de la clase antigua sino que sucumbió en aspectos esenciales ante el púrpura de la Iglesia y el dorado divino-imperial esgrimido por la aristocracia y sus leyendas seculares. Los representantes más avanzados de la burguesía lo declararon de modo contundente ante audiencias muy amplias de un lado y otro del océano, como veremos.

A diferencia de lo que ocurrió en la economía, pese a que a veces se dice que la burguesía trajo consigo nuevos valores y se ha llegado a hablar de una «revolución moral» en su época revolucionaria en Francia, en las democracias representativas que emergieron en Occidente no es posible reconocer en el terreno de las mentalidades una ruptura cabal con la cultura del Antiguo Régimen. Hacia el siglo XVII, cuando el mundo de la burguesía empezaba a mostrar la fuerza que terminaría por hacerla dominante, la continuidad del pensamiento burgués con el aristocrático muestra filones muy ricos. Las piedras angulares de la teoría moral nobiliaria fueron asumidas con naturalidad por los primeros teóricos del capitalismo en el siglo XVIII, para quienes las acciones humanas tienen como finalidad última «la vanidad, no la tranquilidad, o el placer» (Adam Smith). «Ser observado, ser atendido, ser tenido en cuenta con simpatía, con satisfacción y aprecio» son, según Adam Smith, las verdaderas motivaciones humanas.[4] Reputación, fama, honor, dignidad y respeto constituyen en este pensamiento las metas más elevadas de los individuos y los pueblos. Es obvio que cuando Smith describía así al ser humano solo tenía en mente a nobles, burgueses y pequeñoburgueses, propietarios, comerciantes o profesionales, especialmente de Inglaterra y Francia, las naciones más poderosas de entonces; eran ellos quienes aspiraban a la «buena reputación», a honores y fama, como se podría ilustrar de modo sencillo con la novela y el teatro de esos países; mientras que es imposible que esos ideales estuvieran arraigados entre esclavos y campesinos.

La burguesía triunfante no tuvo interés en configurar un mundo enteramente nuevo; no impulsó ni protagonizó ninguna revolución en defensa de valores propios. Pugnó por que el trabajo, el merecimiento y el ahorro fueran reconocidos como virtudes, y por que el comercio, la manufactura, el préstamo y las inversiones fueran aceptados como actividades honrosas. En el límite, llegó a rebelarse contra los títulos nobiliarios, que la relegaban moralmente. Y poco más. Su principio moral central, que lleva a la ética y la vida cotidiana los principios de la economía y basa por tanto las acciones y las relaciones en criterios de costo y beneficio, no estaba asentado como ahora.

En general, la burguesía actuó como había actuado el «tercer estado» en la antigua democracia griega, en que la «clase media agraria de granjeros, comerciantes y artesanos» expresó su deseo de «convertirse en políticamente iguales a los antiguos aristócratas señores de la ciudad».[5] Por lo demás, para los intereses materiales de la burguesía los principios jerárquicos tradicionales no tenían que ser abolidos sino conservados. Como la antigua clase media ateniense, la burguesía moderna optó por la emulación y se acogió a la estructura de valores ya establecida, asumiendo elementos centrales del mundo social y cultural de la aristocracia. Es fácil verlo en la vida práctica, según la representación que nos ha legado la novela de los siglos XVIII y XIX de Francia, Italia e Inglaterra, especialmente. Si a la aristocracia la vemos actuando en libros de autores asociados a la nobleza, como *Guerra y paz*, *En busca del tiempo perdido*, *El Gatopardo* o *Los Buddenbrook*, el acomodo entre burguesía y nobleza queda mejor retratado en las novelas de autores realistas de gran audiencia como Honoré de Balzac, Stendhal, Charles Dickens, Alessandro Manzoni y Elizabeth Gaskell.

Dado que la estructura jerárquica instaurada y mantenida por la aristocracia no era incompatible con el comercio, las finanzas y la manufactura sino que, al contrario, era conveniente, funcional, aseguraba un orden y una estructura estable de mando. Habiendo abrazado la burguesía el cristianismo, no era necesario romper con la tradición representada por la nobleza. Voltaire, filósofo adalid de la Ilustración, gran admirador del comercio, que tuvo a los «négociants» entre la parte «plus respectable» y «plus vertueuse» de los hombres, admira el orden inglés en que conviven el rey, la aristocracia y la burguesía y aboga por la monarquía absoluta como régimen para Francia. Entre los ideales de la burguesía y la nobleza no había la incompatibilidad sustancial que se observaba entre la cultura de la nobleza y el campesinado, por ejemplo; no había obstáculos insalvables, una vez legitimado por parte de la burguesía su propio *ethos* productivo. En su furia revolucionaria inicial, la burguesía derribó de la antigua clase solo lo que impedía su progreso, y no vio en los principales valores nobiliarios una rémora. Al contrario: algunos de estos principios nobiliarios eran un complemento adecuado para su proyecto y gracias a ellos podía alcanzar una elevación de la que carecía. La prohibición de ejercer el comercio, por ejemplo, era un tema de debate para los nobles y los filósofos, no para la burguesía, que más bien optó por ennoblecer el oficio. En Francia, aproximadamente desde 1756,[6] se instaba a los nobles al ejercicio del comercio y se abogaba por la constitución de una *noblesse commerçante*.

Fue así como la cultura de la aristocracia se convirtió en uno de los insumos para la construcción de la identidad de comerciantes, financistas, industriales y artesanos exitosos. Aristocracia y cristianismo ofrecieron a esta burguesía un ideario sólido que podía, con unas cuantas variaciones —referidas al lucro y el ahorro, el comercio, la manufactura y los préstamos—, crear la atmósfera moral que necesitaba el gobierno de las nuevas sociedades y proteger a estas con una ética cívica e interpersonal madura que había sido capaz de mantener un orden social dominante durante muchos siglos. Así pues, la burguesía hizo un uso funcional y utilitario de una ética cívica tradicional y de una estructura jerárquica ya contrastada, a cuyas posiciones de mando estaba segura que podría acceder tarde o temprano. Por eso, durante la Revolución francesa la persecución a los nobles no tuvo como blanco sus valores y principios sino solo sus títulos, propiedades, privilegios, corporaciones y órdenes, que excluían a los burgueses.

Así pues, que la democracia representativa sea fruto del protagonismo alcanzado por la burguesía y que esta sea la actora de ese modelo político es un aserto —demasiado a menudo repetido—, que no debe considerarse evidente o ya demostrado. Cabe más bien pensar que, también culturalmente, las democracias son fruto de una convergencia entre la burguesía y la aristocracia, como la antigua democracia griega parece haber sido consecuencia de la alianza entre la aristocracia y el «pueblo» para luchar contra la tiranía.

Los primeros teóricos de la democracia no fueron demócratas en el sentido que daríamos hoy a ese concepto: cuando hablaban de democracia y de libre comunidad de iguales, según la fórmula de Rousseau, tenían en mente una pequeña sociedad de propietarios, como los de Grecia. Por ejemplo: en la democracia *à la Locke* hay espacio para una «guerra justa» y la esclavitud es legitimada. Efectivamente, a Locke, como a Montesquieu y a John Stuart Mill, la teoría acerca de la igualdad y la democracia no le impidió elaborar sofisticados argumentos a favor de la esclavitud: la prosperidad británica estaba asociada a esta y al buen funcionamiento de la producción y comercio de las colonias, el azúcar, el té, el tabaco y el algodón. Las ideas de igualdad y libertad natural, del modo que fueron entendidas por los pensadores de la Ilustración, no eran incompatibles con la exclusión social de amplias capas de la población; ellos no se oponían a la diferenciación entre propietarios y no propietarios para decidir quiénes formaban parte del cuerpo político-social y, por tanto, quiénes tenían el derecho a elegir a través del voto. Igualdad, libertad y esclavitud no eran conceptos excluyentes, porque se aplicaban en ámbitos distintos: la igualdad y la libertad regían solo para los miembros de la sociedad civil; mientras la esclavitud era un derecho natural y los esclavos seres «legalmente incapaces de adquirir todo tipo de propiedad y ser considerados parte de una sociedad civil».[7]

En el apartado 54 del capítulo VI de *Two Treatises of Government*, Locke declara: «No se puede esperar que yo acepte todo tipo de "igualdad". La edad o la virtud pueden dar a los hombres una justa precedencia. La excelencia en el talento y el mérito puede colocar a otros por encima del nivel común».[8] Edad, virtud, excelencia, linaje son, como se ve aquí, criterios de excepción en el pensamiento burgués que reflejan claramente la influencia señorial: dan a quien los posee «justa precedencia», poniéndolos «por encima del nivel de los hombres ordinarios». En realidad, Locke y muchos ilustrados apoyaron la idea de igualdad solo desde un punto de vista teológico: «todos los hombres son iguales por naturaleza» equivale a decir que «todos los hombres fueron creados por Dios y son iguales ante él», lo que es irrelevante en términos morales y de política democrática. La implicación de ese aserto es que los hombres difieren por méritos y merecimientos, por la función que están llamados a cumplir y por las consideraciones sociales y públicas que se les debe, principios perfectamente afines a la ética nobiliaria.

El esquema de la igualdad de los representantes filosóficos de la burguesía carece de universalidad y en verdad es también idéntico al esquema cristiano, mencionado en el capítulo anterior: el que triunfará después de la Revolución francesa. Porque tanto el apóstol Pablo como los filósofos ilustrados suscriben una idea de igualdad no universal, que depende del origen de los hombres y del ámbito en que estos se encuentren. La sentencia «todos los hombres son iguales» significa solo que todos han nacido de un mismo padre o Dios y se aplica únicamente a los miembros de una misma comunidad: la comunidad cristiana, en un caso, y la sociedad civil, en el otro; fuera de esos ámbitos y condiciones, la igualdad es inaceptable. Los cristianos no son iguales a los «moros» ni a los «gitanos», por ejemplo, ni los ciudadanos a los inmigrantes irregulares, que legalmente no son miembros de la «sociedad civil».

También la república propuesta por Montesquieu tiene un fondo contrario a la igualdad. Pese a haber desarrollado la teoría de la división de poderes, Montesquieu abogó por un gobierno monárquico para los países de tamaño medio o grande —ya que en estos la democracia directa de tipo griego era impracticable— e insistió en mantener los privilegios y la diferenciación social, asegurando que la participación directa del pueblo en las democracias antiguas era «un vicio» de la época, porque el pueblo es «completamente incapaz» de tomar decisiones activas que demanden ejecución y «solo debe entrar en el gobierno para elegir a sus representantes».[9] Montesquieu asignó a los nobles —«gente distinguida por su nacimiento, las riquezas o los honores»— roles prioritarios en la república democrática, el principal de los cuales era constituirse en un cuerpo hereditario que compartiera el poder legislativo con «el grupo que sea elegido para representar al pueblo», y de esa manera fuera «un poder regulador» entre los poderes ejecutivo y legislativo, «para atemperarlos». Alegando en favor del gobierno monárquico frente al despótico, el pensador francés recuerda que, según Cicerón, el establecimiento del cuerpo de tribunos fue la salvación de Roma. Por eso diferenció los rangos generales de la sociedad ideal entre el príncipe, por un lado, el pueblo, por otro, y, en medio, los nobles, «la gente que tiene la sabiduría y la autoridad». El pueblo es a los nobles lo que la aristocracia al monarca —subordinados—, y la aristocracia es el cuerpo de tribunos del pueblo, porque el pueblo por sí solo es incapaz de actuar con prudencia. A tal punto Montesquieu era consciente de las limitaciones políticas sustanciales de la nueva república burguesa que, con agudeza, llegó a definir la democracia representativa como «un híbrido de democracia y aristocracia».

Adam Smith, acaso el más significativo representante intelectual del período fundacional de la civilización burguesa, formuló del modo más objetivo, completo y claro la configuración ideal de la nueva sociedad. Lejos del igualitarismo, de la abolición de rangos y jerarquías, Smith preconizó la necesidad de «establecer y mantener la distinción de rangos y el orden de la sociedad». Por eso aprobaba la «admiración, y casi la veneración a ricos y poderosos», aunque creyera que ello conllevaba «la corrupción de nuestros sentimientos morales», ya que «solo el hombre sabio y virtuoso merece respeto y admiración». Ese «sabio y virtuoso», que no deja de recordar al hombre superior que Platón dibujó en *La república* y al sabio de los estoicos, debe guiar al hombre nacido del comercio y la industria, que él llama «prudent man», un ser portador de «virtudes inferiores» y que solo es, por tanto, «merecedor de nuestra fría estimación» y respeto, porque su principal virtud, la prudencia, «es recomendada por nuestro egoísmo». En cambio, el hombre sabio y virtuoso, encarnando la verdad, la libertad y la justicia, dirige su atención a lo más elevado y aspira a la perfección. Siendo superior tanto al rico y poderoso como al noble, el sabio y virtuoso integra un grupo humano selecto y es admirado por «los más estudiosos y cuidadosos observadores», mientras al rico y al poderoso solo lo admiran «las masas».[10] Ese hombre ocupa el lugar de preeminencia antes reservado a la nobleza; es un «semidios» cuya «magnanimidad» despierta «la más entusiasta y extática veneración». La superioridad del hombre sabio y virtuoso no puede ser puesta en duda, pues se trata de alguien «siempre dispuesto a sacrificar al interés público su propio interés, el de su orden o sociedad particular»,[11] es «el gran juez y árbitro de conducta», la medida de lo humano. Smith lo asimila a «los héroes de la historia antigua y moderna». En el mismo orden de pensamiento, el soldado, como ocurría en las sociedades antiguas y medievales, es el personaje prototípico, y su profesión de «un rango y dignidad superiores a los de cualquier otra».

La interpretación de Smith acerca de la estructura social y moral de la sociedad británica de los siglos XVII y XVIII, cuando el capitalismo había adquirido ya una posición prominente, reconoce y aplaude una forma piramidal similar a la de la sociedad aristocrática: un grupo amplio y anónimo en la base; *the prudent man* en medio, en una zona de privilegio; y el hombre sabio y virtuoso, así como el militar, en la cúspide.

Smith fue consciente de que la sociedad democrática, tal como él la pensaba, necesitaba conservar las jerarquías y para ello el hombre excelente y virtuoso debía representar el papel que Montesquieu asignaba a la nobleza en la sociedad monárquica. La utilidad de los seres superiores es enorme en la práctica social de las nuevas sociedades. Adam Smith lo confiesa:

> Nuestra admiración del triunfo se basa en el mismo principio de nuestro respeto por la riqueza y la grandeza, y es igualmente necesaria para establecer la distinción de jerarquía y orden de la sociedad. A través de esta admiración del triunfo se nos enseña a rendirnos con mayor facilidad a los superiores, a quienes el curso de los asuntos humanos puede asignarnos, y a mirarlos con reverencia y, a veces, incluso con una especie de afecto respetuoso.[12]

Como se ve, la vigencia de estos valores asegura el sometimiento y hasta un «respetuoso afecto» hacia el superior que somete: la legitimación de la dominación social es cabal, y la impronta aristocrática palmaria. La burguesía terminó con el régimen feudal pero no extinguió la cultura nobiliaria para su proyecto.

En 1911, en un libro clásico, el sociólogo alemán Robert Michels escribía que en el siglo XVII la pujante burguesía francesa asumió con docilidad los principios de la aristocracia:

> Con el fervor de los novicios, los recién llegados asimilaron el espíritu y los principios de la clase hasta entonces dominante, y los miembros distinguidos de la burguesía que habían entrado al servicio del Estado, que aún era predominantemente feudal, se apresuraron a tomar nuevos nombres. Los Fouquets, los Le Telliers, los Colberts, los Phélippeaux y los Desmarets se convirtieron en los Belle Isles, los De Louvois, los Seignelays, los De Mauperas, los De Lavrillières y los Maillebois.[13]

Según Michels, lo mismo ocurrió en Alemania, donde la burguesía «resultó feudalizada»: «La burguesía enriquecida no tuvo ambición más alta que fusionarse con la nobleza, con la finalidad de obtener con esta fusión una clase de título legítimo».[14] En Inglaterra, el resultado fue que «habiendo asimilado los objetivos sociales y las ideas culturales predominantes, tanto las de corto como las de largo plazo, financieros, empresarios y profesionales presuntuosos imitaron el acento, los carruajes, la conducta, la etiqueta, vestidos y estilo de vida propios de la nobleza».[15]

Lo mismo sucedió en las colonias americanas, donde los grandes terratenientes y dueños de plantaciones y comerciantes exitosos aspiraron a legitimarse a través de la búsqueda de *pedigree*, de la compra de títulos o escudos de armas y, en general, de la adquisición por diversos medios de las marcas de distinción para sus familias.

Pero la burguesía también tuvo su impacto en la nobleza, que en diversos momentos, lugares y asuntos —en unos más y en otros menos— tuvo que redefinirse y adaptarse. Si en el alto medievo su signo de identidad era de carácter militar, en el siglo XVII, en el contexto del Estado absolutista, a las armas se sumaron las «letras», o sea, la educación, y se empezó a valorar el mérito como factor de distinción nobiliaria. El Estado absolutista y la nueva época exigieron que la nobleza redefiniera su educación: si antes los jóvenes nobles debían entrenarse para la guerra, la equitación, el baile, aprender las maneras y costumbres de su época y conocer a los clásicos, ahora tenían que prepararse para el eficiente desempeño en asuntos públicos, políticos y administrativos.

Apremiada por el pujante ascenso de los burgueses en el cada vez más amplio campo de lo científico, técnico-profesional, la aristocracia supo poner fin a la era de «la nobleza como una profesión»[16] y progresivamente se empeñó en su propia remodelación. Así, aquí y allá la «mentalidad burguesa» fue ganando terreno en «la alta sociedad»:

> En Inglaterra, la aristocracia y la alta burguesía estaban, a finales del siglo XVI, participando con entusiasmo en las nuevas sociedades anónimas nacidas del comercio exterior [...]. En el siglo XVIII, la nobleza de Hungría, Dinamarca, Polonia e Italia «se volvió comerciante». Durante el reinado de Luis XVI, la nobleza francesa fue poseída por la pasión por los negocios.[17]

Algunos historiadores de Inglaterra y Francia han afirmado que la aristocracia de esos países sufrió una crisis de identidad en el siglo XVII (Inglaterra) y XVIII (Francia), frente al poder emergente de la burguesía. El historiador Guy Chaussinand Nogaret sostiene que la crisis de identidad de la nobleza francesa la llevó a aceptar los valores del «tercer estado» como nuevos estándares para el reconocimiento nobiliario. En el siglo XVIII, en Inglaterra, la nobleza y la alta burguesía estaban casi confundidas, dice el historiador Abad Le Blanc. Y el británico Eric J. Hobsbawm comenzó su clásico estudio sobre la industrialización inglesa recordando que en el siglo XVIII el Parlamento estaba controlado por una oligarquía de aristócratas propietarios de tierras más que por lo que después se llamaría *middle class*, y que esa oligarquía estaba «inclinada a imitar a sus inferiores»: «En Londres, los amos se visten como sus ayudas de cámara, y las duquesas copian el estilo de sus camareras», dice citando a un viajero francés de la época. La burguesía o *middle class*, consciente de que en el siglo XVIII era ya una «parte preciosa de las naciones» y de que su actividad principal, el comercio, había enriquecido a sus países, supo jugar sus cartas. Si durante los regímenes feudales debió comprar los títulos, en el siglo XVIII aspiró a que todo su mundo fuera legitimado.

El caso inglés lo describe Arno Mayer en estos términos, muy visuales: «Las cenas en mansiones de la ciudad y fines de semana en las casas de campo allanaron el camino para que pares terratenientes se convirtieran en directores de corporaciones e inversores en negocios que incluían empresas de ultramar, y para que los empresarios se convirtieran en candidatos a formar parte de la nobleza».[18]

Merecimiento y mérito, así como los demás valores de la nobleza y la burguesía, tenían una meta compartida: colocarse por encima del «nivel común», en posición de mando social. «Lo que de hecho se reconocía era la eminente dignidad del mérito, su habilidad para escoger al hombre excepcional, para colocarlo por encima del prototipo ordinario.»[19] Nociones como «hombre superior» o «excelencia» fueron lugares de encuentro de la cultura de la nobleza y las ambiciones de la burguesía. El reconocimiento del éxito en actividades tales como el comercio y la manufactura y de las profesiones como factor de distinción y ennoblecimiento fue esencial en la configuración de un nuevo paisaje moral. En esa escala de valores, «el hombre superior» y el «honor», categorías a las que habían accedido las élites, siguieron siendo ideales sociales supremos, objeto de culto y admiración —de ahí, por ejemplo, la inmensa popularidad de la obra de Plutarco, especialmente de las *Vidas ejemplares*—, mientras el mundo de los seres «inferiores» siguió poblado por pequeños comerciantes, artesanos y campesinos pobres.

Fue así como el empuje de la burguesía consiguió que el mérito y la laboriosidad se convirtieran en valores sustantivos en el orden social moral. La nobleza terminó aceptando como virtuoso el principio lucrativo y las actividades que había despreciado durante siglos, como el comercio, la banca y las profesiones. Así lo demuestran los procesos de ennoblecimiento de soldados, profesionales, industriales, comerciantes, artistas e intelectuales en Francia, en los que se tomaban más en cuenta los méritos y los servicios al rey que la falta de linaje de los burgueses. Por *mérito* se entendió las virtudes morales y las habilidades profesionales del presente (no del pasado), convertidas en estándares que se habían de tener en cuenta por encima de todo valor hereditario. La noción de «mérito» de la *middle class* o «tercer estado» no era ajena al sistema ético nobiliario, por lo que su aceptación no fue traumática para la nobleza.

La aceptación por parte de la nobleza del pequeño mundo moral de la burguesía solo supuso la exclusión oficial de una forma de superioridad o mérito, la hereditaria, y la abolición de derechos exclusivos o privilegios. Valores como el honor, la reputación, el culto a la personalidad, la deferencia, la precedencia y toda la constelación de principios de la aristocracia quedaron intactos y fueron potenciados por la burguesía, que así representó un papel transmisor importante.

La nobleza logró hacer una exitosa transición hacia los nuevos tiempos para insertarse en estructuras económicas inéditas. En el siglo XIX los nobles ya formaban parte activa del nuevo mundo económico y «en muchas partes de Europa pregonaban ideologías que glorificaban el comercio y el desarrollo económico».[20] Las formas de esa transición difieren, como es natural, de una época y región a otra, de Italia a Francia, de Alemania a Rusia, por ejemplo. La nobleza diversificó sus actividades y fuentes de ingresos, que ya no procedieron solo de la tierra sino también de su participación en la bolsa de valores, el mercado de préstamos, de propiedades urbanas, inversiones en bonos del Estado y hasta inversiones en el comercio, en especial el comercio exterior, con las colonias, en el que sobresalieron la aristocracia sevillana y la inglesa. «Las Indias orientales y occidentales fueron las fuentes de la construcción o reconstrucción de muchas fortunas aristocráticas.»[21]

Con todo, en el encuentro de los valores entre la aristocracia y la burguesía aquella hizo valer su patrimonio simbólico por encima de toda otra consideración. Duques, marqueses, princesas, condes, barones y caballeros ponderaron sus títulos y su linaje, sus servicios públicos, sus condecoraciones, códigos de conducta y estilos de vida, la fuerza legitimadora del tiempo y la consagración que le daba la Iglesia. Aunque la burguesía respondió con la triunfante noción de igualdad a las diferencias en que se basaba el régimen dominado por la clase nobiliaria, y a la diferencia económica opuso la igualdad de oportunidades, a la política la accesibilidad igualitaria a los cargos de gobierno, a los privilegios jurisdiccionales la igualdad ante la ley, etcétera, no pudo siquiera concebir la igualdad moral entre unos y otros, la dignidad y valor idénticos de todos los seres humanos. A la burguesía, su *ethos* —dominado por la racionalidad instrumental y la acción, el ahorro y el trabajo, importantes para el éxito económico— no le bastaba para alcanzar la autoridad y el estatus simbólico necesarios para liderar el mundo; el simple mérito, el esfuerzo, la prudencia y los otros valores nuevos no servían para obtener el alto reconocimiento moral exigido en sociedades en que los principios nobiliarios se habían incubado, legitimado y desarrollado durante siglos bajo un aura divina desde el origen de los reinos y las naciones. Los títulos nobiliarios solo podían ser concedidos por reyes, emperadores y zares. El deseo de alcanzar las llamadas «marcas de nobleza» indujo a la burguesía a ratificar cada vez más hondamente los valores, las pautas de conducta, el refinamiento y todo cuanto la nobleza había codificado como señales de superioridad, con el fin de contar con la legitimación moral de la que carecía para el gobierno. Por eso, durante el siglo XIX en París, «para abrirse una puerta en el barrio de Saint Germain, la mujer de un banquero era capaz de todos los sacrificios», según señalaba convincentemente Balzac en *El tío Goriot.*

La alianza quedó sellada en esos términos asimétricos. Un indicador de la solidez de ese entendimiento fue la proliferación y hasta la popularización en Europa y América, entre los siglos XVIII y XIX, e incluso en el XX, de los manuales de rango, conducta, etiqueta, urbanidad y buenas maneras. Lo que antes eran instrucciones para la nobleza, para el príncipe y la corte se convirtieron, adaptados, en normas para la burguesía y para toda la sociedad. Los valores nobiliarios continuaron así abriéndose camino en el mundo creado por el empuje económico y político burgués, es decir, en los nuevos reinos y estados, así como en las democracias surgidas del período revolucionario. Es paradigmática de esta tendencia la fortuna y amplísima difusión que tuvo *El cortesano*, del conde Baldassare Castiglione. Este libro, de enorme valor literario, obra de un gran escritor, fue concebido para ilustrar a los neófitos acerca del correcto comportamiento en las cortes reales. Aparecido en 1528, en la década de 1530 se publicaron 22 ediciones, en la de 1540, 28. En los primeros noventa y ocho años el libro tuvo 60 ediciones en otros idiomas, 130 ediciones hasta 1699, unos cien mil ejemplares circularon por toda Europa, Asia y América, con una estimación de unos trescientos mil lectores. *El cortesano* fue una especie de «breviario» de las clases altas. El historiador Peter Burke sostiene que seguir los avatares de este libro permite ver cómo la expansión de la cultura aristocrática formó parte —junto con los elementos religiosos, lingüísticos e institucionales, entre los que sobresale la universidad— de la unificación del continente, lo que el historiador Robert Bartlett llamó «la europeización de Europa».[22] Una moderna cultura *gentil* modeló las sociedades basadas en sustanciales diferencias morales entre los diferentes estamentos, teniendo como centro la idea de jerarquía de grupos e individuos, la superioridad de lo noble-burgués y cristiano sobre todos «los otros», inferiores. A finales del siglo XX, una traducción del *Oráculo manual y arte de prudencia*, del jesuita Baltasar Gracián, fue un best seller en Estados Unidos. El libro, publicado por primera vez en 1647, es un brillante ejercicio de didáctica cortesana, basado en conceptos centrales de la ideología señorial: fama, ordinariez, vulgaridad, señorío, buen gusto y prudencia ocupan al culto clérigo. El aforismo 55, por ejemplo, aconseja: «Nunca apresurarse ni apasionarse. Sea uno primero señor de sí, y lo será después de los otros».[23]

En términos práctico-históricos, la negociación tuvo todo tipo de incidentes; no hay mejor momento para observarla que la Revolución francesa y su deriva en las décadas posteriores a la erupción de 1789. Según el sociólogo francés Edmond Goblot, a principios del siglo XIX la burguesía de Francia ya manifestaba una necesidad propia de distinción para la construcción de su identidad. Cualquier resumen cronológico mostrará cómo se sucedieron monarquía, monarquía parlamentaria, la Primera República, el gobierno jacobino, un Primer Directorio, un Primer Consulado, un Primer Consulado Vitalicio, un Primer Imperio, una nueva monarquía constitucional, una Segunda República, un Segundo Imperio, una Comuna socialista, una Tercera República... Revolución, contrarrevolución o restauración se alternaron durante casi cien años.

La misma alternancia, aunque menos accidentada, se produjo en la Iglesia católica, primero perseguida, después tolerada (Concordato de 1802) y finalmente reforzada.

Al menos en las cuatro primeras décadas del siglo XIX la nobleza como entidad político-simbólica fue la protagonista principal: a la abolición de 1790 le siguió la restitución de Napoleón I, adalid de la legislación liberal, quien creó una aristocracia imperial, una «nueva nobleza», otorgando títulos de rey, príncipes y princesas, duques, condes, barones y caballeros en la zona europea bajo su poder, y la jerarquía así establecida fue compartida con la antigua aristocracia: «El estado sin ella [la aristocracia] es un barco sin timón [...]. Lo bueno de la aristocracia, su magia, está en su antigüedad, en el tiempo; y esta era la única cosa que yo no podía crear», llegó a decir Napoleón a Les Cases, en Santa Elena.[24] A tal punto se fusionaron en ocasiones nobleza y burguesía que entre 1789 y 1830, en Francia, «muchos visitantes extranjeros destacaron que los protocolos y ceremonias de la realeza fueron incluso más espléndidos que en la mayoría de las otras cortes reales».[25]

No es de extrañar, pues, que la defensa de la aristocracia durante el período posrevolucionario francés fuera ardua y estuviera a cargo no solo de los realistas sino también de los propios liberales.[26] Porque pese a la expansión de la ideología igualitaria invocada por la Revolución, la burguesía y sus representantes políticos e intelectuales no renunciaron a la idea de una aristocracia en la vida política y social ni a las nociones de superioridad y jerarquías. Solo rechazaron que estas continuaran atribuyéndose a la vieja clase de propietarios de tierras que vivían a expensas del trabajo de los siervos, una clase que era ya más pobre que la de los comerciantes e industriales. La idea de Montesquieu de una clase superior, de una aristocracia como poder intermedio entre el gobierno real o republicano y el pueblo, que evitara tanto la anarquía como el despotismo, siguió viva. Ello fue asumido: «Incluso durante la Tercera República, duques, marqueses condes y barones ocuparon tan prominentes posiciones económicas, sociales y culturales que los grandes burgueses nunca dejaron de reverenciarlos e imitarlos».[27] La aristocracia mantuvo su influencia en la nueva época. Dostoievski, que lo vio tempranamente, allá en su Rusia natal, escribió en *El jugador*: «La Revolución fue heredera de la aristocracia. Hoy día, el francés más vulgar tiene maneras, expresiones y hasta ideas del mayor refinamiento, sin que haya contribuido a ello ni con su iniciativa, ni con su espíritu, ni con su corazón; todo ello lo tiene por herencia».

Como vemos, tiene razón el profesor Arno Mayer al calificar la relación nobiliario-burguesa de asimétrica: «La aristocratización o nobilización de la obediente burguesía fue de lejos más profunda y general que el aburguesamiento de la arrogante nobleza».[28] Solo en 1974 el gobierno francés dejó de reconocer títulos nobiliarios. Fue así como los valores nobiliarios no solo sobrevivieron a la victoria de la burguesía, sino que se expandieron a gran escala y fueron legitimados como aptos para formar parte del tejido ideológico de las democracias. El mundo burgués les ofreció un buen caldo de cultivo para su revigorización.

Los dos grupos dominantes lograron monopolizar así el poder en Europa: «La élite de la nobleza y la élite de la burguesía rompieron las barreras colocadas entre ellas por el orden existente y unieron su fuerza y ambición en la persecución del mismo objetivo de monopolizar el poder», ha afirmado Guy Chaussinand Nogaret, uno de los líderes de la nueva historiografía europea de la modernidad temprana.[29] Entre los dos órdenes dieron vida a los valores de la nueva sociedad: «En el desarrollo cultural y en el pensamiento político y social de la Ilustración, los nobles interpretaron un papel tan importante como los representantes de la burguesía [...], ambos definieron juntos una cultura única e idéntica». Gracias a esa dimensión común, la burguesía y la nobleza diseñaron juntas el mundo moderno.

V
LA CULTURA DE
LAS DEMOCRACIAS MODERNAS

Cuando digo «cultura de las democracias» no menciono el pensamiento y los asuntos relacionados con la representación de los ciudadanos, ni con los derechos individuales o los de las mayorías y las minorías, la organización del Estado y la división de funciones, la marcha de las instituciones, la impugnación, revocatoria o control del poder conferido a los representantes, ni con ninguna de las otras variables de la vida pública: no me refiero a la democracia constitucional o política. Esa democracia es la democracia de las instituciones. Yo estoy hablando del otro gran componente de las democracias: la cultura. Con el concepto «cultura democrática» menciono todo lo que subyace en nuestros juicios éticos, sociales o políticos, en lo que, consciente o inconscientemente asumido, nos empuja a una determinada conducta pública y privada que tiene un sentido favorable a la participación, la vida y el desarrollo equitativos de una comunidad dada. Utilizando una fórmula de Rousseau diríamos que la cultura democrática es aquella que permite a todos, sin distingos de naturaleza alguna, constituirse, sentirse y actuar como una «libre comunidad de iguales», orientada hacia el bienestar común.

Pero no está claro cuál es o debe ser el contenido de esa cultura democrática que debe ayudarnos a vivir de ese modo, como seres libres e iguales. En realidad, este es un tema terriblemente confuso. La primera confusión consiste en llamar *cultura democrática* a la que de hecho está vigente en las democracias representativas, como si la segunda fuera el contenido de la primera, como si la que impera en las democracias occidentales fuera ya democrática por el mero hecho de haber nacido y regir en una democracia representativa. En realidad, la cultura democrática y la cultura de las democracias occidentales actuales parecen dos cosas bien distintas.

Si no sabemos mucho de la primera, de la segunda se ha escrito abundantemente. Comentaré ahora las fuentes originarias y más seguras que describen los aspectos ético-morales de esas democracias, según la observación de sus primeros ideólogos. No revisaré las fuentes comunes de toda cultura, como la religión y la educación, sino solo las que, según me parece, son las principales en las democracias occidentales: una económica y otra política. La primera, operando a través del comercio y la industria, alcanzó dimensiones hegemónicas; la segunda lo hizo a partir de las instituciones de gobierno de la sociedad. En otras palabras, a la pregunta acerca del contenido primigenio de la cultura de las democracias representativas y su origen, la respuesta es: el sistema económico capitalista, por una parte, y el sistema político de la misma democracia representativa, por otra.

La cultura de las democracias representativas sería pues un subproducto de esos dos sistemas (uno económico y otro político; el capitalismo y la democracia), que junto a los valores heredados del Antiguo Régimen, que la burguesía hizo suyos, constituyen la especificidad cultural de esta época. Valores aristocráticos como honor, distinción, linaje, privilegios, reputación o excelencia, que la burguesía triunfante no dudó en acoger y consagrar en la nueva sociedad, como vimos en el capítulo anterior, fueron conservados como decoroso marco que dotaba de elevación a una batería de principios que regían la actividad de los burgueses, antes relegados a la periferia de la moral y que en la época moderna iban a adquirir legitimidad; se trata de principios tales como autointerés, libertad, prudencia, ahorro y laboriosidad. El comercio y la manufactura, actividades que la aristocracia siempre desdeñó y que en la Antigüedad griega fueran consideradas «innobles» y «enemigas de la virtud»,[1] se convertían cada día más en claves de la moral de la nueva época, mientras las instituciones políticas se transformaban. Así como comerciantes, financistas, industriales y prestamistas habían pasado de la marginalidad al centro social, así sus principios y valores, los resortes morales de su actividad, iban a ser reivindicados y finalmente consagrados y situados a la misma altura que los antiguos por la dinámica dominante en el sistema económico y en la nueva organización política, por el capitalismo y la democracia.

La conexión entre el desarrollo histórico de los dos sistemas está fuera de duda. Pese a su antecedente ateniense, la democracia es un sistema político que emergió al calor de la dinámica del capitalismo. Como se ha dicho muchas veces, algunas de las condiciones que fueron esenciales para el exitoso funcionamiento de las economías de mercado también contribuyeron al desarrollo de la democracia.

La simultaneidad con que los dos sistemas emergieron y cobraron forma desde el fondo de la historia europea traza un proceso complejo e ininterrumpido de transformaciones, adaptaciones, restricciones, alianzas y estrategias en que el capitalismo y la democracia se estimularon recíprocamente. Ambos se alimentaron y se adaptaron mutuamente hasta establecerse en el siglo XIX como formas dominantes de la producción y el gobierno en Europa y Estados Unidos y, al mismo tiempo, como una cultura diferente en algunos sentidos, pero tradicional en otros.

EL CAPITALISMO, CREADOR DE UNA CULTURA

Dada la contemporaneidad de los dos sistemas, los teóricos del capitalismo, en una operación intelectual de primer orden, se convirtieron en los primeros pensadores de la cultura de las democracias al describir las consecuencias que los cambios económicos provocaban en las mentalidades, la moral, la organización del mundo social y las formas de gobierno. Es decir, los filósofos propugnaron lo que en las sociedades iba imponiéndose como una próspera realidad.

Entre mediados del siglo XVII y finales del XVIII, una pléyade de pensadores británicos y franceses (de la pre-Ilustración y la Ilustración) coincidieron en señalar una serie de componentes relevantes a la vez en los ámbitos económico, político y moral, que conformarían la cultura de la época. Adam Smith y los otros padres del capitalismo no pensaron solo en un sistema económico y en uno político, sino también en uno axiológico, en un conjunto de valores, creencias y normas de conducta congruentes y funcionales con el capitalismo y la democracia.

En esa época, en el Reino Unido se creía que el comercio solo podía florecer en un sistema de gobierno que permitiera la libertad económica y política. El comercio, como el cambio y el préstamo con interés y usura, requerían un «gobierno libre», como se llamaba entonces a la democracia para diferenciarla de la «monarquía» o «gobierno absolutista». Con todo, David Hume vio la necesidad de tomar distancia de quienes creían que la causa del entendimiento entre comercio y democracia radicaba en la mayor seguridad [libertad] que esta ofrecería a aquel. Según Hume, la diferencia entre monarquía y democracia con respecto al comercio no era ni la seguridad ni la libertad económica, sino cierto tipo de valores que rigen la vida de una república y que están ausentes en una monarquía. Hume dice:

> El comercio [...] tiende a decaer en los gobiernos absolutos, no porque esté allí menos seguro, sino porque es menos honorable. Una subordinación de rango es absolutamente necesaria para el apoyo de la monarquía. Nacimiento, títulos y lugar deben ser honrados por encima de la industria y la riqueza. Y mientras estas nociones prevalecen, todos los comerciantes importantes se verán tentados a abandonar su comercio con el fin de comprar algunos de esos empleos, a los que se adjuntan privilegios y honores.[2]

Pero si la democracia favorecía al comercio, también el comercio favorecía a la democracia. ¿Por qué? En primer lugar, porque favorece la gobernabilidad pues concierne a un mayor número de personas en el gobierno. Montesquieu sostuvo que el comercio «concierne al gobierno de muchos por naturaleza, y la monarquía por excepción», y que «las grandes empresas del comercio no son para las monarquías, sino para el gobierno de muchos».[3]

En segundo lugar, no solo se esperaba que el comercio y la industria fomentaran la libertad política sino que propiciaran la emergencia de nuevos valores. Efectivamente, la primera fuente de la especificidad cultural de la naciente democracia parece haber sido todo aquello que el comercio había puesto en escena como prácticas cotidianas valoradas socialmente, aceptadas por la sociedad entera. Voltaire lo defendió en sus *Cartas filosóficas* y Montesquieu elaboró una verdadera lista de virtudes que harían de las sociedades mercantiles sitios donde «reinase la paz» y un sentimiento de justicia «exacto»: «El espíritu de comercio —argumenta Montesquieu— comporta el de la frugalidad, la economía, la moderación, el trabajo, la discreción, la tranquilidad, el orden y el deber».[4] Los valores del comercio alcanzaron incluso una consagración religiosa, a tal punto se habían convertido en parte determinante de la vida. En el siglo XVII, el calvinismo declaró que el comerciante de éxito era un elegido de Dios: el éxito del comercio era un éxito de Dios. La lógica mercantil, expandida progresivamente en la sociedad entera, será después, poco a poco, artículo de fe de la cultura de las sociedades democrático-capitalistas. El desarrollo del comercio y la industria ratificó en la conciencia de la burguesía la confianza en que una nueva sociedad era posible bajo su liderazgo, sobre la base de los principios morales generados por el capitalismo, que elevan el cálculo y el lucro individual a la condición de principios de vida. En el seno del sistema democrático, la economía capitalista introdujo principios que empezaron a modular la vida práctica de las sociedades.

Entre los principales valores, singulares e inéditos, de las nuevas sociedades y de la vida de los individuos, tienen que considerarse los siguientes, todos característicos de la clase burguesa.

EL AUTOINTERÉS

El autointerés es la piedra angular de la cultura de las sociedades burguesas. Posiblemente haya sido Adam Smith el primero en observarlo con claridad. Smith no fue solo el autor de *An Inquire into the Nature and Causes of the Wealth of Nations*, sino también de una *Theory of Moral Sentiments*, redactada tempranamente, que fue corrigiendo durante toda su vida. A la vez que defendía la sociedad basada en la manufactura y el comercio como la única capaz de impulsar el progreso económico, Smith identificó los ideales morales adecuados para asegurar su desarrollo y conservación. Según él, el comercio y el intercambio económico proyectan principios que «ayudan a los hombres a ser libres», fomentando un comportamiento «más civilizado»:[5] el mercado, por su propia naturaleza y dinámica, produce una moral, un conjunto de principios y valores. El concepto clave de esta constelación de principios es el autointerés, al que ve capaz de vertebrar la vida entera. *Autointerés* es la forma liberal de llamar a una ética en que el lucro y el placer propios se erigen como principios rectores de la vida individual y social. Según Smith, el éxito de este principio radica, por una parte, en su aplicabilidad voluntaria; y, por otra, en que su observancia depende de «virtudes inferiores» que están al alcance de todos y pese a ello son capaces de impulsar el progreso individual y social. En las sociedades del comercio, los hombres que buscan el éxito se ven inducidos a observar un comportamiento virtuoso y decoroso por su propia conveniencia; de forma voluntaria se adaptan a las normas socialmente aceptables y aceptadas, porque no hacerlo supone atentar contra el buen funcionamiento del negocio, actuar en contra del interés propio, mientras que la prudencia, laboriosidad, constancia, vigilancia, templanza, el sentido común y la firmeza son virtudes lo bastante decorosas para conformar la correcta figura del comerciante y su empresa.

En comparación con la sociedad feudal, que se basaba en la dominación directa, o con la sociedad cortesana, en la que el éxito dependía de la adulación o el engaño, el éxito en la sociedad comercial parecía vinculado a la honestidad, la laboriosidad, el mérito y la habilidad. Además, según los filósofos ilustrados, el predominio del autointerés en la escala de valores tenía una ventaja práctica estructural, que no era ni de orden ético ni político ni económico sino que estaba ligado a la posibilidad misma de la existencia de los individuos y las sociedades: el autointerés refrenaba las pasiones y sus devastadores efectos en la vida individual, las sociedades y la historia; hacía posible la existencia de las sociedades, favoreciendo su gobernabilidad. Más aún: el comercio y la industria, a través del autointerés, aseguraban la existencia misma de la democracia, protegiéndola contra la corrupción de las costumbres[6] y modelando el carácter de las personas al punto de producir el «hombre de sentido común», un verdadero baluarte en la vida de estas sociedades.

El autointerés y sus derivados como condición moral del capitalismo se convirtieron así en el primer ingrediente de las democracias representativas. El lucro subordinó cualquier elemento moral. Desde la temprana modernidad hasta hoy, desde George Simmel y Max Horkheimer hasta Zygmunt Bauman, la sociología ha coincidido en señalar el autointerés como eje y resorte del comportamiento humano en el capitalismo, auténtica sustancia de las relaciones interpersonales, que se miden en términos de costo-beneficio.

LABORIOSIDAD, PRUDENCIA Y OTRAS «VIRTUDES INFERIORES»

Del funcionamiento del complejo sistema económico-social de la producción capitalista emergen nociones que, bien asimiladas, cristalizan en forma de proposiciones e ideales o virtudes «inferiores» capaces de regular la vida individual y social como parte importante y oficial de la democracia. El comercio, las finanzas y la manufactura, fomentando y exigiendo hábitos de orden, ahorro, trabajo, sentido común, aplicación de pensamiento y adquisición de habilidades profesionales específicas, ayudan a la formación del carácter de los hombres y a generar una cultura. Es el mercado, con la ayuda del Estado y la religión, el que consagra los principios de jerarquía, libertad, igualdad, moderación, laboriosidad y prudencia. Según Smith, este conjunto de hábitos y principios económico-morales es sólido porque, como hemos visto, tiene una base antropológica estable: el autointerés o el interés propio forma parte de la esencia humana.

LIBERTAD INDIVIDUAL E IGUALDAD

Libertad individual e igualdad son conceptos presentes en las constituciones de los estados occidentales y componentes esenciales de la cultura oficial de las democracias. Sin embargo, en los orígenes del capitalismo y de la misma modernidad, las dos fueron solo una necesidad del comercio.

Ya hemos mencionado cómo la igualdad, así como la libertad de mercado y la hoy llamada libertad de empresa fueron las más fuertes consignas y reivindicaciones de la burguesía. La filosofía de la Ilustración atribuyó al comercio un empuje para una y otra, para la implantación de la igualdad y la libertad. Adam Smith había escrito que el comercio y la manufactura, oponiéndose al despotismo monárquico, introducen gradualmente el orden y el buen gobierno, de donde se iban a derivar la libertad y la seguridad de los individuos. El comercio genera libertad y civilización, creía Smith, quien además subrayaba que, a su vez, «las instituciones libres son indispensables para la preservación del comercio».[7] John Millar, compatriota de Smith, había sido muy preciso al escribir que: «En los países comerciales el espíritu de libertad parece depender principalmente de dos circunstancias: primero, la condición de las personas en relación con la distribución de la propiedad y los medios de subsistencia; segundo, la facilidad con que los diversos miembros de la sociedad están habilitados para asociarse y actuar en concierto con otros».[8] En otras palabras: el espíritu de libertad estará vigente allí donde los individuos privados tengan interés en el desarrollo de operaciones en que se ponen en juego la propiedad de bienes y los medios de subsistencia. Tocqueville apelaba a la historia para demostrarlo: «No sé si se puede citar una sola nación industrial y comercial, desde los tirios a los florentinos y los ingleses, que no haya sido libre. Por lo tanto, un estrecho vínculo y una relación necesaria existe entre estas dos cosas: la libertad y la industria».[9] En Francia, hacia 1825, el pensador Charles Dunoyer, un autor muy participativo en los medios liberales de mediados del siglo XIX, sostuvo que «una sociedad industrial permite el máximo de libertad individual».[10]

Los pensadores que se aplicaron a describir las virtudes morales del capitalismo comercial pusieron igual énfasis en el principio de igualdad, generado asimismo por el empuje del comercio y la industria. La insistencia en la igualdad apuntaba contra los privilegios de los nobles; generar y defender el principio de igualdad se convirtió en parte del ideario de las nuevas sociedades capitalistas. «El comercio —escribió Montesquieu— es la profesión de gentes iguales»; «el comercio cura los prejuicios destructores». Tocqueville constataba que en Estados Unidos el democrático «principio de igualdad» había modificado las inclinaciones y las nociones de la gente de ese país. Porque en sus orígenes, ese principio se entendía como igualdad de oportunidades y condiciones para la producción y el comercio. Entre los principales privilegios legales de que gozaban los nobles y contra los que luchaban los burgueses enarbolando la bandera de la igualdad, estaban la exención en el pago de los impuestos más importantes, la ocupación de cargos en la magistratura, la pertenencia al Senado y las múltiples prerrogativas de orden jurisdiccional, pues tales diferencias ponían a los burgueses en condiciones de clara desventaja.

Formulada de manera sintética como «igualdad ante la ley», esa noción parecía chocar frontalmente con el principio jerárquico y borrar de forma definitiva las diferencias sociales del Antiguo Régimen que favorecían a la nobleza. Sin embargo, si bien la eliminación de privilegios legales racionaliza y modula las relaciones, el principio como tal deja intacta la dimensión moral de la diferencia. El principio de igualdad ante la ley inequívocamente equipara la noción capitalista de igualdad a la cristiana, con sus mismas limitaciones. Lo que las distingue entre sí es el origen o principio igualador. Donde la noción cristiana ponía a Dios, la democrática pone a la ley. En los dos casos la igualdad se limita al principio que sirve de referencia, es decir, a la fuente de la que nacen los derechos igualitarios de los hombres, sea Dios o la ley. En los dos casos se afirma al mismo tiempo que todos los hombres son desiguales o diferentes, según los atributos naturales y morales de cada uno, las capacidades físicas o intelectuales y el grado de virtud. En este esquema cristiano-capitalista todos somos iguales ante Dios o la ley, pero desiguales ante los otros hombres: somos iguales en nuestros derechos elementales, sean políticos, económicos o sociales, porque estos proceden del ente que los reconoce, llamado Dios o ley, pero desiguales en el mérito, que nace de la naturaleza o las virtudes. Dicho con otras palabras, existe una igualdad legal al mismo tiempo que una diferencia moral. Eso equivale a afirmar que las distinciones o diferencias que pueden observarse no proceden de ningún privilegio legal, sino de la singularidad moral de los individuos. El lugar que cada uno debe ocupar en la sociedad democrático-representativa deriva de esa singularidad o diferencia moral: por sus virtudes o méritos (físicos, intelectuales o morales) algunos ocupan posiciones superiores y están destinados a mandar o gobernar; a otros, por sus características inferiores, les corresponde obedecer. La conexión con la tradición cristiana que inaugura la carta a los corintios de Clemente de Roma queda fuera de duda. Y así, la igualdad preconizada por el capitalismo, basada en la diferencia moral, consagra y naturaliza el principio que clasifica a los hombres en superiores e inferiores.

De este modo, la igualdad no era sino una forma de homogeneizar a la burguesía con la nobleza, los dos grupos que compartían el poder.

LA AUTONOMÍA INDIVIDUAL

El complejo cultural compuesto por el autointerés, la libertad y la igualdad ante la ley, que diferencia moralmente a los hombres entre sí, moldea la existencia del individuo y da forma a una esfera privada que él considera inalienable, cuya naturaleza impide la prevalencia de la voluntad de uno sobre otro. Esa esfera de libertad e igualdad conferida al individuo como espacio moral inalienable es lo que se conoce como «autonomía individual». El profesor J. S. McClelland lo resume así: «Los derechos naturales [...] crean una distancia moral adecuada entre los hombres, el derecho a una cierta autonomía individual. La libertad natural de los hombres es su principal recurso moral».[11]

La existencia de ese espacio autónomo es indispensable en la teoría del capitalismo y sobre todo de la democracia, pues la igualdad y la libertad que lo constituyen son incompatibles con las jerarquías y el control de unos sobre otros, que se consideraban propios del Antiguo Régimen. Según este enfoque, el individualismo es democrático por antijerárquico e independiente, porque por naturaleza un individuo, autónomo como es, no admite subordinación alguna.

Por *autonomía* se entiende, tal como la misma palabra indica y como el filósofo Alain Renaut recuerda, la autonormatividad, autorregulación o autogobierno del individuo, mientras que *individuo autónomo* es aquel capaz de autonormarse, el que actúa según sus propias normas, como si estas tuvieran que servir como ley de todos, según el ideal kantiano.

Lo que la sociología y la historia de la era moderna nos enseña es que el individuo no es autónomo, no elabora normas con sus acciones, sino que usa como puede en su propio provecho la independencia que le ofrece la organización moderna. Lo que se desarrolla es la tendencia competitiva que la prevalencia material, política, social y moral, así como la imposición de unos sobre otros, fomenta socialmente entre individuos. La autonomía del individuo, es decir, el espacio de intersubjetividad capaz de organizar racionalmente el mundo humano gracias a leyes concebidas en común, es una más de las utopías de la modernidad.

Ya Adam Smith, Tocqueville, Mandeville y otros teóricos de la política del capitalismo fueron conscientes de que dejar a la pura voluntad del individuo, al autointerés o cálculo egoísta y a la persecución de ambiciones individuales el fundamento moral de las sociedades entrañaba serios peligros para la subsistencia del espíritu de sociedad, para la necesaria armonía entre intereses privados y públicos. Si cada uno persigue solo su propio interés es más fácil que «los hombres inteligentes y ambiciosos se hagan con el poder», que los hombres se conviertan en esclavos de su bienestar. El pensamiento de la burguesía se ha visto obligado a asignar al «wise and virtuous man» de Adam Smith, al «héroe solitario» de Nietzsche o al «hombre superior» de los antiguos los restos de moralidad que el espíritu intrínsecamente egoísta del capitalismo deja en la conciencia moderna; y a confiar en que, así, el buen gobierno, los propios mecanismos de la democracia y los valores superiores de verdad y justicia, representados por esos hombres superiores, sean capaces de equilibrar los intereses públicos y privados.

Ninguno de estos principios resultaba incompatible con los valores de origen aristocrático. La erección del autointerés y en particular del lucro como principio rector no excluía sino que simplemente situaba como decoroso telón de fondo el conjunto ético doctrinal de la aristocracia. La burguesía comerciante, industrial y prestamista no se opuso a las jerarquías morales ni a la ética del triunfo y del mejor, ni quiso prescindir del lujo, ni de los placeres ni del boato. Al contrario, Voltaire, uno de sus mayores representantes filosóficos, lo dejó bien claro, con la acidez festiva que le caracterizaba, en *Le Mondain*:

> Amo el lujo e incluso la indolencia,
> todos los placeres, las artes de toda especie,
> la limpieza, el gusto, los ornamentos:
> todo hombre honesto tiene estos sentimientos.

Es cierto que hubo opositores antimodernos, intelectuales que reaccionaron frente al esquema que la burguesía imponía en las nuevas sociedades; pero la élite literaria se posicionó críticamente sobre bases señoriales. Es bien sabido que para Baudelaire no hay más gobierno razonable y seguro que el aristocrático; que Flaubert cree que la igualdad es la negación de toda superioridad y de la misma naturaleza, y que Eliot se declaraba monárquico en política, clásico en literatura y católico romano en religión.

TAMBIÉN LA INSTITUCIONALIDAD POLÍTICA DE LA DEMOCRACIA GENERA SU CULTURA

La gobernabilidad fue la primera gran baza ofrecida por la democracia representativa, el sistema que prescindía de la participación directa del pueblo, en el que reside la soberanía. La aplicación de los planteamientos de Locke acerca de la democracia —vigencia de la libertad como derecho natural, igualdad ante la ley, participación universal, gobierno de la mayoría, supremacía de la norma preexistente, separación de poderes y soberanía del pueblo— demostró su capacidad para dotar a las sociedades capitalistas de suficiente estabilidad pública. Sin embargo, desde el comienzo del pensamiento moderno acerca de la democracia, esta reveló beneficios que van más allá de la gobernabilidad.[12] El profesor George Kateb, de la Universidad de Princeton, nos recuerda que fue John Stuart Mill quien destacó el vínculo entre una forma de gobierno y el avance mental de una sociedad, asegurando que todo gobierno es una gran influencia sobre la mente humana. Mill decía: «En todos los estados de mejoramiento humano jamás alcanzados, la naturaleza y el grado de autoridad que se ejerce sobre los individuos, la distribución del poder y las condiciones de mando y obediencia son las más poderosas influencias, a excepción de sus creencias religiosas».[13] Los iluministas franceses, ingleses y escoceses se detuvieron en las transformaciones morales que la democracia o el gobierno republicano era capaz de provocar, la mentalidad que podría suscitar. Según John Stuart Mill, la democracia fortalece la autoayuda y la confianza en uno mismo; vigoriza el carácter a través del fomento de la libertad; estimula la disciplina práctica, gracias a los llamados a la función pública; y desarrolla las facultades y el intelecto medio a través de la existencia de cortes, asambleas, jurados populares y cuerpos de gobierno colectivo de niveles locales, parroquiales y sectoriales. Todo ello forma, según Mill, una «escuela de espíritu público» que enseña deberes sociales y promueve una identificación del ciudadano con lo público y el interés colectivo, y no solo el egoísta interés privado.[14] Así, Mill vinculaba el conjunto de instituciones políticas de la democracia con «el progreso general mental de la comunidad»,[15] aunque advirtió que esa nueva cultura nacería de las instituciones de la democracia solo si estas tienen un «buen gobierno» y se apoyan en valores, principios y conceptos como los que Smith consideraba «virtudes inferiores»: «constancia, honradez, justicia y prudencia, preservación del orden, diligencia mental, iniciativa, valentía».[16]

De la misma manera, Montesquieu creyó que la democracia era el sistema que más alimentaba a la virtud, que él definió como «el amor a las leyes y a la patria», un sentimiento gracias al cual una persona tiene «preferencia continua por el interés público sobre el suyo propio».[17]

Ya en nuestra época, el antes mencionado George Kateb ha defendido la idea de que en el terreno de la individualidad, la sociedad democrática tiene un modo de ser que la distingue, una manera particular de establecer y desarrollar sus relaciones, y de ahí que esté estructurada como una cultura. Kateb dice: «La democracia es una cultura propia [...] que es patrocinada y promovida por la forma democrática de gobierno, o más exactamente por la forma constitucional democrática de gobierno».[18] Según él, la democracia y la igualdad provocan «independencia mental», «libertad intelectual», «uso frecuente de juicio privado», «incredulidad instintiva de lo sobrenatural» y «actitud exigente para dar crédito a las intervenciones divinas».[19] La democracia favorecería así el desarrollo de una personalidad activa, la de quien «se ayuda a sí mismo». Kateb resume las ventajas culturales de la democracia en las siguientes: la primera es la «independencia de espíritu», cuya expresión positiva él llama «autonomía», algo similar a lo que Emerson llamó «confianza en sí mismo», Thoureau «superioridad», Whitman «mí mismo» y John Stuart Mill «individualidad»; la segunda es la continua incitación a la «afirmación del estatus de ciudadano»; y la tercera, y no menos importante, el sentido moral de lo «no determinado», que tiene como consecuencia el cultivo de la tolerancia e incluso el afecto por la «diversidad».[20]

El lenguaje de las democracias entrañaba equívocos que pueden llevar a confusiones y a hacer pensar en contenidos irreales. Si no queremos engañarnos y perder de vista la verdadera motivación y alcance de los valores consagrados por las democracias representativas, conviene leerlos contra un fondo histórico propio. Podemos hacerlo teniendo delante la Declaración de Derechos del Hombre y del Ciudadano de 1789, de Francia. Pese a su proclama de igualdad, esta declaración diferenció entre hombres y ciudadanos. Según se ve en los artículos 6 y 14, no todos los hombres son ciudadanos; no todos son aptos para elegir y ser elegidos. Ciertos derechos son reconocidos por igual a todos los hombres, pero otros no: no todos pueden participar en la elaboración de la ley o «voluntad general», tarea que se reconoce solo a los «ciudadanos». Asimismo, las «dignidades, cargos o empleos públicos» debían ser atribuidos según «capacidades, virtudes y talentos» de cada uno, lo que introduce desigualdades basadas en la condición económica o el mérito. En el siguiente paso, la Asamblea francesa de 1791 recogió la distinción kantiana entre ciudadanos activos y pasivos: las mujeres, los niños, extranjeros, pobres, sirvientes y quienes carecían de propiedades tenían derechos naturales —protección de su vida y su libertad—, pero no derechos políticos; no podían elegir ni ser elegidos. La Constitución de septiembre de 1791, la primera de la era republicana en Francia, pese a su declaración de igualdad, ratificó la diferencia entre ciudadanos activos y pasivos, y dio solo a los primeros, es decir, a los propietarios, la condición de elegibilidad: solo los hombres liberados por sus propiedades e ingresos de las relaciones de dependencia laboral o servidumbre con respecto a otros podían elegir y ser elegidos. Como escribió el abate Sieyès, los ciudadanos activos son «aquellos que contribuyen al bienestar público». Solo ellos son «los verdaderos miembros de la sociedad».[21]

Como se ve, los valores del Antiguo Régimen se incardinan sin conflicto con los de la nueva época; la arquitectura de principios que motiva la actuación histórica de la burguesía se acopla bien con los valores tradicionales: sobre la base de la riqueza, la igualdad no entra en contradicción con el rango y las jerarquías, y el autointerés y la autonomía individual burgueses quedan consagrados junto al honor, la reputación, el orgullo social y la superioridad señorial. «Los debates sobre el estatus de los desposeídos y los pobres—asegura un notable historiador de los derechos humanos— continuaron en Francia y en el resto del mundo occidental durante el siglo XIX y no fueron definitivamente resueltos hasta el siglo XX.»[22]

Veamos, asimismo rápidamente, el caso de Estados Unidos, otra de las democracias avanzadas del siglo XIX. Allí, la Declaración de Independencia del 4 de julio de 1776 contenía esta proclama de los 13 estados que primero conformaron el país: «Nosotros mantenemos [...] que todos los hombres son creados en igualdad, que son dotados por su Creador con ciertos derechos inalienables, entre ellos están la vida, la libertad y la búsqueda de la felicidad».[23] Unos años después, en 1787, la primera Constitución se cuida de no emplear conceptos como «todos los hombres», «igualdad» y «derechos inalienables»; al contrario, expresamente excluye de derechos a los indígenas nativos («Indians not taxed») y a los esclavos.[24] La contradicción entre la Declaración de Independencia y la Constitución es solo aparente. La Constitución es proclamada por «el pueblo» («We the people») y en el artículo 1, sección 2, queda claro que «people» («ourselves») incluye solo a las «free persons». Si tenemos esto en cuenta, notaremos que, cuando la «Declaración de Libertad» utiliza el concepto «hombre» y se refiere a él como titular de «derechos inalienables», entre los que consta el de libertad, no está nombrando a todos los seres humanos, sino solo a los «free men» y a los «citizen» mencionados en el artículo IV, sección 2, con exclusión de mujeres, esclavos e indígenas «not taxed».

En esta secuencia, los conceptos «hombre», «hombre libre», «pueblo» y «ciudadano» guardan un alto grado de sinonimia, una materia semántica en gran medida idéntica: el hombre es el libre, el ciudadano, y como tal integra «el pueblo»: solo pueden ser ciudadano y pueblo los hombres libres. *A contrario sensu*, la mujer, el esclavo y el indígena «not taxed» son no hombres, no libres, no ciudadanos, no pueblo. Por eso la Declaración de Derechos de 1791 no habla de esclavos ni de mujeres ni de indios, y cuando menciona al «pueblo», como en el artículo II, y a «personas», como en el IV y el V, se refiere solo a hombres libres, a ciudadanos, no a indios, negros, esclavos o mujeres.

Como se ve, los conceptos, y las diferencias que entrañan, denuncian una ostensible dependencia del pensamiento grecorromano, de las nociones de humanidad no verdadera y de las diferencias morales imperantes en aquel mundo.

Los casos de Francia y Estados Unidos, países que hicieron las declaraciones de derechos más influyentes de la época, son suficientes. Los ideales de las democracias nacientes son adecuados para sus habitantes siempre y cuando se entienda que esclavos, mujeres, indios y todo el espectro de no propietarios o «inferiores» han sido excluidos de la comunidad y no son sujetos de derecho. En el contexto del pensamiento burgués, la libertad es la de los libres y la igualdad solo la de los económicamente iguales. No la de los esclavos, menesterosos, mujeres, judíos, negros o indígenas, o pobres a secas.

La burguesía y la nobleza, en una larga y tensa negociación que tuvo como escenarios los reinos y ciudades de Europa, acordaron que la libertad y la igualdad iban a equipararlos solo a ellos; que la igualdad estaría vigente entre una minoría, los grandes propietarios de tierras, comerciantes acaudalados, industriales, prestigiosos profesionales y el alto clero. Fuera del pacto quedaron las mayorías, las mujeres, los judíos, los asalariados y siervos, los indígenas de las colonias cuyos valores, principios y estilos de vida chocaban con los ya consagrados en las nuevas sociedades democráticas.

Se definía así no solo una época sino una civilización, que articulaba sus conceptos e ideales —los de la entente católica, señorial y burguesa— y los implantaba en todos los órdenes de la vida. En esta perspectiva cobra pleno sentido la afirmación de David Hume según la cual «gracias al desarrollo económico que trae aparejada la expansión del comercio, las sociedades progresan del estado de "barbarie" al de "civilización"».

No puede decirse que en este complejo proceso de gestación y desarrollo de la cultura de las democracias representativas quedaran también acogidos los valores de las clases inferiores. El prototipo del ser humano de Adam Smith y John Stuart Mill es, por una parte, el comerciante, el profesional, el industrial, el artesano calificado y, por otra, el señor, el filósofo, el soldado y el sacerdote. El «prudent man» y el «wise and virtuous man» son dos especímenes de las clases gobernantes, no de las populares, y constituyen la herencia y el fruto de la división de la sociedad entre hombres ordinarios y hombres superiores, tal y como fue pensada por los aristócratas griegos y romanos, asimilada y proyectada por el cristianismo y consagrada luego en las democracias. La cultura popular, la cotidiana, la ambición de las clases obrera y campesina de Francia e Inglaterra de los siglos XVII, XVIII y XIX, por ejemplo, no encuentran expresión en el sistema ético prevalente en las democracias que esos países están forjando.

Las instituciones de la democracia representativa promueven así una mentalidad que difiere poco de la estructurada por la antigua aristocracia. También para los «Founding Fathers» del capitalismo los superiores basarían su preeminencia en la excelencia, la virtud y el linaje (Locke) y gozarían de toda la protección del Estado para sus derechos, su propiedad, igualdad y libertad. El destino de los inferiores es diferente e incierto: cuando accedan a la ciudadanía, los principios de la democracia representativa les garantizarán una existencia política pasiva, una titularidad de ciertos derechos civiles y políticos, cierto grado de igualdad ante la ley, y a los más obedientes, una «fría» consideración social y, sobre todo, el sometimiento a una rigurosa cadena de principios éticos promulgados por sus superiores morales.

Esa cultura de las democracias occidentales adquiere, a la luz de sus principios y de su experiencia, cierto aire ficcional. Su trama conceptual, tan ambigua y llena de subterfugios, ha tendido a ocultar la verdadera naturaleza de sus principios y se ha revelado incapaz de terminar de sustituir a la del mundo antiguo. Como ha escrito Jürgen Habermas: «Los sistemas "liberales" de "igualdad" en general han encubierto las injusticias flagrantes de la desigualdad social. En los barrios pobres de nuestras ciudades y otras áreas desoladas viven parias y personas residuales para quienes la igualdad de derechos no significa ninguna "igualdad de valor"».[25]

VI
CULTURA ARISTOCRÁTICA AMERICANA

El nuevo y definitivo proceso de expansión europea iniciado en el siglo XV, que al cabo de los siglos dio lugar al actual sistema mundial, propagó los valores de raigambre nobiliaria imperante en Europa en los principales centros humanos que sucumbieron al embate de las potencia europeas, especialmente de España, Portugal, Holanda, Gran Bretaña y Francia. Los colonos trasplantaron esa cultura a los territorios bajo su dominio con todo el peso de su poder militar, político, tecnológico y simbólico; la cultivaron y la hicieron prevalecer durante siglos. Las colonias americanas del norte y del sur fueron, bajo los gobiernos monárquicos británico y español y sus representantes en ultramar, un emporio aristocrático.

CONQUISTA, COLONIZACIÓN Y TRANSMISIÓN DE VALORES ARISTOCRÁTICOS EN AMÉRICA

La historia colonial y republicana de Estados Unidos y América del Sur brinda otra ocasión para demostrar cómo la cultura actual surgió del encuentro entre los valores de la burguesía, por un lado, y de la aristocracia, por otro; del entendimiento de nobles o notables con comerciantes, industriales, prestamistas y profesionales.

La falta de una clase nobiliaria americana no debe interpretarse como indicio de la inexistencia de una verdadera cultura señorial en las colonias del norte y del sur. Como he dicho ya más arriba, la existencia y predominancia de la mentalidad aristocrática no necesita de la presencia física de la clase nobiliaria ni de un determinado estado y ni siquiera una forma de gobierno propicia a la gente *nobili*. La aristocracia gobernó en la República romana e incluso en el Imperio, cuando ya no era propiamente clase gobernante.[1] Los principios y valores, los infinitos avatares y modos de la cultura tienen una vida autónoma con respecto a las condiciones materiales, económicas, políticas o sociales en que han hecho su aparición, una vida en general más prolongada, y así vemos hábitos y tradiciones que hunden sus raíces en épocas ya desaparecidas en todo excepto en aquel elemento inmaterial que las evoca. La colonia americana es precisamente la sociedad creada por los principios aristocráticos europeos en América a lo largo de los siglos de la ocupación. Vigente durante las centurias del poder monárquico directo, no desapareció cuando este fue depuesto por las revoluciones independentistas.

Por supuesto que en las sociedades americanas precoloniales existía una nobleza indígena, como está bien probado en el caso de las civilizaciones azteca e inca. Si me intereso ahora por la clase nobiliaria europea y no por la indígena es por una razón obvia: fue la primera, no la segunda, ni la de ninguna otra parte, la que se extendió y propagó y naturalizó sus principios y privilegios por todo el planeta, y fueron sus principios y no otros los que han deformado e influido a las democracias representativas occidentales. En el Viejo Continente, los valores de los aristócratas impregnaron sus sociedades y sobrevivieron a los más diversos cambios políticos y económicos. En Europa, a finales del siglo XV y comienzos del XVII, periodo en que empieza la colonización en América del Sur y del Norte, el código formado por el honor, la virtud, el orgullo social, la jerarquía y la estratificación, la deferencia y la búsqueda de reputación y fama conformaba la moral del *Ancien Régime* y presidía las relaciones privadas y públicas, y ello era así en especial en Inglaterra, Francia, España y Holanda, de donde procedían los primeros colonizadores de América del Sur y del Norte. Las monarquías inglesa y española se sustentaban en una estructura social similar, con la nobleza en un extremo, los plebeyos en otro y una amplia capa de esclavos en el fondo, con una franja intermedia de profesionales y comerciantes cada vez más poderosos. Europa era un conglomerado de sociedades jerárquicas en que predominaban las nociones de diferencia moral y humanidad no verdadera o condicional; la riqueza, la etnia, el linaje y el estatus político y social eran decisivos elementos en la clasificación de los hombres y los rangos sociales. A finales del siglo XV y principios del XVI la esclavitud estaba lejos de haber desaparecido en Europa; a finales del siglo XVIII, la tentativa de la Revolución francesa fue fallida, y recién en 1813 Dinamarca se convirtió en el primer país que decretó su abolición.

Aunque la colonización de América del Norte la llevaron a cabo meros «particulares» (Jefferson) y no el Estado, como la de América del Sur, las sociedades gobernadas por las dos monarquías (británica y española) en las dos Américas no fueron sustancialmente distintas en su organización social e inmaterial, exceptuando el elemento religioso (en América del Sur la Iglesia católica formaba parte del poder y ocupaba un prominente lugar social, económico y político, mientras que en el norte la religión y las diferentes iglesias constituyeron solo un elemento más de la colonización, por importantes que fueran a nivel individual). El régimen colonial europeo en América del Norte y del Sur inyectó los genes de la cultura señorial en la vida del llamado Nuevo Mundo, donde la aristocracia *titulada*, la más antigua y, a veces, vinculada de forma orgánica con las metrópolis, fue escasa, y no tuvo una función relevante en la vida económica, si bien su espíritu, sus valores, su estilo de vida y la tradición de que formaba parte tutelaron toda la sociedad, excepto los grupos más marginales. En cierto momento de la vida colonial, y en especial hacia los siglos XVIII y XIX, los grupos, las clases y las familias acaudaladas —no nobiliarias, pero detentadoras de los gobiernos locales— pugnaron por adquirir lustre nobiliario, oficial u oficiosamente. El llamado «refinamiento de América» tuvo lugar bajo las pautas adquiridas en la relación con los centros metropolitanos de España, Italia, Francia e Inglaterra, y bajo su dominio simbólico. En la arquitectura, decoración, costumbres, religión, vestuario y, sobre todo, en las relaciones interpersonales e intergrupales se impusieron principios orientados a establecer distinciones claras entre gente noble, distinguida, notable o «de bien» y el resto de la población: un muro insalvable separaba a superiores e inferiores mientras una gama riquísima diferenciaba con los mismos criterios a unos y otros dentro de cada uno de los grupos de la sociedad. En América el proceso de constitución de una élite fue imitativo de la nobleza europea, y lo fue de modo más riguroso en el terreno intangible, el de los principios y valores. Por ejemplo, si, pese a sus intenciones, la mansión en Mount Vernon de George Washington —tal vez el hombre más rico de Estados Unidos en su época— no podía compararse en lujo y sofisticación con el palacio de un miembro de la alta nobleza europea, no por esto el primer presidente de Estados Unidos dejó de ser un hombre de indeclinable *grandeur* y *majesté* que hacía vestir a sus esclavos afrodescendientes con la librea que los nobles de Europa asignaban a los suyos, y quizá por ello y con razón fue acusado por sus rivales de comportarse en el gobierno «como un rey».

El proceso de dominación simbólica se edificó sobre el de dominación económica, social y política. En ambos fue esencial la apelación al principio del linaje, a la «casta divina». Las redes familiares fueron un factor clave tanto en la América del Norte como en la del Sur. Era un mecanismo que ya había representado papeles importantes en las metrópolis. En Inglaterra, por ejemplo, se ha señalado el lugar determinante que ocupaba el vínculo de las familias y las finanzas entre los siglos XVI y XVIII.[2] En Estados Unidos «la sociedad que surgió de la independencia estaba compuesta por una combinación de familias», dice un historiador. En América del Sur ocurrió un fenómeno semejante: desde el norte de México hasta el sur de Chile, desde mediados del siglo XVII hasta finales del XIX, una «red de familias notables» concentraron el poder político y las mayores fortunas, como demostraron Balmori, Voss y Wortman.[3] Estos investigadores han subrayado la semejanza de los dos procesos en el norte y el sur de América. Refiriéndose a Estados Unidos, señalan: «Hasta el examen más superficial de familias de la época colonial y de los principios de la vida independiente, particularmente en Boston, revela estrategias familiares y alianzas análogas a las de América Latina».[4]

Las familias de notables no fueron siempre una aristocracia favorecida por privilegios oficiales, pero obtuvieron y mantuvieron el poder, la riqueza, el prestigio, los valores y el estatus reconocidos a la aristocracia.[5] Las nociones de rango y jerarquía se impusieron no solo entre un estamento y otro o una clase y otra sino que atravesaron toda la vida colonial de las dos Américas. Y no únicamente porque la élite impuso barreras a los grupos subordinados sino también porque la ideología del rango y la jerarquía —sostenida en el poder económico, político y simbólico por la Corona, los notables y la Iglesia— se desarrolló y se expandió incluso entre aquellos: los esclavos negros del norte que trabajaban a las órdenes de las familias más prominentes reclamaban a los demás esclavos el reconocimiento de su superioridad exigiéndoles signos de deferencia y subordinación; y en América del Sur la nobleza indígena, que la Corona española cooptó, tuvo cuidado de observar las pautas de la aristocracia local, y así los caciques y curacas solo se casaban con personajes de su mismo rango para diferenciarse de los indígenas comunes.

Las sociedades coloniales americanas siguieron un sistema donde los grupos de poder disfrutaban de sustanciales privilegios y los subordinados sufrían gravosas servidumbres, que incluían la esclavitud. El origen europeo, la riqueza y el estatus bastaban para colocar a una persona en la cúspide de la pirámide; y la condición indígena, africana o mestiza situaba a todos los demás en la base de la estructura social.

Como ocurrió en la antigüedad y el medievo europeo, también en América del Norte y del Sur esa estructura fue vista con naturalidad y aprobación por la Iglesia, tanto por la católica del sur como por las protestantes del norte, como ha quedado registrado en abundantes testimonios. En general, de las dos Américas puede afirmarse lo que Gordon S. Wood dice de Estados Unidos: «De hecho, todas las ciudades coloniales fueron un caldo de cultivo de aristócratas»;[6] y de las dos Américas puede afirmarse también lo que Burkholder y Johnson dicen de la del Sur: «Los colonos más ricos y poderosos de Hispanoamérica y Brasil imitaron la cultura de la nobleza ibérica, exigiendo deferencia de los inferiores».[7]

He elegido la era de la independencia y fundación de Estados Unidos y la constitución colonial de Hispanoamérica para ilustrar mi hipótesis acerca de la aristocratización del Nuevo Continente. Son dos momentos diferentes de un proceso que guarda similitudes de fondo, por mucho que la ultramodernización de Estados Unidos proyecte la imagen de un país que dejó atrás hace mucho su pasado colonial.

LOS «FOUNDING FATHERS» Y LA CULTURA ARISTOCRÁTICA EN ESTADOS UNIDOS

Está ya bien establecido por la historiografía que, en el siglo XVIII, en la América británica se produjo un marcado ascenso de la ideología aristocrática, si bien un agudo observador social como el novelista Henry James advirtió en el siglo XIX que nada sería menos válido que aplicar en Estados Unidos ese término, aristocracia, «demasiado literalmente».[8] El historiador Richard Bushman, de la Universidad de Columbia, ha demostrado que la cultura del *gentility* fue la de la élite gobernante de las colonias de América del Norte y que la industriosa oligarquía americana, aunque dedicada al comercio, la agricultura y la familia, abrazó lealmente los valores de origen nobiliario. Bushman encuentra pruebas de ello en la arquitectura, la decoración y la amplia circulación de ediciones americanas de los libros de cortesía y comportamiento social, más propios de sociedades cortesanas que de democracias. «A juzgar por sus casas y muebles —dice Bushman—, la alta burguesía americana, pese a las largas horas que pasaba en las tinas de curtiembre, los sembraderos de maíz o el despacho de libros de contabilidad, se esmeraba en reclamar para sí un lugar en el mundo cortesano.»

«La superestructura, tal como fue construida, exhibió palpables desigualdades», asegura, en su clásica obra *The Challenge. The Age of the Democratic Revolution,* R. P. Palmer, quien ilustra su aserto recordando cómo la composición de los gobiernos locales coloniales era cosa de pocas familias adineradas que monopolizaban los cargos transmitidos por vía hereditaria, en algunos casos durante tres o cuatro generaciones. En Maryland, en 1753, 8 de los 11 miembros del gobierno tenían padres o abuelos que habían pertenecido al consejo antes que ellos; en Nueva York, entre 1750 y 1776, 25 de 28 llevaban apellidos de los grandes terratenientes del valle del Hudson. Incluso la secta de los cuáqueros de Pensilvania, tradicionalmente ajena al espíritu jerárquico, aprobó en su reunión anual de 1722 una exhortación hacia el respeto por «rango y dignidades», invocando honor y obediencia «de parte de súbditos hacia sus príncipes, inferiores hacia superiores, hijos a padres, sirvientes a sus amos... De forma creciente se desarrolló una aristocracia americana nativa».[9] Como había ocurrido en la Edad Media europea, en ese proceso de jerarquización, refinamiento y fortalecimiento general de la ideología aristocrática en Estados Unidos, el cristianismo representó un importante papel: «Finalmente —dice un historiador del fenómeno de la aristocratización de Estados Unidos en el siglo XIX— el refinamiento se convirtió en parte de la religión, virtualmente una expresión de principios morales sagrados [...]. Hasta las maneras agradables de una persona cordial venían del amor a Dios [...], la misma conversión religiosa podía ser representada como parte del refinamiento [...], el amor a la belleza venía de Dios [...], todas las virtudes refinadas tenían sus raíces en principios cristianos y [eran] mejoradas por la obediencia a las leyes de Dios».[10] En el marco ideológico colonial, incluso los castigos a los comportamientos impropios de la clase señorial venían avalados por el cristianismo: «Si un cristiano incurre en un acto de fornicación con un hombre o una mujer de raza negra, el hombre o la mujer que así han ofendido deberán pagar el doble de las multas previstas para el acto mencionado», dictaba una norma aprobada por la Asamblea de Virginia.[11]

El auge de la genealogía antes y después de la independencia, y aún hoy, habla del interés por descubrir elementos identitarios que puedan o bien incrementar el estatus social y la reputación a través del reconocimiento de ancestros, hechos o relaciones distinguidas, o bien favorecer una conciencia familiar acorde con valores aceptados, a través de la antigüedad o pureza racial de un apellido o familia. Hacia 1865, casi noventa años después de la independencia, «el número de registros familiares o monografías genealógicas» fue «mucho más grande en América que en la aristocrática Inglaterra. Massachusetts [fue] más genealógica que Yorkshire. Miles de americanos estuvieron explorando su linaje».[12]

La deferencia y diferencia modelaban los ambientes. Escudos de armas, retratos, la heráldica en las lápidas mortuorias, los funerales, los sellos y la plata, los decorados grabados en plata que las familias ricas de Nueva Inglaterra y Virginia perseguían con afán de rango y estatus, hablan de ese «aristocrático refinamiento» que, según se ha señalado, es predominante en las clases altas de las colonias de América del Norte en las décadas anteriores a la independencia.[13] La aristocracia colonial de la América británica tuvo una naturaleza peculiar, en primer lugar porque, asentada en Virginia y Nueva Inglaterra, carecía de mayor raigambre y pedigrí, basaba su escasa riqueza en la propiedad de la tierra y de esclavos y no tuvo más remedio que abocarse al comercio interior y exterior, actividad a la que se resistía la nobleza europea; y, en segundo lugar, porque ese fundamento económico predispuso a la aristocracia hacia una actitud favorable a la república cuando comprobó que ni el modelo imperial ni el monárquico podían garantizarle la preservación y satisfacción de sus intereses. En 1776 los líderes de la independencia de Estados Unidos estaban lejos de buscar una república. Un momento u otro todos ellos se declararon fieles al rey y dispuestos a continuar la vida colonial como parte del Imperio británico. La independencia tomó cuerpo por razones económicas, por la falta de representación de las colonias en el Parlamento británico al establecer los impuestos y por las restricciones que el Parlamento trató de imponer a la libertad de comercio de su colonia americana. Se sabe bien que la república no era la única opción en la mente de los revolucionarios: la tentación de la monarquía apareció en grupos muy influyentes, como el de Alexander Hamilton, que después sería secretario del Tesoro del primer gobierno y que propuso en la Asamblea Constituyente un presidente vitalicio con características y atribuciones inspiradas en el modelo inglés, es decir, en la monarquía. Incluso un hombre de la Ilustración como Thomas Jefferson, el redactor del borrador de la Declaración de Independencia, expuso con claridad su falta de determinación para separarse del Imperio británico. Lo hizo de un modo particularmente duro en su famoso libelo *A View of the Rights of British America*, destinado en su concepción al rey británico, pero que no fue aprobado en el Primer Congreso Continental (donde se empezó a gestar la revolución independentista), en el que fue leído. En ese documento Jefferson declaraba que el reclamo de la colonia frente a la Corona británica se refería a la libertad de su comercio y sus regulaciones: «No es nuestro deseo ni nuestro interés separarnos de ella [Gran Bretaña]»; mientras pedía al rey que se impusiera a los parlamentarios: «No les deje pensar en impedirnos ir a otros mercados para ofrecer productos que ellos no pueden consumir, o para abastecernos de bienes que ellos no pueden proveer. Menos aún les acepte la propuesta de cobrar impuestos por nuestras propiedades dentro de nuestros territorios o que estas sean controladas por otro poder en la tierra que no sea el nuestro».[14]

No es escasa la bibliografía sobre la influencia de los valores personales aristocráticos en los *Founding Fathers* de Estados Unidos. Douglass Adair, en *Fame and the Founding Fathers*, y Peter McNamara (ed.), en *The noblest minds. Fame, Honor, and the American founding*, han demostrado de modo convincente el notable grado en que la generación de los *Founding Fathers* estuvo provista de nociones dominantes como «fama», «honor», «virtud», «heroísmo», «gloria», que repercutieron en sus acciones y perspectivas, y cómo a su vez estas influyeron en la proyección que iba a tener la democracia de Estados Unidos.

Por nacimiento o por formación e inclinación Peter Jay, John Adams, James Madison y Alexander Hamilton, pero también George Washington, Thomas Jefferson y Benjamin Franklin, eran de ideología aristócrata. De una forma u otra todos hicieron explícita su inclinación por principios de esa naturaleza. La mayoría de ellos profesó una sincera devoción por la república como forma de Estado pero ninguno abogó por la democracia; y todos rechazaron la idea de igualdad. Como ha destacado Michael Arnheim, la palabra *democracia* no aparece en la primera Constitución de Estados Unidos ni en ningún otro documento importante de la época.[15] En verdad, ninguno de los *Founding Fathers* tuvo una cultura democrática, basada en principios igualitarios y de libertad para todos. En el Congreso Constituyente, por ejemplo, ninguno discrepó de la opinión de que los negros esclavos eran cosas, no personas: *things*, no *people*.

Tal vez ninguno de los *Founding Fathers* fue tan abiertamente aristocrático en su visión del nuevo país como Alexander Hamilton, líder del partido federalista y secretario del Tesoro en el gobierno de George Washington. Hamilton descreía de la democracia, cuyo espíritu consideraba empapado de la «violencia y turbulencia» propias de «las masas». Por la presencia de las masas, democracia para él equivalía a desorden. Aunque no debe olvidarse la enemistad y rivalidad política entre Jefferson y Hamilton, no deja de tener sentido la atribución que el primero hizo del segundo en su correspondencia privada, donde llegó a escribir que el secretario del Tesoro de Washington construía «una corriente de principios contrarios a la libertad, calculados para debilitar y destruir la república». Según Jefferson, que contendió elegantemente con Hamilton, este lideraba «un partido anglicano monárquico y aristocrático [...] cuyo objetivo confesado es traer aquí la sustancia, como han traído ya las formas, del gobierno británico».[16] Las propuestas de Hamilton incluían una presidencia ejecutiva vitalicia similar a la de los reyes, así como los senadores vitalicios vigentes en Inglaterra, basándose en consideraciones según las cuales «en cada gobierno puede haber unos pocos espíritus escogidos, capaces de actuar por motivos más nobles». El carácter clasista de esa consideración queda bien claro cuando Hamilton afirma que hay más virtud entre los ricos que entre los pobres, entre los «instruidos que entre los ignorantes»: «Sus vicios [los de los ricos] son probablemente más favorables a la prosperidad del Estado que los de los indigentes; y participan menos en la depravación moral». Según Hamilton, en las sociedades debe distinguirse a esos «pocos espíritus elegidos» o esas «mentes más nobles», como los llamó también, que se cultivan entre los ricos, para encomendarles la dirección de las sociedades. Estos, a su vez, se tendrán por recompensados por el reconocimiento público. Para Hamilton, la verdadera meta de un hombre de Estado es y debe ser el merecimiento de la fama, que él define de un modo que se ha hecho célebre: «pasión dominante de las mentes más nobles».[17]

Esta inclinación fue también acusada en John Adams, quien fuera vicepresidente y presidente de Estados Unidos (1797-1801). Al respecto, Adams es recordado sobre todo por su iniciativa para que se establecieran, en beneficio de los hombres públicos, títulos de rango similar a los nobiliarios como marcas de distinción. Adams escribió sobre la aristocracia convencido de que esta tenía una función importante que cumplir en la democracia. Según él, la igualdad entre los hombres solo podía tener sentido en el terreno de los derechos, pero la existencia de desigualdades naturales hacía legítima e inevitable la existencia de una aristocracia. Basada en desigualdades naturales de orden físico, intelectual y moral, la aristocracia sería también natural: «En otras palabras, algunos tienen mayor capacidad y posibilidades de adquirir el amor, estima y respeto de su prójimo, más riqueza, fama, consideración, honor y poder en la sociedad que otros hombres». A Thomas Paine, otro de los líderes de la independencia, le reprochó ser «tan democrático, sin ninguna limitación, o siquiera un intento de equilibrio o contrapeso, que debe producir confusión y ser nefasto en todo trabajo».[18]

Tan importantes como las capacidades naturales resultan, según Adams, la riqueza y el linaje. La existencia de esos seres «naturalmente» superiores y de una clase de ricos y virtuosos justificó la propuesta de Adams para la constitución de un Senado conformado por «los más ilustres» de entre los hombres «ricos» y «bien nacidos», quienes, en sus funciones, debían estar «separados de las masas» para prestar sus más valiosas contribuciones a la república. Sin embargo, al final de su vida Adams llegó a convencerse de que en Estados Unidos iba a prevalecer solo una verdadera aristocracia: «la [aristocracia] de la riqueza, sin más control que el de una democracia promiscua, es nuestro destino».[19]

Incluso en dos de los líderes situados en la línea más liberal, fundadores de lo que hoy se conoce como Partido Demócrata en Estados Unidos, como James Madison y Thomas

Jefferson, pueden hallarse principios similares. James Madison, considerado el padre de la Constitución y de la Declaración de Derechos, cuarto presidente de Estados Unidos, en el célebre *Federalist Papers* número 10, del 23 de noviembre de 1787, diferenció entre democracia o «gobierno popular» y «la Unión» o la «república», que hoy llamamos «democracia representativa»; en el mencionado documento escribió que, a diferencia de la democracia, la república permite

> refinar y extender las ideas del público, haciéndolas pasar por la consideración de un grupo escogido de ciudadanos, cuya sabiduría puede discernir mejor el verdadero interés de nuestro país [...]. Puede muy bien suceder que la voz pública, pronunciada por los representantes del pueblo, sea más consonante para el bien público que si fuera pronunciada por el mismo pueblo [...]. Hombres de temperamentos disidentes, de prejuicios locales, o con intenciones siniestras pueden, mediante intrigas, corrupción u otros medios, obtener primero los votos y luego traicionar los intereses del pueblo.

Madison no ahorró denuestos para la democracia, que, según él, había sido:

> Espectáculos de turbulencias y disputas [...]. Políticos imbuidos por la teoría que han apoyado este tipo de gobierno han creído, erróneamente, que al reducir la humanidad a una igualdad perfecta en sus derechos políticos, esta sería, al mismo tiempo, perfectamente igualada y asimilada en sus posesiones, sus opiniones y sus pasiones.

Por otra parte, Madison, como su coideario Jefferson y como el mismo Lincoln, estuvo a favor de la deportación de los exesclavos, los negros liberados, una vez que la esclavitud se reveló inconveniente a los ojos de ciertos grupos de poder del Norte capitalista.

Thomas Jefferson fue primer secretario de Estado en las dos administraciones de George Washington, vicepresidente en el gobierno de John Adams y tercer presidente de Estados

Unidos. Admirador de la Revolución francesa, de cuya irrupción fue testigo en París, se mostró siempre contrario al régimen monárquico, a la aristocracia y la nobleza, proclamando, al contrario, las virtudes de la «república». Sin embargo, esas inclinaciones generales dicen poco sobre cierta dimensión de su ideología sobre la que se prefiere pasar rápidamente. Un primer acercamiento nos lleva a recordar el interés de Jefferson por los rangos de la aristocracia británica, las baronías y las leyes del honor, evidenciadas en su biblioteca personal; enseguida hay que tener presente que Jefferson encargó una investigación en Inglaterra sobre el posible escudo de armas de su familia, que, en caso de no existir, no descartaba comprar.[20] Sobre todo, hay que examinar sus ideas sobre la esclavitud, el problema racial y la educación para captar la dimensión clasista y antidemocrática de su pensamiento. Los dos primeros temas son hoy abundantemente tratados en Estados Unidos, mientras el tercero, que ha recibido menos atención, muestra de modo nítido su faceta aristocrática. En su *Autobiografía*, Jefferson no vio incompatibilidad entre la república y la aristocracia. Contrapuso una aristocracia «fundada en la riqueza y en el nacimiento», que sería repudiable, «de más daño y peligro que beneficio», a otra de «la virtud y el talento», que él, como su coideario John Adams y los antecesores grecorromanos, creía fundada en la misma naturaleza. A esa élite —creía Jefferson— «la naturaleza sabiamente ha preparado para la dirección de los intereses de la sociedad»; en una de sus cartas la llama «el más valioso regalo de la naturaleza»: una clase no solo deseable sino además «esencial» para la república. La identidad y unidad del pensamiento de Jefferson con el pensamiento de la tradición nobiliaria más antigua resulta evidente. La aristocracia de la *areté*, más que la de la riqueza; la del «mérito y la virtud», y no la de las familias, ha sido siempre una reivindicación de las clases nobiliarias más puras.

En la misma carta a que acabamos de aludir, dirigida a su amigo John Adams, Jefferson resumió otra de las ideas emblemáticas de su política, tendente al triunfo de los *aristoi*, de la verdadera aristocracia. Jefferson había ideado un sistema educativo integral que llegó a proponer sin éxito; tal sistema debía tener tres niveles: el primero sería gratuito y beneficiaría a todos, ricos y pobres, y su meta sería enseñar a leer, escribir y las aritméticas comunes; de este primer nivel serían seleccionados los mejores, a quienes se les ofrecería, «at the public expense», el segundo nivel de educación en su propio distrito; finalmente, de las escuelas del distrito se seleccionaría «un cierto número de los más destacados sujetos para completar la universidad».[21] El destino de los «sujetos» menos destacados importaba menos.

Lo que buscaba Jefferson con la selección de los *aristoi* no eran metas individuales sino la buena marcha de las sociedades, una adecuada administración de los condados, confiando en los mejores el cuidado no solo de los asuntos característicos de todo gobierno sino también de los «pobres»: «Mi propuesta tenía, como objeto más profundo, conferir a estos lugares aquella porción de autogobierno para la que estaban cualificados, confiándoles el cuidado de sus pobres, sus caminos, votaciones, elecciones, la nominación de jurados, la administración de justicia en casos pequeños».[22]

Hay que aclarar que de este programa educativo no podían beneficiarse los negros, fueran libres o esclavos. Jefferson pensaba que era inevitable que los esclavos negros alcanzaran su libertad, pero no por ello admitía que pudieran formar parte de la nueva sociedad que se estaba formando. Una vez convenido que es inevitable la manumisión de los esclavos, Jefferson se declara a favor de la deportación de los exesclavos cuando llegue el momento de su libertad. Está convencido de que las dos razas, libres, «no pueden vivir bajo un mismo gobierno» a causa de las diferencias de «naturaleza, hábitos, opiniones». Para Jefferson, el lugar laboral de los negros emancipados debía ser ocupado por «trabajadores blancos libres».[23]

Cuando fue elegido jefe del ejército revolucionario, George Washington era uno de los hombres más ricos de las colonias británicas en América,[24] un gran señor, uno de los líderes de la oligarquía de Virginia. En el momento de su muerte, entre sus propiedades se contaban más de veinticinco mil hectáreas de tierras en diferentes estados del país, varios miles de dólares en bonos y centenares de esclavos.

La contextura aristocrática de Washington provino de su educación, más que de su tradición familiar, aunque su familia procedía de propietarios de tierras británicos y dos de sus hermanos habían sido nombrados *gentleman* en Inglaterra. Se educó en medio de la opulenta aristocracia de Virginia y fue un protegido del acaudalado lord Fairfax, a cuya familia su hermano Lawrence había pasado a pertenecer por matrimonio. En el ambiente acaudalado de los Byrds y los Randolph, Washington aprendió con esmero los hábitos y la disciplina nobiliaria según los tratados europeos. De ello ha quedado un famoso testimonio en forma de opúsculo con instrucciones para el comportamiento cotidiano que Washington copió de su puño y letra en 1747, cuando tenía quince años.[25]

Washington no escribió libros: era un hacendado y un militar, una personalidad eminentemente práctica. Es improbable que puedan encontrarse razonamientos políticos abstractos en su correspondencia y en sus papeles. Casi no participó en los debates de la Declaración de Independencia ni en la Asamblea Constituyente del país, de la que fue presidente. No es en las ideas puras de este hombre donde vamos a descubrir sus valores. Precisamos dirigir la vista hacia sus acciones, que encarnan esas ideas. Allí los historiadores coinciden en señalar que Washington se distinguió por su «dignidad y grandeza» y por su «garbo majestuoso», que fue «un apasionado de la distinción», que «ambicionaba los honores públicos» y exhibía una «tremenda sed de gloria y a veces una dolorosa sensibilidad por su reputación».[26] Washington, que admiraba al rey Luis XVI de Francia y hasta antes de la revolución se mostró deferente hacia Jorge II de Inglaterra, fue descrito como «ataviado en terciopelo negro, su cabello tocado con peluca empolvada y recogida en una bolsa de seda, guantes amarillos en sus manos, sosteniendo un sombrero tricornio con una escarapela distintiva de su rango, el borde adornado con una pluma negra de una pulgada de ancho».[27] A tal punto era evidente su talante que la oposición antifederalista llegó a acusarle de comportarse como un rey.

Más importante es observar la relación de Washington con los nativos americanos cuando fue comandante en jefe del ejército de la revolución; con sus subordinados en sus haciendas y plantaciones, en su condición de propietario de tierras y empresario agrícola, principalmente con los esclavos negros; y con sus iguales, con los prohombres de la revolución y la fundación el país, en la constitución y gestión de su gobierno.

El reclamo de superioridad implícita en la búsqueda de honor y fama no es suficiente para entender la actitud de Washington hacia los nativos americanos; ni siquiera basta con acudir a conceptos como «racismo». Para examinar esta cuestión estamos obligados a recordar principios originarios de la civilización grecorromana y su idea de lo humano, según veremos enseguida. En su condición de comandante supremo del ejército revolucionario, Washington fue corresponsable de la masiva exterminación de los indígenas llevada a cabo por los patriotas de lo que iba a ser el nuevo país. Ello fue especialmente visible en lo que a finales del siglo XVIII era considerado el «Oeste», o sea, la región de Ohio. Los pueblos iroqueses, cherokees, lenapes, shawness, miamis, ottawas, potowatomis y moravians comprobaron la devastación de que eran capaces los colonos americanos y sus ejércitos. Washington, como comandante en jefe, ordenó «aislar sus asentamientos, destruir las cosechas del siguiente año, y ocasionarles todos los daños que el tiempo y las circunstancias permitan».[28]

En una de sus cartas, Washington consideraba que los mayores enemigos de la revolución no eran los británicos sino las naciones indígenas, para las cuales ordenó «la total destrucción y devastación de sus asentamientos». «Washington —asegura la profesora Barbara Alice Mann, de la Universidad de Toledo (Ohio)— preparó los planes para la destrucción de la confederación de indígenas iroqueses más cuidadosamente que ninguna otra campaña en su vida.»[29]

Lo que estaba en cuestión en la guerra de Washington contra los nativos era, por una parte, la tierra, en la que él tenía un interés personal, y, por otra, una idea de humanidad. Sobre lo primero, Barbara Alice Mann sostiene:

> El interés directo de la familia Washington [participantes en la Ohio Company, constituida para explotar tierras de Ohio, que recibió una donación de medio millón de acres del rey de Inglaterra] en la adquisición y especulación de tierras en Ohio fue un factor principal en sus tácticas occidentales [...], ignoradas por mucho tiempo porque ayudaban poco a magnificar a Washington como un líder altruista. Su constante interés en el «Oeste» guiaba sus acciones militares, especialmente [las] de 1779-1782.[30]

Sobre lo segundo, recordemos que Washington, siguiendo una larga tradición del pensamiento occidental, originada en Grecia y continuada por la Iglesia católica, consideró a los nativos como gente que «no tiene de humano más que la forma».[31] De los asalariados dice que eran «una plaga necesaria», y sobre los esclavos basta con recordar su condición de propietario de hombres en una dimensión impresionante: Brissot de Warville, un viajero francés de la época, ferviente republicano que formó parte de la Asamblea Nacional Francesa en plena revolución y murió guillotinado en 1793, visitó a Washington en 1788 en su retiro de Mount Vernon. Pasó tres días en la hacienda de Washington y, describiendo el lugar en que vivía el prócer, mencionó como parte de la plantación a «trescientos negros, distribuidos en diferentes cabañas, en diferentes partes de la plantación».[32] La investigación posterior ha confirmado las impresiones de Brissot.

Tendremos una idea de lo que significa eso si pensamos que por entonces pocas plantaciones podían tener 30 o 40 esclavos y que Plinio el Joven, poseedor de una de las mayores fortunas del Imperio romano a finales del siglo I, tuvo 400 esclavos.

Acerca del gobierno de Washington lo primero que hay que mencionar es su conformación. Su propósito fue «crear una aristocracia administrativa y nacional». Para ello «tuvo infinito cuidado en el nombramiento de oficiales, de manera que sean seleccionados de entre las mejores familias».[33] Adams, Jefferson y Jay, que sostenían el mismo género de ideas, fueron designados altísimos funcionarios de su gobierno. Alexander Hamilton, que propugnó principios similares, fue nombrado secretario del Tesoro y fue el principal colaborador de su gobierno.

La peculiar aristocracia de la América británica, que dominaba el orden de lo económico y lo social, se entronizó en el gobierno de las colonias y, llegado el momento, representó un papel importante en el estallido y triunfo de la revolución independentista. La clase dirigente de Virginia, centro neurálgico del poder aristocrático, fue de las más activas en ese proceso. «Sin el ascenso de esa aristocracia colonial —dice Palmer— no habría triunfado ningún movimiento contra Inglaterra.»[34] Su conducción de los asuntos públicos fue altamente consciente. Su pensamiento, de una coherencia admirable, estuvo influido por los cánones conceptuales republicanos (en la mayoría de los casos, aunque en otros fueran monárquicos) de la Antigüedad grecorromana. La influencia del pensamiento clásico (el de los *aristoi* griegos y el de los patricios romanos) en los *Founding Fathers* ha sido materia de una investigación muy amplia, que casi da forma a un subgénero de la historia cultural de Estados Unidos. Roma y su historia fueron temas centrales de las discusiones intelectuales de la época. La república, no la democracia, fue el modelo y la meta,[35] como lo fue también para los revolucionarios europeos. El principal argumento de los líderes de las colonias británicas en América puede ser resumido más o menos así: la república y su gobierno requieren de la virtud de sus ciudadanos y de sus gobernantes; esta implica la negación del autointerés, por amor del bien público. La existencia y supervivencia de la república requiere de libertad, independencia y autonomía en el ciudadano, quien para concebirla y ejercerla tiene que ser capaz de vencer las tentaciones del interés propio y del interés de otros, cuyo poder puede llegar a condicionar su voluntad, vencer su virtud y así afectar negativamente a la república. La república requiere (1) de ciudadanos entre cuyas virtudes esté contar con una fortuna suficiente para resistir cualquier tentación procedente del autointerés o del interés de otro, lo cual excluía del gobierno a los no propietarios de tierras; (2) de ciudadanos cuyas rentas sean seguras y no dependan de la suerte variable del negocio, lo cual excluye a los comerciantes y a todo aquel que tenga interés directo en el mercado de bienes; (3) de ciudadanos cuya actividad principal no sean las llamadas «ocupaciones» ni, en general, ninguna que impida a sus practicantes suficiente ocio y libertad para ocuparse del bien público, lo cual excluía a practicantes de toda clase de oficios, artesanos, mecánicos o de otro tipo, e incluso ciertas profesiones;[36] (4) de ciudadanos cuya voluntad no esté sometida a ningún superior, lo que excluía a siervos, esclavos y mujeres; y (5) de personas cuya educación clásica o liberal pudiera darle la respetabilidad, el refinamiento y el desinterés necesario para elevarse sobre las ambiciones y los negocios, lo que excluía a las clases iletradas.

Ninguna persona que careciera de las condiciones enumeradas calificaba como ciudadano ni, por tanto, como gobernante. Únicamente los propietarios, que dependían «de su suelo e industria» y no de los «accidentes o caprichos de sus clientes», solo (lo que es lo mismo) los «mejores» estaban llamados a dirigir la nueva república. Era el mismo razonamiento de los *aristoi* de Grecia y los patricios de Roma.

Por eso la Declaración de Independencia, la primera Constitución y la Declaración de Derechos equipararon las nociones de hombre, persona, ciudadano y pueblo con la de propietario. Sin definir ninguno de esos conceptos, esos documentos fundacionales de Estados Unidos no derogaron la normativa anterior, aprobada por las asambleas coloniales, que autorizaba las inhumanas condiciones de los esclavos y los siervos y escamoteaba el reconocimiento o ejercicio de derechos a la mayoría de la población. La consecuencia fue que, como en la *polis* griega y la *civitas* romana, también en Estados Unidos únicamente una minoría fue considerada miembro de la sociedad civil y de la vida política, solo unos pocos alcanzaron la condición de ciudadano y resultaron así amparados por el Estado que fue concebido para proteger los derechos de los individuos. Por eso fue una minoría surgida del 15 por ciento de la población masculina blanca la que eligió a los representantes que aprobaron la primera Constitución.

La idea del gobierno de «los mejores» o aristocracia se instauró así desde el comienzo en Estados Unidos. No de manera casual sino deliberada: la aristocracia, no la democracia, repito, estuvo en la mente de los *Founding Fathers* desde el principio como gobierno ideal para la república. Y como pasa a menudo con las revoluciones, la independentista de las colonias británicas de América se limitó al ámbito del gobierno y a las políticas de comercio. La independencia y la política del nuevo gobierno no cambiaron en nada la estructura social del nuevo país. Aparte del desalojo de los británicos, tampoco la estructura del poder se alteró: siguió en manos de los grandes comerciantes y terratenientes. Las relaciones sociales siguieron igual: la aristocracia y la oligarquía comercial por una parte y los trabajadores blancos y los sirvientes por otra. Los esclavos negros y los nativos americanos permanecieron, como antes, fuera del cuerpo social. No hubo modificación cultural alguna. No hubo democratización de los valores, las costumbres y las relaciones. Se mantuvo la esclavitud y se siguieron negando los derechos de los afrodescendientes, las mujeres y las minorías. En los diez años transcurridos desde la Declaración de Independencia y la aprobación de la primera Constitución no hubo cambios en el reconocimiento de los derechos y en las relaciones sociales. Y la Constitución no incorporó derecho alguno. Se limitó a consagrar normas de orden práctico para el funcionamiento del nuevo Estado, su seguridad y su economía, y a establecer la forma de gobierno y sus órganos y métodos de elección. Con respecto al congreso legislativo, la Constitución acogió la tradición europea que dividía al legislativo en dos órganos, uno de los cuales, el Senado, estaba reservado para la aristocracia, mientras la Casa de Representantes acogería a los «comunes».

Los obreros, campesinos y esclavos no entraban en esa ecuación. La igualdad era una simple forma de homogeneizar a los grupos en el poder. Aparte de la eliminación de los títulos nobiliarios nada hay en la Constitución que respalde y convierta en realidad las manifestaciones del Preámbulo de la Declaración de Independencia, que dice: «Tenemos como verdades evidentes que todos los hombres se han creado iguales, que su Creador los ha dotado de ciertos derechos inalienables, entre ellos, a la vida, a la libertad y a la búsqueda de la felicidad». En el contexto de la Declaración y la primera Constitución, *men* no equivalía a todo ser humano desde el punto de vista biológico, sino a *ciudadano* y propietario, como había ocurrido en Grecia. Asimismo, en los documentos de la época, como hemos dicho ya en anterior ocasión, *people* quiere decir *free inhabitants* o *free citizen* y de ese concepto quedaban excluidos los grupos de trabajadores, sirvientes y esclavos.

La esclavitud siguió vigente en Estados Unidos, consagrada en la Constitución y la Declaración de Derechos, mediante la prohibición de toda forma de perjuicio a la propiedad privada, régimen jurídico que comprendía a los esclavos, definidos como «cosas». En 1776 los esclavos constituían la quinta parte de la población de las colonias británicas en América. En algunos estados como Virginia la proporción era más alta: casi la mitad de la población era esclava (150.000 de 340.000), mientras en otros, como Carolina del Sur, la población esclava doblaba en número a la libre.

Pese a que el Acta de Independencia declaraba la igualdad de todos los hombres, el país nació con un gravísimo déficit del igualitarismo del que se sigue hablando hoy como marca de la historia de Estados Unidos. Igual que en Grecia, Roma y la Europa medieval y moderna, en Estados Unidos los derechos existieron solo para los ciudadanos, y la ciudadanía estaba basada en la propiedad y el linaje. Ni siquiera la Revolución francesa fue más allá de ese esquema.

Tuvo que transcurrir casi un siglo y desatarse una guerra civil para que se aprobaran las enmiendas 13, 14 y 15 que establecen la ciudadanía en favor de todos los que hayan nacido en territorio estadounidense. En 1857 la Corte Suprema declaró, en la conocida como *Dred Scott Decision*, que ninguna persona descendiente de africanos que hubieran sido llevados a Estados Unidos como esclavos, ni sus descendientes, fueren o no esclavos, podía reclamar la protección de la Constitución de Estados Unidos. La decisión fue anulada en 1868, pero los derechos de los negros no fueron respetados. Los afrodescendientes fueron perseguidos y asesinados, sus casas y asentamientos quemados, su dignidad negada sistemática e impunemente. La lucha por los derechos civiles dio sus frutos recién en los años sesenta del siglo XX. Aunque la ya mencionada enmienda 15 prohibía toda restricción al derecho de voto para afrodescendientes y exesclavos, estos grupos solo pudieron ejercer ese derecho cien años después, desde 1965, cuando fue aprobada la llamada *Voting Rights Act*.

Los *Founding Fathers* y sus contemporáneos fueron conscientes de que insertaban al nuevo país así constituido en el marco general de la historia occidental y estuvieron seguros de que estaba llamado a representar un papel señero en esta, del mismo modo que los patricios romanos siempre supieron que Roma no era uno más de los episodios político-militares conocidos en el pasado sino un acontecimiento en la historia de las sociedades humanas. Los debates del congreso constitutivo de Estados Unidos están llenos de menciones a la historia de Grecia y sobre todo de Roma, cuyos defectos y limitaciones el nuevo país americano iba a corregir. Pero Roma no solo inspiró a los Estados Unidos con su república: la idea de imperio, una vieja vocación occidental, como ya dije al comienzo de este libro, que había sido reavivada por Napoleón, tardó poco en prender entre los líderes del país en su fundación. La compra de Luisiana (1803), Texas (1840), California (1845), la compra (habría que decir mejor la guerra con México como resultado de la cual Estados Unidos se apropió) de Colorado, Arizona, Nuevo México, Nevada, Utah y partes de Wyoming, Kansas y Oklahoma, la compra de Alaska (1867) y Hawái (1898) fueron solo los primeros episodios de una larga historia de expansión al amparo de todo tipo de doctrinas (las de «El destino manifiesto» y «Monroe» son las más conocidas) situadas en la línea imperial romana.

Un agudo pensador europeo, Alexis de Tocqueville, pudo observar en la segunda década del siglo XIX la naturaleza de la democracia que estaba construyéndose en Estados Unidos, y cómo esta no era ajena a principios nobiliarios. «No han hecho una revolución cultural», reflexionó. Los principios observados por Tocqueville no eran del todo los de la vieja Europa. A su juicio, apenas sobrevivían débiles nociones del antiguo sentido del honor, transfigurado en lo que él mismo llamó el «American honor». Este radicaba en una pasión que él llamó «amor a las riquezas y a las inclinaciones secundarias que a este van unidas». «El americano llama noble y estimable ambición lo que nuestros padres de la Edad Media llamaban codicia servil»,[37] escribió.

La observación de Tocqueville puede sorprender si se tiene en cuenta el carácter elevado del pensamiento político de la aristocracia estadounidense que condujo al país desde su fundación y que rechazaba el autointerés en nombre de la virtud pública.

En realidad en Estados Unidos se fundaba un nuevo modelo de aristocracia, que iba a convertirse en el paradigma de los siglos venideros. Si la aristocracia histórica estuvo basada en la virtud o la *areté*, fuera lo que fuese lo que comprendían esos conceptos, la nueva eligió dos principios que pueden atisbarse en la mayoría de los *Founding Fathers*, según hemos reseñado ya: el mérito y la riqueza, basados en la competencia, que armonizaba esos principios con el de igualdad, asimismo fundacional, aunque no de condición sino de oportunidades. La posesión de uno y de otra era la mayor demostración de virtud o *areté*.

El modelo es el mismo; los conceptos de la ética nacida en la tardoantigüedad grecorromana seguían siendo estrictamente funcionales en el nuevo marco estadounidense: linaje, excelencia, riqueza como equivalentes y demostración de triunfo, que a su vez prueba la excelencia. El que posee la excelencia es el vencedor: Píndaro lo cantó de modo excelso; no hay triunfo sin virtud; la riqueza es consecuencia de la excelencia y el mérito. Tocqueville lo advirtió cuando escribió que los americanos habían convertido en virtud lo que los europeos cristianos de la Edad Media habían considerado pecado: la avaricia. Pero, a diferencia de la era teocrática en que los prestamistas tuvieron que luchar mucho para lograr la permisión al menos tácita del préstamo con interés, esta vez no hubo conflictos morales. La riqueza estaba ya en la esfera de la virtud. La fundación de Estados Unidos supuso así la proclamación universal del modelo ético que había tenido un precioso antecedente en la alianza de la Iglesia con la aristocracia desde el siglo IV y que se impondría en todo el planeta en los siglos siguientes, en lo que se podría llamar el verdadero «retorno de la aristocracia», si no fuera porque, como se ha visto, esta nunca desapareció.

Los orígenes de la democracia estadounidense contaminados por la ideología aristocrática influyeron en el futuro, en la conformación de la cultura que iba a perdurar en el nuevo país, a la cual tiene que ser achacada su historia en el terreno de los derechos civiles: una noción condicional de humanidad y la proclama de la superioridad moral de los blancos consagraron una diferencia de derechos que favorecía a la población de ascendencia europea y segregó a indígenas y afrodescendientes. Una somera revisión histórica desde la primera Constitución hasta finales de la década de los sesenta del siglo XX mostraría que los grupos en el poder, tanto en el sur como en el norte, en el este y en el oeste, se percibieron a sí mismos como castas superiores, como «la mejor parte del género humano», en comparación con esa especie de subhumanidad cuya mano de obra utilizaban. Jamás se combatió la noción de jerarquía económica, social, política y moral, sino que esta, que se creía basada en el mérito y la fortuna, quedó legitimada. Las jerarquías coloniales, al no haber sido heredadas —por ausencia de la nobleza titulada—, «adquirieron un brillo virtuoso en la memoria de los revolucionarios *wighs*», señala un investigador de hoy. Sin embargo, a partir de un análisis del sistema educativo desde su era fundacional, debe reconocerse que en Estados Unidos «la división de rangos y clases en la sociedad americana ha estado crecientemente basada en el tipo de trabajo más que en la gradación del mérito de los individuos».[38]

LA IDEOLOGÍA ARISTOCRÁTICA EN HISPANOAMÉRICA

Hay realidades que se suelen pasar por alto, que no forman parte de nuestra conciencia histórica y cuya ausencia limita nuestra percepción del presente. Es conveniente que se redescubran o se recuerden esas realidades regularmente. Es el caso de la esclavitud en la sociedad española del siglo XVI. Olvidamos a menudo que al inicio de la conquista, los reinos castellano-aragonés y portugués, como el resto de Europa, eran sociedades esclavistas; la esclavitud formaba parte esencial de la vida y la cultura española, sobre todo de la nobleza y la Iglesia. En el sur de Europa la esclavitud se practicó a lo largo de toda la Edad Media y aun antes de la conquista; en estas regiones hubo un gran negociado con el tráfico de esclavos albaneses, griegos, turcos, búlgaros, polacos y rusos. Al inicio de la era moderna, España contaba ya en su territorio con esclavos llegados de Rusia, Polonia y los Balcanes; los siglos XVI y XVII fueron de apogeo de la esclavitud en la península.

> Millares de esclavos de todas las procedencias, razas, religiones, sexos y edades; musulmanes granadinos, magrebíes o turcos, paganos africanos o canarios, cristianos ortodoxos rusos, griegos o albaneses, incluso católicos sardos [...] llenaban las calles de las principales ciudades de la península, de Barcelona, Valencia, Sevilla, Córdoba, Lagos y Lisboa, empleados tanto en tareas domésticas como en el trabajo agrícola o artesanal.[39]

Es cierto que la esclavitud no se practicaba a la escala, por ejemplo, de la Roma antigua —el gran historiador Antonio Domínguez Ortiz conjeturó que nunca hubo más de cien mil esclavos en España desde el siglo XV en adelante—, pero los esclavos estaban presentes en la vida cotidiana y doméstica, y en el comercio y la producción de España y aun del resto de Europa. Hombres, mujeres y niños, especialmente africanos y moriscos, trabajaban en régimen de esclavitud en la agricultura, el comercio, las nuevas industrias y los conventos, y podían ser objeto de compraventa, trueque y hasta alquiler. En el siglo XVI, Sevilla, la principal ciudad española de la época, era el más importante centro esclavista de Europa. En 1565 la capital andaluza tenía 6.327 esclavos censados, sobre una población de 85.538 habitantes: un esclavo por cada 14 habitantes.[40] Hay quienes piensan que en esa ciudad había tantos esclavos negros y moriscos como ciudadanos libres. Y después del desembarco en América hubo también en España un mercado de esclavos americanos. Aunque en 1543 la Corona prohibió la trata de indígenas en España, lo cierto es que «incluso en el [siglo] XVII, nos consta documentalmente la venta de indios en numerosas ciudades españolas como Córdoba, Sevilla, Badajoz, Huelva, etcétera», dice un experto.[41] Y recién en la tercera década del siglo XIX se prohibió que vinieran a España esclavos de ultramar.[42]

Tal y como ocurrió en la Antigüedad grecorromana y con las mismas justificaciones magistrales resumidas por Aristóteles, en la temprana modernidad española la esclavitud formaba parte de los contenidos morales aceptados por los grupos dominantes: la nobleza, el clero y los comerciantes. Respaldada por el Antiguo Testamento, la Iglesia exhibía sus prejuicios raciales, en especial contra africanos e indígenas americanos; la aristocracia religiosa apoyaba la esclavitud de todo tipo de «paganos» e idólatras, y la civil la de los «bárbaros», «inferiores»: esclavos por naturaleza. La obscena «naturalidad» de la institución esclavista para la nobleza laica y religiosa se puede apreciar en este hecho, de apariencia anecdótica: un tercio de los 15.000 esclavos que el rey católico Fernando de Aragón retuvo como parte del botín por la reconquista de Málaga fue destinado a obsequiar a la cristiandad: así le llegaron 50 chicas a Isabella, reina de Nápoles; 30 a Leonora, reina de Portugal; y 100 al papa Inocencio VIII. «Hay actas —dice el historiador Hugh Thomas— de un consistorio reunido en las afueras de Roma en febrero de 1488, en el cual el papa Inocencio VIII distribuyó su parte de cautivos entre los sacerdotes allí reunidos.»[43] Hacia 1540, es decir, menos de cincuenta años después de la llegada de Colón, españoles y portugueses, acompañados por la Iglesia, mantenían ya en América un activo mercado de compraventa de nativos. A mediados del siglo XVIII los esclavos constituían entre el 10 y el 25 por ciento de la población de las principales ciudades de las colonias españolas en América.[44] El baluarte de la institución fue la Iglesia, encargada por la Corona de mantener el control ideológico de los indígenas a través de la catequización obligatoria. La Iglesia fue un elemento estructural vital en los aparatos legales e ideológicos de la esclavitud en el Nuevo Mundo, afirma un historiador de las relaciones entre la Iglesia y la esclavitud afroamericana. Fundar una parroquia religiosa y fortalecer los fundamentos de la sociedad de propietarios de esclavos fue una y la misma cosa.[45] El fundamento moral era el mismo que justificó la esclavitud grecorromana: el concepto de esclavo como objeto, un bien mueble sin derechos. «El esclavo negro tenía una seria desventaja: no poseía los parámetros de vida cultural que definía a el ser humano. El esclavo negro sufría de biológicos defectos y su conversión al cristianismo no le confería automáticamente la dignidad de un ser humano completo y entero.»[46]

La institución de la esclavitud se abolió en esas tierras recién en el siglo XIX y fue obra de las repúblicas que nacieron tras las guerras de independencia, a las que se opuso la Iglesia, como anotaré luego.

Otra de las realidades que debe ser recordada regularmente para provecho de nuestra percepción del presente es la orientación y las funciones de la religión y su Iglesia en los reinos españoles. Conducida de modo férreo desde las más altas instancias del poder real, los contenidos de la cristianización de América estuvieron determinados por el movimiento contrarreformista, bajo el impulso del Concilio de Trento. La Iglesia católica cogobernaba junto con los reyes. Su doctrina y función seguían siendo las mismas que quedaron configuradas en el siglo IV tras la alianza con la aristocracia romana, ahora reforzada por más nítidos argumentos del pensamiento medieval, que, a través de Tomás de Aquino, había dejado bien establecido que la virtud incluye «nobleza, poder y riqueza material» y que, por tanto, cualquier afán de superación moral conducía al ideal nobiliario, imperante sin discusión. Uno de los frutos de la alianza de la Iglesia con la aristocracia, fraguada desde la Antigüedad romana, fue la Inquisición, que en España tuvo expresiones radicales, como es bien sabido. La aristocracia proveyó a la Iglesia y a la Inquisición de sus principales protagonistas; como han dejado ya bien establecido los historiadores, los inquisidores generales procedían de la más alta clase social, de la nobleza: «generalmente de la aristocracia, especialmente durante los siglos XVI y XVII», dice un especialista.[47]

El alto clero procedía de la nobleza; esta, en todos sus estratos, desde el modesto hidalgo montañés hasta las primeras casas de la nación, era la que proveía la mayor parte de las mitras, y cuanto más importantes eran estas, menos excepciones tenía la regla, dice un historiador del período. El mismo historiador, después de mencionar los apellidos ilustres de la época como titulares frecuentes de los más importantes obispados, declara que «solo hay [entre los obispos] en todo el siglo tres apellidos menos relevantes, pero también de hidalga prosapia». Había un componente político importante en ese estado de cosas: la Iglesia formaba parte, como elemento subordinado, de la estructura del poder central; en realidad la Corona «no solamente designaba sus titulares [de los arzobispados y obispados] en virtud del derecho de patronato regio, sino que vigilaba su actuación y, a través de ellos, el de toda la clerecía española».[48]

Pese al «patronato regio», el poder simbólico de la Iglesia era indisputado: su concepción de la humanidad colocaba a los «cristianos» en una posición de privilegio (y a los «cristianos viejos» en clara preeminencia y honor), y relegaba a judíos y musulmanes a una de oprobio y a los «idólatras» americanos a una condición que les hacía merecedores de la esclavitud y el escarnio. La supremacía política española y la consagración simbólica que aportaba el catolicismo fue conformando así grupos social y moralmente autorizados para someter a los otros. «En último término —dice Américo Castro— todos los hispano-cristianos terminaban por sentirse a sí mismos una casta superior en virtud del hecho de que ellos eran cristianos y no moros o judíos.»[49]

Como había hecho en Roma primero y luego en toda Europa en la Edad Media, la Iglesia católica en España siguió defendiendo y practicando la esclavitud de no cristianos. En las colonias españolas de América la Iglesia se convirtió en propietaria y explotadora de esclavos, con quienes ni siquiera ahorraba los estremecedores castigos corporales de los que tantas noticias han llegado hasta esta época. En ese continente ninguna institución tuvo más esclavos que la Iglesia y nadie en el siglo XVIII los tuvo más numerosos que la Compañía de Jesús.[50]

Y como ocurría en la península, como ocurrió en el Imperio romano en el siglo IV y al igual que en los reinos de francos y visigodos, también en América, en las posesiones de los reyes de Castilla y Aragón, la Iglesia católica fue incorporada a la estructura administrativa del Imperio: los eclesiásticos eran allí funcionarios reales. Por los derechos del patronato recién aludido, los reyes tenían derecho exclusivo a fundar iglesias, centros misioneros y monasterios. En tierras americanas podían seleccionar, a través del Consejo de Indias, los nombres para la designación de obispos y arzobispos, y los virreyes estaban autorizados a nombrar a los frailes. La Cámara Real proponía los nombramientos de obispos y arzobispos y solo el rey —no una autoridad de la Iglesia— tenía atribuciones para designarlos. Fue así como al menos una vez se llegó a nombrar obispo a quien no tenía ni siquiera órdenes mayores y se intentó proveer tres obispados con «tres grandes juristas, y se halló que no eran sacerdotes»;[51] el conde-duque de Olivares fue canónico de Sevilla; el cardenal Spínola, hijo del marqués de Leganés, canónico y arcediano a los catorce años; y Juan de Austria, un militar, hijo ilegítimo de Felipe IV, que fue virrey de Sicilia y de Aragón y capitán general del ejército de Portugal, resultó gran prior de la Religión de San Juan en Castilla y León, un cargo ratificado por el papa. Además, los reyes se reservaron el derecho de *exequatur*, o sea, de conceder o no el visto bueno previo para la validación de todos los documentos y comunicaciones de la Iglesia, ya fueran expedidos por el papa, por órdenes religiosas o por obispos, una atribución cuya relevancia estratégica no requiere comentarios.

El rol de la Iglesia en la América hispana colonial estuvo, pues, determinado por esa pertenencia al orden regio y ello fue especialmente ostensible en el desprecio que le merecieron los inferiores (según la estructura que la nobleza y la misma Iglesia recreaban), es decir, los pobres y en particular los aborígenes.

Finalmente, debemos recordar algo que parece obvio pero que quizá por eso mismo se tiende a olvidar: los reinos españoles estaban edificados y gobernados por la nobleza y sostenidos por una bien cohesionada y codificada cultura señorial. El gobierno autocrático de los reyes no borró ni relegó a la aristocracia: cuando los cristianos de los reinos de Castilla y Aragón invadieron América, evaluaron el mundo allí encontrado según las más arraigadas creencias y principios de la antigua aristocracia, como no podía ser de otro modo. Según esa visión, en las nuevas tierras no encontraron ni *polis*, ni sociedad civil, ni leyes, ni instituciones (es decir, existían sociedades, gobiernos, leyes e instituciones, pero estos no eran los de las ciudades grecorromanas europeas y por tanto se reputaron inexistentes); esos seres que descubrieron en las ciudades y en los campos americanos tenían forma humana, pero, sin leyes ni instituciones, probablemente no eran racionales y tal vez no tenían alma. El concepto de mundo y humanidad que las clases nobles grecorromanas y la Iglesia habían acuñado y que prevalecía en Europa no permitió ni a los conquistadores ni a los reyes ni a sus sacerdotes ni a los intelectuales del reino reconocer como mundo el de las tierras americanas, ni como humanos a sus habitantes, pese a las apariencias... Y si estos no eran hombres, no eran sujetos de derechos... Como no lo eran en la Antigüedad ni los esclavos ni las mujeres: todo esto es bien conocido. La Iglesia tardó cuarenta y cinco años en estar segura de que los nativos de América eran «verdaderos hombres», aunque se mantuvo lejos de reconocer ningún tipo de igualdad con respecto a los conquistadores. La humanidad de los aborígenes la declaró el papa Paulo III en la bula *Sublimis Deus*, expedida en 1537, un documento que los reyes sacaron de circulación en América porque no contaba con la aprobación previa de la Corona. El reino castellano-aragonés tardó más en reconocer la humanidad indígena. La controversia de Valladolid (1550-1551) no dejó en claro nada, aunque sirvió para que Las Casas expusiera por primera vez en la historia europea un pensamiento que consideraba a los «bárbaros» —en este caso a los indígenas americanos— parte de la «verdadera» humanidad, de la que se les había excluido desde la época griega.

Hay que recordar, sobre todo, que los reinos españoles, presididos por los de Castilla y Aragón, tenían una estructura social basada en una diferenciación general entre nobles y plebeyos, y que la nobleza era numerosa, tal vez una de las más numerosas de Europa. Según el profesor Jonathan Dewald, en el siglo XV llegaba al 10 por ciento de la población, mientras que en Francia, Alemania, Luxemburgo e Italia oscilaba entre el 0,3 y el 5 por ciento.[52] Otras estadísticas indican que durante el período colonial la aristocracia laica y eclesiástica española fluctuó entre el 1 y el 10 por ciento, entre 85.000 y 400.000 personas. Esa nobleza había conseguido convertir sus ideales en los de sus vasallos cristianos: mientras el moro y el judío se involucraban en actividades transformadoras y productivas —el moro se hacía sastre, barbero, muletero, zapatero, albañil o inspector de pesos y medidas; y el judío, farmacéutico, cobrador de impuestos, veterinario o comerciante—, el español cristiano solo aspiraba a convertirse en noble o sacerdote: «se aspiraba a ser gestores directos de la creencia, a emprender la aventura que condujese al señorío, o a disfrutar estáticamente de una función pública, real, descansando en la conciencia de ser hidalgo y no plebe».[53] «El más humilde campesino —aseguraba Américo Castro en la edición estadounidense de su libro mayor *España en su historia*— entendía que él era miembro de la casta señorial, un hidalgo en potencia.»[54]

La burocracia real y el Tribunal de la Inquisición (creado en 1478) ejercían una estricta vigilancia de la pureza de la composición de la élite. Pertenencia a un noble linaje, legitimidad de nacimiento, fe católica documentada durante varias generaciones («cristianos viejos») y pureza de sangre (linaje que no estuviera «manchado» por ancestros moros o judíos) eran las credenciales mínimas para el reconocimiento de una persona como parte de la sociedad, con derechos y honores. La ausencia de cualquiera de estas suponía no solo la exclusión sino además el rechazo y la deshonra. Así como esas credenciales conferían honor y superioridad, su falta provocaba consideraciones infamantes y situaba a las personas en un estatus de inferioridad que recaía tanto sobre el «culpable» como sobre sus hijos y sus nietos, y su rehabilitación, cuando era posible, requería de la venia real. El carácter hereditario de la nobleza y la infamia convertía a la castellana en una sociedad en que la movilidad social requería todo tipo de sacrificios que se podían ver recompensados solo tras varias generaciones.

En Castilla se tenía muy en cuenta la composición de la nobleza, lo que en el Nuevo Mundo iba a traer importantes consecuencias. En la parte más baja de la estructura nobiliaria estaban los hidalgos, los más numerosos, a quienes les seguían, en sentido ascendente, los caballeros, sin que ni unos ni otros fueran «titulados»; sus nombres constaban, eso sí, en registros públicos, para lo cual se exigían pruebas de nobleza. Los títulos estaban reservados para los estratos siguientes: vizcondes, condes, marqueses y duques; finalmente, en la cúspide, se situaban los grandes. En 1598 había 99 nobles titulados en España; en 1700, 528, y a fines del siglo XVIII, 1323.[55] Si se comparan estas cifras con las generales de la nobleza española observaremos que hidalgos y caballeros eran la inmensa mayoría. El interés generalizado de pertenecer a la nobleza en estos reinos derivaba de los privilegios y beneficios materiales de muy diversa clase que esa pertenencia conllevaba: el acceso a la educación y a cargos reales o eclesiásticos, y a, por ejemplo, altos cargos públicos, era imposible sin una calificación nobiliaria. Además no eran menores los honores, deferencias, preeminencias, estatus social y moral que confería la integración en el orden nobiliario: en una sociedad jerárquica, la mera pertenencia a una clase u otra marcaba la diferencia entre el respeto y el aprecio y la infamia y el desprecio de la sociedad.

Los códigos a que quedaban obligados tanto nobles como plebeyos eran muy rígidos. La cultura forjada a lo largo de siglos limitaba el espacio de legitimidad para las acciones, las relaciones y las ambiciones de unos y otros. Obligaba, sobre todo, a respetar la máxima cristiana —Clemente de Roma la pronunció tempranamente— que dice «cada uno en su lugar». Como contracara de los privilegios y preeminencias de que gozaba, un noble o alguien que aspirara a cualquiera de sus privilegios debía acreditar no solo limpieza de sangre sino también «limpieza de oficio», es decir, la comprobación de que ninguno de sus ancestros había ejercido «ocupaciones viles», y debía mantener tal pureza estrictamente. Como ocurría con los patricios romanos, como querían Aristóteles, Platón y en la estela de pensamiento del Cicerón de *De los oficios*, el sistema de valores de la nobleza española y de su Iglesia estableció que había oficios «honorables» y «vulgares» o deshonrosos y que el ejercicio de estos podía llevar a un noble a perder su condición. La norma sobre la «limpieza de oficios» llegó, sin sorpresa alguna, hasta las órdenes religiosas católicas; los jerónimos y los jesuitas destacaron en esos discrímenes que, en términos generales, fueron práctica común en todas. «Las órdenes, cuanto más antiguas, más aferradas estaban a mantener la hidalguía de sus miembros. Las más modernas también acabaron rindiéndose a las preocupaciones dominantes y exigiendo a sus postulantes, si no prueba de hidalguía, sí, en muchos casos, de limpieza de sangre y aun de limpieza de oficios.»[56] Trabajos deshonrosos eran el comercio y en general las «bajas ocupaciones manuales», como la del «carpintero, sastre, peletero, cantero, herrero, peluquero, tendero, zapatero» o, como se estipulaba en la Orden de Santiago, «platero y pintor [...], tendero y prestamista, ventero o tabernero, escribano [que no sea escribano de la realeza], fiscal y cualquier otra ocupación similar o inferior a estas».[57] La Corona oficializó la censura hacia esos oficios cuando en 1552 prohibió a francmasones, sastres, alfareros y otras «bajas personas» que trabajaban como artesanos (oficios mecánicos) servir como oficiales provinciales (corregidores).

De manera concomitante, las clases consideradas inferiores, por cuenta de las «manchas» naturales que las deshonraban, tenían las puertas cerradas para un sinnúmero de ocupaciones. No era excepcional que ayuntamientos y universidades prohibieran a los conversos ocupar cargos u obtener licenciaturas. Y los castigados por la Inquisición, así como sus hijos y nietos, no podían acceder a cargos públicos o eclesiásticos ni ejercer como «jueces, guardias, jurados, administradores, funcionarios de pesos y medidas, comerciantes, notarios públicos, escribanos públicos, abogados, síndicos, secretarios, contadores, tesoreros, médicos, cirujanos, tenderos, corredores de bienes, cambistas, recaudadores, inspectores de pesos, corregidores o practicantes de cualquier otro similar cargo público».[58] En esa sociedad, lo noble y lo aristocrático señalaban los ideales y aspiraciones de todos, y el otorgamiento de la condición de hidalgo, de un señorío, de la pertenencia a una orden nobiliaria o militar o el otorgamiento de alguno de los títulos de la alta nobleza constituían formas superiores del honor, acaso el bien más preciado y buscado de los españoles, un principio organizador en sus vidas, cuya falta hacía inalcanzable la mayor parte de los beneficios ofrecidos por la estructura económica, política y social. Todavía a finales del siglo XVIII, ya en el marco de la Ilustración española, algunos comerciantes informaban a Carlos III de que en Cádiz familias enteras —fuera del ámbito nobiliario— preferían la miseria antes que ocuparse de oficios manuales. A tal punto se habían propagado entre las clases no nobles los valores nobiliarios. El noble español cultivaba su imagen y reputación como una obsesión. La ostentación era uno de sus rasgos característicos: «brazaletes de oro, cadenas, vajillas de plata, anillos de oro con incrustaciones de perlas, esmeraldas y otras piedras preciosas; ropa costosa, elegantes muebles de diseño; un esclavo; y, hacia el final del siglo XVI, caballos y carro fueron el símbolo de los nobles ricos. En la medida en que su crédito resistiera, los nobles gastaban y consumían buscando extravagantes exhibiciones».[59] «El trato entre ellos era de gentilhombre, hijodalgo y caballero. Se generalizó el uso del *don y doña*, y se designó el título de *licenciado* y *doctor* para circunstancias y personajes muy especiales ».[60]

Cabe tener presente todo esto para el análisis acerca de los orígenes y desarrollo de la cultura señorial en América, en la medida en que los «exploradores, conquistadores, primeros colonos, posteriores inmigrantes y sus descendientes nacidos en América (creoles) compartieron con entusiasmo estos valores y los hicieron centrales en la experiencia española del Nuevo Mundo».[61] Los enraizaron en tierras americanas. En la América colonial, la constitución, composición y dinámica de la nobleza, así como el tipo de relaciones que establecieron con sus pares y con sus subalternos, se ha revelado altamente influyente. Así como puede afirmarse que la colonización significó la cristianización contrarreformista, asimismo puede decirse que la conquista, colonización y cristianización significaron la aristocratización de los valores en América, por extravagante que suene, entendiendo por tal la implantación en las nuevas sociedades de los ideales y valores propios de la nobleza y el alto clero de la península. La primera nobleza americana fue la de los conquistadores, a quienes —en pocos casos— la Corona concedió títulos y escudos y los nombró «don», los hizo hidalgos o miembros de órdenes militares. Para administrar mejor los espacios tan vastos de que habían tomado posesión, los monarcas españoles conformaron un alto funcionariado real encabezado por virreyes —procedentes de la alta nobleza castellana, fueron enviados a Nueva España (México), Perú, Nueva Granada (Colombia) y Río de la Plata (Argentina)—, los cuales eran secundados por presidentes, gobernadores, directores de reales audiencias y capitanías generales. Finalmente, la sociedad proaristocrática americana quedó conformada también por los colonos o emigrantes españoles, el cuerpo más numeroso, pues la Corona, para fomentar la colonización, prometió a sus súbditos concederles o mejorarles distinciones nobiliarias como la de caballero e hidalgo. Fue así como muchos colonos emprendieron la aventura americana: no solo con la finalidad de hacer fortuna mediante la explotación de recursos, sino también buscando ennoblecimiento, que les proporcionaría asimismo fortuna —por la concesión de tierras y vasallos— y, además, ascenso social. Llegaron para ser llamados «don», para convertirse en «señores», «hidalgos» o «caballeros». Américo Castro escribió que los hombres que viajaron a América estaban hambrientos por ejercer un señorío personal en una forma peculiarmente hispánica, es decir, con el fin de «ganar honor».[62] Aunque la Corona solo como excepción cumplió su palabra, los colonos españoles asumieron de facto la condición que les fue prometida y vivieron según el estilo y el estatus de la nobleza española. Se atribuyeron la calidad de «don» o de «hidalgo» y vivieron como tales.

El programa de ennoblecimiento fue de estratégica importancia para la Corona, que empezó a ponerlo en marcha como política de gobierno cuando concedió títulos nobiliarios, excepciones, privilegios, honores y libertades a los conquistadores: a los Colón, Cortés, Pizarro, Almagro y sus trece «magníficos» de la isla del Gallo, y a otros. Y lo prosiguió, profundizándolo, cuando concedió encomiendas, una institución castellana medieval por la cual el rey entregaba a miembros de la familia real, a magnates, caballeros, prelados y abades, y a autoridades de órdenes militares, iglesias y monasterios, territorios, ciudades, pueblos, castillos y monasterios con facultades para gobernarlos y recibir tributos en nombre del rey. La institución no otorgaba propiedad sino usufructo sobre la tierra y potestad sobre los vasallos. En las colonias hispanoamericanas la Corona no nombró encomenderos a miembros de la familia real ni a magnates o caballeros, sino a los conquistadores y a otra clase de súbditos involucrados en la empresa colonial, a quienes concedió el usufructo de territorios, ciudades y poblados aborígenes que pasaron a estar, para su «bienestar» y «cristianización», bajo la «protección» y «custodia» de los encomenderos. Estos, apelando a los privilegios concedidos, asumieron de hecho la calidad de señores, un título de nobleza que convertía a su poseedor en propietario y autoridad jurisdiccional con derecho a administrar justicia y a castigar e imponer tributos. Usufructuando de la tierra y el trabajo aborigen, los encomenderos amasaron grandes fortunas. Convertidas en hereditarias, las encomiendas crearon una aristocracia oficiosa de donde nacieron los grandes terratenientes de la era colonial y de la republicana. No es demasiado aventurado pensar en este segmento español o criollo como uno de los más influyentes factores para la instauración y enquistamiento de los opresivos valores de la aristocracia en el Nuevo Mundo.

Más radical fue la Corona con su política —de los siglos XVI y XVIII— de vender derechos de señorío y títulos nobiliarios, con lo que la propagación del virus señorial llegó a cubrir todo el espacio colonial. La Corona fomentó asimismo esos valores entre sus súbditos eximiendo a todos los españoles de sus colonias del pago de impuestos, un típico privilegio nobiliario, que diferenciaba al blanco de los indígenas, sometidos a fuertes presiones tributarias. En ese marco, fue bienvenida la política de la Corona española que se adaptaba a los tiempos mercantiles y decretaba, como hizo en 1682, que la propiedad de fábricas u obrajes ya no sería incompatible con el estatus nobiliario, y en 1770, cuando levantó el veto sobre toda forma de actividad mercantil.

La Corona consagró la viciada atmósfera ético-social de sus posesiones de ultramar cuando declaró a los españoles de las colonias por encima de la legalidad de sus sociedades: en 1726, cuando un juez de la Audiencia de México sentenció a dos españoles a penas de trabajo forzado en obrajes, el rey ordenó que los hombres fueran liberados sin cumplir la pena, declarando que «ningún verdadero y legítimo español iba a ser nunca sujeto a un tratamiento semejante»; lo mismo ocurrió con nativos y descendientes de nativos de Vizcaya, que fueron exentos de «penas infames» porque ellos eran «como nobles, notorios hijosdalgo».[63]

El cuadro general de la composición de la nobleza española que trato de presentar se completa con el alto clero, cuyo rango y poder eran similares a los del funcionariado real. Por otra parte, los paradigmas nobiliarios como ejes de construcción de mundos en los grupos gobernantes condujeron a la Corona a fomentar diferenciaciones sociales aun entre las filas de los vencidos. Subordinando los prejuicios raciales, la Corona optó por ennoblecer también a la élite indígena. Mientras a la mayoría de los aborígenes se les esclavizaba, desde principios del siglo XVI a los caciques —llamados *curacas* en los Andes— se les incorporó a la administración colonial con la finalidad de que sirvieran de intermediarios entre la Corona y sus representantes y sus súbditos aborígenes; con esa finalidad les dio el mismo estatus y los mismos privilegios que a los hidalgos de Castilla. Les autorizó a utilizar el título de «don», en algunos casos los nombró caballeros, autorizó su pertenencia a la Orden de Santiago; y a sus descendientes les dio una educación similar a la de los nobles españoles. Algunos líderes fueron llevados a España, donde los trataron como a nobles.[64] Fue así que una parte de la élite indígena internalizó los valores nobiliarios españoles al más alto nivel, a tal punto que aspiraron a convertirse en nobles titulados, en duques y condes, a lo que creían tener derecho en la nueva estructura de poder social a partir del título de señor natural que habían ostentado antes de la invasión. Incluso en 1660 se llegó a pedir a la corte española la creación de una orden nobiliaria de curacas.[65] Uno de los casos más llamativos de ennoblecimiento indígena fue el de los descendientes de Moctezuma. Felipe IV nombró a un bisnieto del emperador azteca «vizconde de Ilucán», primero, y «conde de Moctezuma», después, en el inicio de una saga nobiliaria familiar que llevó el apellido Moctezuma en España y México hasta el siglo XX.[66] Esta aristocracia de conquistadores, virreyes, presidentes y directores de audiencias, sus familias y sus cortes; de falsos nobles emigrantes o nativos afanosos de afianzarse en un estatus «superior»; de señores naturales aborígenes reconvertidos en duques y condes, expandida por todo el continente, fue determinante en la creación de una red social embebida de principios que habrían de dejar una impronta indeleble en toda la vida colonial y republicana de América.

La Corona española, junto a la jerarquía eclesiástica y la aristocracia del funcionariado real americano, más la de los conquistadores y colonos y sus descendientes, diseñó el mundo colonial como un reflejo de la sociedad ibérica, agravado por los factores específicos de la situación americana, como los prejuicios raciales. De este modo se elaboraron, se promulgaron y se mantuvieron códigos sociales y éticos excepcionalmente perversos que arraigaron en el Nuevo Mundo y habrían de convertirse en pesados lastres de las repúblicas nacidas en el siglo XIX.

Todas estas medidas enseñaron a los habitantes de los territorios coloniales la importancia de ser miembro de las élites o protegidos por alguno de sus miembros. Las medidas fomentaban y hacían oficiales los privilegios, valores e ideales nobiliarios. La imitación fue entonces una regla. Los valores y el estilo de vida de la nobleza debían ser practicados, es decir, imitados. En América, los más ricos trataban de imitar a los nobles de Castilla, y, en general, aquel que se respetaba hacía un reclamo de nobleza para sí mismo. Estimulados por la política real, todos se sentían hidalgos y querían ser caballeros. La principal ambición de un miembro activo de la sociedad civil colonial fue acceder a la condición nobiliaria o mejorar la que ya se había alcanzado. Cualquiera que fuera su origen social en España, en América los españoles asumieron actitudes, estilos y roles nobiliarios. Españoles que en la península habían sido vaqueros, por ejemplo, rechazaban realizar trabajos manuales en América, adonde habían ido, como he dicho, tanto a hacer fortuna como a cambiar de condición social. En América muchos de ellos se hicieron ricos y a la vez nobles. Lo mismo cabe decir de los «criollos», españoles nacidos en América. Y aunque solo fuera como reflejo, algo similar afectó a los demás grupos sociales que convivían con los españoles. El clientelismo acogió a los que no lo consiguieron, como acogía a los mestizos. La recurrencia de la práctica clientelar revela el grado de aceptación en la población de la colonia de las estructuras ideológicas así constituidas. Se generó una amplia cultura del honor, de la apariencia, ostentación, emulación, delación y clientelismo, una poderosa matriz que ha traspasado los siglos y que en la mayoría de países latinoamericanos no ha sido contrarrestada del todo por un proceso democrático.

Esta estructura no requería legitimación alguna, puesto que en realidad ya estaba contenida en los valores de que eran portadores los españoles y los demás europeos. En esos aspectos la política de la Corona era satisfactoria para todos ellos.

El trabajo de la Iglesia contribuyó a que la sociedad colonial y sus instituciones, sus jerarquías y estructuras, fueran aceptadas como obra de Dios y del rey, como voluntad divina y real en conjunto, y fuera reproducida en todos los rincones. Como había ocurrido en Europa, donde existían monasterios a los que solo tenía acceso la nobleza, también en los territorios coloniales la estructura social de dominación fue conservada y fortalecida en el interior de la Iglesia. La estructura jerárquica de la Iglesia consagraba en su institucionalidad principios de acuerdo con los cuales el sexo, la raza, el linaje, la clase social y la fortuna determinaban el lugar y la función que cada uno debía ocupar. En los conventos y monasterios de hombres y de mujeres se reproducían las jerarquías sociales; se diferenciaba entre religiosos de buenas familias y los de familias pobres, los sirvientes y los esclavos. «No se profesaba como monja, así sin más, sino como monja de velo negro o monja de velo blanco», sostiene Clara E. Herrera, una investigadora de la cultura femenina colonial en Nueva Granada.[67] «Las distinciones socioeconómicas se reflejaban claramente en los conventos», confirma la historiadora Asunción Lavrín:[68] las monjas de velo negro procedían de la élite social y económica y ocupaban los cargos de mando, mientras que las de velo blanco eran de un estatus social y económico bajo, por lo que sus funciones se restringían a los asuntos cotidianos y no podían votar en las elecciones del convento ni ocupar altos cargos. En un caso y otro se trataba de mujeres españolas o criollas; la servidumbre más baja y esforzada correspondía a negras; las esclavas eran siempre negras o indias.

En el terreno de los valores, la primera consecuencia de todo esto fue la percepción de la indiscutida superioridad de los blancos y la consecuente declaratoria de inferioridad que recaía sobre los aborígenes americanos, mestizos y esclavos africanos o americanos. Las relaciones personales en estos grupos fueron de preeminencia, por una parte, y deferencia, por otra. La jerarquía moral quedó consagrada en una cotidianidad en que el imperio en lo político y económico quedaba replicado en todos los demás órdenes de la vida, desde el vestuario hasta los patrones de belleza, desde las prácticas religiosas hasta las lingüísticas, desde las relaciones laborales hasta las formas de ocupar el espacio público. Una compleja concurrencia de binomios quedó estructurada en la vida colonial, conformados por lo racial (blancos/otros), religioso (cristianos/judíos, moros e idólatras), estético (belleza de la mujer blanca/indígena), moral (virtuoso/vicioso), económico (propietarios ricos/siervos y esclavos pobres), social (nobles/plebeyos), lingüístico (castellano/lenguas nativas), de sexo (hombre/mujer) sexual (heterosexual/homosexual) profesional (intelectual / manual-artesanal), científico (saber universitario/popular) y legal (legítimo/ilegítimo). Se trataba, pues, de un binomio de dimensiones y naturaleza trascendentes: una superioridad y una inferioridad ontológicas que procedían de la naturaleza, tal como había sostenido la filosofía griega, de Platón y Aristóteles, y como la Iglesia, desde los tiempos del primer obispado de Roma, expuso con nitidez.

La política pronobiliaria de la Corona, su afán de instaurar sociedades nobiliarias en sus colonias, la llevó a trasladar hasta allí las clásicas medidas y protocolos a través de los cuales la nobleza europea ejercía la vigilancia de la integridad de su mundo, en todos los aspectos, pero principalmente en el racial, social y religioso. La pureza de sangre que en España debía verificar la ausencia de ancestros moros y judíos, en América se encargó de garantizar la autenticidad de la fe religiosa, además de una pureza racial y social, al margen de cuestiones de fe: no solo moros y judíos sino también ancestros negros y aborígenes eran sinónimo de deshonra, indignidad y hasta de ilegitimidad. Porque si en Europa la aristocracia concentró su celo en garantizar la pureza de la fe cristiana y en España solo se ocupó de moros y judíos, sin vigilar la blancura, en América la Corona tuvo cuidado de evitar la contaminación de la raza blanca, para lo cual utilizó la legislación y la Iglesia, prohibiendo la unión entre blancos españoles y personas de otras razas, y, en general, entre hombres y mujeres considerados desiguales. También en eso se actuaba como en Roma, que prohibía el matrimonio entre familias de estatus y riqueza desiguales. La Iglesia, única autorizada para celebrar matrimonios, calificó como pecado mortal que un hombre blanco durmiera con una mujer negra. Como esas uniones ocurrían de todos modos y los hombres blancos yacían a menudo, aunque de manera generalmente vergonzante, con negras o aborígenes, al cabo del tiempo una amplia capa de la población americana era ilegítima y como tal no podía acceder a cargos públicos, recibir órdenes sagradas, ejercer ciertas profesiones u oficios ni ser reconocida como poseedora de ninguna clase de honor. La mera condición de mestizo quedó asociada a la ilegitimidad: solo por excepción el mestizo podía ser considerado fruto de una unión autorizada y por tanto un ser legítimo. Aun en una época avanzada como 1776, y siendo rey un ilustrado como Carlos III, la Corona española dictó la Pragmática Real sobre Matrimonios, por la cual los hijos varones de familias españolas de hasta veinticinco años y mujeres de hasta veintitrés necesitaban autorización paterna para contraer matrimonio. Obviamente, se trataba de que los padres pudieran evitar que sus descendientes quedasen vinculados con personas de condición social, racial o económica inferior.

La lucha por la legitimidad jurídica, social y moral se convirtió en la meta de la población mestiza, para la mayor parte de la cual resultaban inaccesibles los valores que la Corona y la nobleza imponían. Era un afán condenado a no triunfar jamás, más desalentador aún si se tiene en cuenta que la mera legitimación no hacía al mestizo poseedor de todos los derechos: para el disfrute de algunos de ellos requería de autorización real. La posición de subordinación a que quedaba condenado era definitiva.

Si la ilegitimidad de los mestizos era subsanable mediante trámites de legitimación y permisión, por mor de la parte blanca española que corría por sus venas, la de los frutos de la mezcla de razas inferiores (negros con indígenas) era casi insuperable, pues requería de una dispensa especial.

El código cultural que estamos describiendo incluía no solo la distinción y jerarquización por razones étnicas y sociales, sino también un riguroso control de lo simbólico e identitario. Desde las prendas de vestir hasta las prácticas sexuales, desde la fe religiosa hasta la administración de justicia, las penas y los entretenimientos, todo quedó bajo severa vigilancia. La Corona española y la Iglesia católica reprimieron cualquier transgresión de fronteras de rangos y jerarquías. Si la aristocracia introdujo el lujo y la ostentación como señal de estatus superior, y Europa había convertido el oro, la plata, las perlas, la seda y el algodón en elementos distintivos de poder, la Corona (en el virreinato de Perú) dispuso a mediados del siglo XVII que «ninguna mujer mulata o negra, libre o esclava, lleve ropa de lana ni ningún tipo de ropa de seda, ni encajes de oro, plata, negro o blanco bajo pena de confiscación de la ropa que produce la ofensa, cien latigazos o exilio».[69] La separación, la jerarquía y subordinación de clases sociales y razas quedaba severamente confirmada: las sociedades americanas fueron así consideradas no una sino «dos repúblicas», una de españoles o criollos y otra de indígenas aborígenes y de afrodescendientes, hasta bien entrada la era republicana. Aun hoy esa separación no parece haber sido superada: «En algunos lugares, las instituciones de la "república de indios" sobreviven e incluso se han fortalecido en el siglo XXI».[70] Las colonias americanas vivieron en un mundo cultural asfixiante, cerrado, una situación que la Corona y la Iglesia mantuvieron gracias, entre otros factores, a la censura de libros y de todo género de publicaciones que impusieron. Las llamadas «visitas», o sea, la celosa inspección de todos los barcos que llegaban a América, se encargaban de impedir que llegaran a las «tierras de olvido» (como llamó a América fray Diego de Ocaña) los libros que constaban en el Index de la Inquisición. Un repaso de algunos de los protocolos de importación de libros autorizados en Hispanoamérica nos muestra abundantes libros que excitaban la fantasía y al mismo tiempo la devoción a la Iglesia y a la nobleza. Tales libros —aparte de los ultraconocidos clásicos griegos y romanos y de ficciones como *La Celestina*, *Amadís de Gaula* y otros libros de caballería— tienen títulos tales como *Vida de barones célebres*, y *Luz del alma cristiana contra la ceguedad y la ignorancia*, *Entretenimiento de damas y galanes*, *Historia del emperador Carlo Magno y de los doce pares de Francia*, etcétera.[71]

Esa mentalidad capaz de despreciar y someter a los no europeos y a los no cristianos, esos principios heredados de la alianza de la aristocracia grecorromana y el cristianismo, fueron transmitidos e implantados en las colonias americanas antes y después de las independencias. Estas no modificaron la estructura de valores que acabamos de mencionar. Las causas de la independencia fueron principalmente políticas y económicas; y algunas de orden social y cultural que afectaban a los criollos. «La jerarquía colonial basada principalmente en la riqueza y el color de la piel permaneció intacta.»[72] En las luchas secesionistas, los derechos de la gran mayoría de la población en verdad no contaron. Y en ese proceso, la Iglesia católica, fiel a su espíritu monárquico, tomó partido por la Corona. Aunque el bajo clero estuvo dividido entre realistas y revolucionarios, la jerarquía eclesiástica estuvo en contra de las luchas independentistas. «La mayoría de los obispos —dice una historiadora— se mantuvieron firmes en su rechazo a los movimientos independentistas.»[73] El papa León XII, en la encíclica *Etsi longissimo*, de 1816, ordenó a los sacerdotes españoles de América cooperar con la Corona en su intento de recuperar la autoridad cuestionada por los rebeldes independentistas; en el mismo sentido, su sucesor Pío VII promulgó la encíclica *Etsi iam diu*, de 1824, cuando ya se habían proclamado las nuevas repúblicas, a las que el Vaticano se negó a reconocer. «La Santa Sede vio los movimientos nacionalistas de América como una aberración similar a la Revolución francesa.»[74]

La independencia se fraguó con los límites mencionados y fue principalmente política, jurídica y económica. Los líderes revolucionarios no manifestaron insatisfacción por el orden social injusto ni por los prejuicios raciales ni por la cultura nobiliaria. Al contrario, tal como había hecho el orden aristocrático, las nuevas repúblicas consideraron y en algunos casos declararon viles a los grupos «inferiores». Es el caso, por ejemplo, de la primera Constitución ecuatoriana. Solo unas pocas repúblicas incluyeron en sus primeras constituciones normas que prohibieran la concesión de títulos nobiliarios, como había hecho Estados Unidos en 1787. Ninguno de los nuevos estados concibió una noción de igualdad real sino que todos concedieron derechos y privilegios según el nivel de fortuna y educación, de la reputación y habilidades prácticas, profesionales u artesanales de sus miembros: así, por ejemplo, la primera Constitución de Venezuela incluyó una norma frecuente en todas las constituciones americanas de la época, que establecía que uno de los requisitos para gozar del derecho de ciudadanía era «ser dueño de una propiedad raíz cuya renta anual sea 50 pesos, o tener una profesión, oficio o industria útil que produzca 100 pesos anuales, sin dependencia de otro en clase de sirviente doméstico, o gozar de un sueldo anual de ciento cincuenta pesos». La ciudadanía universal no fue una reivindicación de los revolucionarios hispanoamericanos. La misma Venezuela declaró en su primera constitución que habría ciudadanos de primera y de segunda, a los que llamó «activos» y «pasivos». Ninguna de las nuevas repúblicas abolió la esclavitud, ninguna reconoció la existencia legal de los esclavos, y solo unas pocas (las de Argentina y Perú) prohibieron su compraventa.

Las nuevas repúblicas no contemplaron la libertad religiosa; al contrario, la mayoría declaró la religión católica, apostólica y romana como oficial; los Estados declararon que ello excluía el ejercicio de cualquier otra. Varios países concedieron a la Iglesia funciones de gobierno del Estado; Argentina, por ejemplo, estableció en su primera Constitución que «un obispo y tres eclesiásticos» debían formar parte del Senado, tanto como los representantes de las provincias; Perú dispuso que «seis eclesiásticos» fueran parte del Senado; Venezuela declaró a los obispos «miembros honorarios del Senado»; y la primera Constitución de Ecuador incluso designó, en su artículo 68, «a los venerables curas párrocos por tutores y padres naturales de los indígenas, excitando su ministerio de caridad en favor de esta clase inocente, abyecta y miserable».

Los derechos que defendieron las constituciones fueron sobre todo el de propiedad y el de libertad, especialmente de opinión y de negocios. La Constitución de Perú, por ejemplo, declaró inviolable «la libertad de la agricultura, industria, comercio y minería, conforme a las leyes».

Tal vez no haya mejor ejemplo para exponer la influencia aristocrática en el movimiento independentista que el proyecto que Simón Bolívar envió a la Asamblea Constituyente de Venezuela para la constitución de lo que él llamó «el poder moral», concebido con la misma entidad que los tres tradicionales, el ejecutivo, el judicial y el legislativo. Es un proyecto que nos muestra de manera estentórea el movimiento en que se halla siempre comprometida esta conciencia. Ese que va desde la diferencia moral hasta la diferencia de derechos, que empieza con la afirmación de superioridad de clase o individual y termina con el otorgamiento de privilegios y discrímenes legales, es decir, con el retorno del principio central del Antiguo Régimen, del período colonial: el de diferencia. En este proyecto se ve cómo Bolívar profesaba una vocación aristocrática ilustrada, si bien no monárquica. No reconocerlo es una de las limitaciones de la nueva izquierda latinoamericana, una de las que más le impide el avance democrático. El poder moral o «Areópago» ideado por el prócer venezolano debía ser «esencialmente irreprensible y santo» y elegirse entre «los más virtuosos ciudadanos de la República», quienes, decía el documento de Bolívar, «se titularán padres de la patria». «Sus personas son sagradas —continúa—, y todas las autoridades de la República, los tribunales y corporaciones les tributarán un respeto filial.» Bolívar pensó que el Congreso de la República debía regular «los honores que deben hacerse al Areópago, la precedencia que le corresponda en las fiestas y actos públicos, el traje, sus insignias y cuanto concierne al esplendor de que deba estar revestido este poder moral.» El Areópago debía custodiar las costumbres públicas y las opiniones morales, y entre sus funciones estaban conceder el honor y la gloria, así como distribuir premios o coronas cívicas a los ciudadanos más virtuosos; declarar eminentemente virtuoso, héroe o gran hombre «a los que se hayan hecho dignos de tanta recompensa»; proclamar con aplauso en las juntas «los nombres de los ciudadanos virtuosos, y las obras maestras de moral y educación»; y designar «a la veneración pública» a destacados institutores e institutrices.

El proyecto de Bolívar no obtuvo consenso en la Asamblea Constituyente y no fue aprobado, pero sirve para demostrar las pretensiones de una parte importante de la élite dirigente no solo de Venezuela, sino de todas las excolonias españolas. Vincular los derechos individuales con la propiedad, la fortuna o la profesión o industria, por una parte, y pretender la existencia de un grupo de virtuosos encargado de sancionar las opiniones morales y las costumbres sociales son solo dos de las numerosas formas por las cuales las élites fundadoras de las nuevas repúblicas demostraron que estaban bien lejos de todo ideal igualitario y concebían los nuevos estados como estructuras jerarquizadas y excluyentes, dominadas por principios y leyes que cerraban el paso a la mayor parte de los habitantes.

«El orden social en toda América Latina permaneció arraigado en el pasado colonial [...]. La independencia provocó pocos cambios en las relaciones sociales», sostiene el historiador Burkholder.[75]

Desde la fundación de las repúblicas latinoamericanas en el siglo XIX, las únicas revoluciones fueron las liberales, que no modificaron sustancialmente la estructura de valores más allá del laicismo, con excepción de Cuba. Las mayores transformaciones sociales solo llegaron a sustituir la sociedad estamental por sociedades de notables y propietarios.

VII
LOS IDEALES

Aunque algunos de los ideales que identifican a la ideología aristocrática tengan contenidos distintos en Grecia y Roma, en la Edad Media, el Renacimiento y la era republicana, no cabe duda de que existen elementos comunes que los unifican y los distinguen, adaptados a cada medio y época, un haz de nociones entretejidas que se alimentan recíprocamente y se organizan en órdenes a menudo binarios y siempre jerárquicos hasta conformar una moral con asombrosa capacidad de persuasión. Ese tejido inmaterial es la más poderosa herencia de la aristocracia en el mundo de hoy, su caballo de Troya. Lo ha sido siempre, en todas las épocas. Nacido con la clase de los *aristoi* griegos, ha llegado hasta nosotros atravesando el tiempo y adaptándose a todos los cambios económicos, políticos, ideológicos y sociales. Su fuerza y su sofisticada elaboración es tal que ha adquirido una probada apariencia de naturalidad, como si sus postulados formaran parte de la esencia humana.

Lo que acabamos de escribir debe ser entendido en el marco de la profunda transformación que experimentan las sociedades occidentales desde hace cuatro décadas, a causa de la emergencia de la llamada sociedad del espectáculo, la globalización y la revolución tecnológica. Esta transformación tiende a relegar a un segundo plano los antiguos valores de la aristocracia tal y como fueron heredados por la burguesía, para instaurar en la primera línea, como auténticos rectores de la existencia, los de la vida mercantil, el imperio del lucro como principio de acción y la reducción a criterios de costos y utilidad de los componentes de las relaciones intersubjetivas, como ha observado buena parte de la sociología del siglo XX y subrayado Zygmunt Bauman. Esta transformación, a veces, suscita lamentaciones por una supuesta «falta de valores». Generalmente se trata de nostalgia por el mundo señorial clásico e incapacidad de acceder a los beneficios que el imperio de los principios mercantiles ofrece a sus líderes.

En realidad, lejos de renunciar a los antiguos valores señoriales para adoptar exclusivamente un modelo de mercantilización general de la vida moral, la burguesía, como trataremos de demostrar en este capítulo, los conserva y los hace actuar a su favor en las democracias, aunque a veces solo como estrategias retóricas para legitimar formalmente los incontestables dictámenes del capital para el establecimiento de las nuevas jerarquías.

Describir e interpretar el laberinto axiológico que gobierna hoy nuestras sociedades, a causa del imperio de la globalización, el espectáculo y la nueva tecnología, hacer visible lo invisible, consciente lo inconsciente, es, tal vez, una forma de trabajar en esa «ontología del presente», ese saber que nos habla de lo que somos y de las posibilidades de ser que tenemos, que Michel Foucault identificó como característica de la crítica filosófica de la modernidad, sin duda una más de las tareas de la época.

Los elementos culturales que voy a reseñar no son solo manifestaciones externas o personificaciones directas o indirectas de las clases dirigentes, de una élite que exhibe su distinción, sino también valores arraigados en buena parte de la sociedad, especialmente de la clase media, encarnación de principios que rigen la vida de las personas, grupos y clases en las democracias occidentales, objeto de emulación por parte de los grupos de mayores pretensiones: mecanismos de dominación moral a través de los cuales buena parte de la humanidad ha sido maniatada durante siglos.

HUMANIDAD VERDADERA Y NO VERDADERA, O NOCIÓN CONDICIONAL Y DIFERENCIADA DE HUMANIDAD

De larguísima tradición en el pensamiento occidental, aunque ausente o al menos insignificante en la academia, la idea de una humanidad no verdadera o, lo que es lo mismo, la noción condicional y diferenciada de humanidad —aquella que no reconoce la humanidad a todos los miembros de la especie sino solo a quienes cumplen ciertas condiciones, de naturaleza étnica, social, política, religiosa, etcétera— no ha desaparecido y tal vez ni siquiera haya retrocedido en las democracias representativas. Incluso sin expresión doctrinaria, en numerosas circunstancias puede reconocerse la presencia de esa noción que ha relativizado la humanidad de una parte de las actuales sociedades del planeta. Aunque de modo velado, pero no menos firme, aún se condiciona el reconocimiento del atributo humano al cumplimiento de condiciones de orden racial, moral, económico, cultural, social o legal. En las sociedades democráticas occidentales no se percibe como miembros cabales de la comunidad humana al inmigrante que flota a la deriva en el Mediterráneo o en el Índico norte, al magrebí o al subsahariano que pugna por saltar las vallas de Ceuta y Melilla en España, o el indocumentado que se deja guiar por un coyote en la frontera sur de Estados Unidos. Ni lo son quienes han cometido infracciones de gran impacto moral, como un parricidio o violaciones en serie, o delitos que hoy se califican de lesa humanidad. Se relega a una humanidad no cabal, a una especie de subhumanidad, a los pueblos e individuos cuya praxis vital transcurre en los extrarradios de la llamada civilización, dentro o fuera de los centros metropolitanos. Y se niega la misma dignidad y humanidad, y por tanto los mismos derechos humanos, a las clases más pobres, lo que a menudo se refleja en las políticas públicas.

En las sociedades democráticas se mantiene a la humanidad no verdadera —a los semihumanos, semibárbaros, semisalvajes, chusma o indeseables, una parte no minoritaria de la humanidad que no ha accedido a la riqueza y los privilegios— en una zona moral no descrita ni confesada pero sin duda ajena a lo propiamente humano, en el sentido que se le asigna a este atributo cuando se aplica al ciudadano de los países ricos.

En las democracias lo humano no es un absoluto ni un universal que comprende a todos los miembros de la especie sino algo relativo, particular y aleatorio, según cuáles sean las condiciones raciales, económicas, morales, políticas o religiosas de un individuo o una comunidad dada. En otras palabras, según esta antigua doctrina hoy consciente o inconscientemente asumida, la humanidad no está integrada por todos los hombres vivos: hay una humanidad verdadera y otra que no lo es, una humanidad plena y otra que no lo es en grado suficiente; hay una subhumanidad; se puede ser más humano o menos humano, con infinitas gradaciones.

Esta idea de la especie humana ha tenido gran influencia en Occidente durante más de dos mil quinientos años.

Como ya hemos explicado en uno de los capítulos anteriores de este libro, para los atenienses del período clásico, solo el griego libre, y particularmente el *aristoi* o «mejor», era plenamente humano; en cambio, el extranjero, la mujer o el niño eran solo parcialmente humanos. Al no participar de la *polis*, solo en potencia podían formar parte de la humanidad cabal; el bárbaro, como el esclavo, no era humano aunque lo pareciera.

En Roma, solo eran miembros de la humanidad verdadera los ciudadanos, los que habían desarrollado la capacidad que diferencia a la especie y que consiste en saber distinguir racionalmente el bien del mal, lo justo de lo injusto, y, por tanto, poder someterse a las leyes y el gobierno vigentes en una sociedad.

Lo mismo ocurrió con el cristianismo. Según vimos en el capítulo III, la Iglesia concibió a la humanidad con una estrechez similar o incluso mayor que la grecorromana. También los cristianos se consideraron como «la verdadera humanidad». Para la Iglesia, verdaderamente humanos eran solo los cristianos —cualquiera que fuera su condición legal, social o económica—, hijos de un mismo Dios, capaces de reconocer y obedecer a ese Dios verdadero. Los bárbaros, musulmanes y judíos podían acceder a la condición humana solo a través de la conversión al cristianismo, por medio del bautismo. Ser humano era ser cristiano y ser cristiano era ser humano. En sentido contrario, no ser cristiano era no ser humano.

En todo caso, la insignificante subhumanidad estaba integrada por esclavos, mujeres, bárbaros, extranjeros libres, niños y, en la era latina, por no cristianos. Todos estaban unidos por su insuficiente racionalidad político-moral, su incapacidad para autodeterminarse, su falta de independencia legal, su imposibilidad estructural de identificar al verdadero Dios, creador del mundo y sus leyes, en la visión del cristianismo. A lo largo de la historia, en esa subhumanidad puede incluirse también a los siervos medievales, a los indígenas americanos y africanos, a las masas obreras que la Revolución industrial explotó en forma y cantidades estremecedoras, a los herejes que la Inquisición quemó. Hoy, sin duda, tiene que añadirse a los refugiados e inmigrantes que naufragan en el mar por manotear las costas de Europa.

Al rechazar la universalidad y por tanto la unidad del atributo humano, al negar el carácter absoluto de la naturaleza humana, se está afirmando que existen grados en ella. Y es que, efectivamente, según esta ideología, en la humanidad hay gradaciones, realizaciones distintas de la especie ni existe una sola humanidad ni todos los seres humanos son iguales. Existe una diferencia vertical, una jerarquía humana entre los miembros de la especie. Hay una *humanidad superior* y otra *inferior*. El criterio para diferenciar una de otra varía según las épocas.

La *humanidad superior* se ha distinguido en el tiempo y el espacio ya sea por el valor guerrero, el talento, la educación, la virtud, el mérito, la riqueza, las habilidades o la belleza... Así, esa primera humanidad ha comprendido a nobles y patricios, a los fieles del cristianismo, a los grandes propietarios de tierras, a burgueses, funcionarios, profesionales de alto estatus, artistas, intelectuales y personalidades afines. Siguiendo la metáfora cristiana del cuerpo diríamos que esa humanidad es la cabeza de las sociedades: su élite. El señor es su emblema.

L*a humanidad inferior* ha sido siempre ordinaria, ha carecido de virtud y de idea de gobierno: campesinos libres, obreros, artesanos de baja cualificación, empleados pobres o desempleados, domésticos, vagabundos, los variopintos grupos subordinados. En el cuerpo, representa las extremidades, pies y manos, obedientes a la cabeza.

Este esquema ha sobrevivido en Occidente desde la Antigüedad clásica y cristiana hasta hoy.

En el Renacimiento, mentes tan sumamente sofisticadas y llenas de sabiduría como las de Petrarca, Marsilio Ficino y Della Mirandola no superaron este esquema. Ficino defendió la tesis de Aristóteles sobre la humanidad como un asunto de grados; su carta titulada *De Humanitate*, dirigida a Tommaso Minerbetti, habla de los «niños», «locos», «estúpidos» y «crueles» como ejemplo de seres que «no participan, plenamente, de la naturaleza del hombre». Nerón, dirá Ficino, no era un hombre, sino solo «un monstruo en la piel de un hombre». Para él, la «verdadera humanidad» está representada por los sabios, aquellos que «perseveran en el servicio de la humanidad».[1] Los «no sabios» componen una humanidad «no verdadera».

La idea de humanidad de Pico della Mirandola, un pensador de una agudeza en verdad excepcional, le permite considerar al hombre como un ser dotado de suficiente libertad para ser el artífice de sí mismo, convertirse en «lo que quiera ser» y poseer «el lugar, el aspecto y la prerrogativa que conscientemente elija», sin que una naturaleza única lo constriña a ser siempre lo mismo. Pero, según Pico, precisamente por eso el hombre puede degenerar en no hombre. Si, por ejemplo, hay alguien «esclavo de los sentidos», «cebado por sensuales halagos», ese no es un hombre sino «una bestia»; y si hay alguien «entregado al vientre, arrastrándose por el suelo como una serpiente, no es hombre ese que ven, sino planta».[2] Y ya en el siglo XVIII, en Estados Unidos, como ya hemos dicho, George Washington consideraba que los nativos americanos no tenían de humano más que «la forma». La forma humana, en efecto, era lo único que, según el prócer americano, diferenciaba a los indígenas de los lobos.[3]

Hasta hoy, en la segunda década del siglo XXI, la civilización occidental ha sido incapaz de reconocer la cabal humanidad de todos los miembros de la especie.[4] Hace poco, Noam Chomsky ha llamado la atención sobre la negación de la calidad de «persona» a los inmigrantes considerados «ilegales» en un dictamen de una corte de justicia de Estados Unidos.[5]

La indeterminación de la naturaleza de la criatura humana impide a Pico della Mirandola el reconocimiento de la dignidad de esta en un presente incondicional e imprescriptible. La dignidad de la criatura de Pico, como la de Marsilio Ficino, prescribe en cuanto incumple un principio ético establecido. La negación al reo o al condenado del estatuto humano y, por tanto, de su dignidad y sus derechos es el fundamento de la pena de muerte y la puerta por la que se conduce a los subalternos a la condición subhumana, la cual se atribuye a quienes no alcanzan a satisfacer los requisitos del ideal de humanidad de las clases dominantes.

La unidad del género humano, su universalidad, incondicionalidad e imprescriptibilidad, que nos obliga a reconocer una idéntica dignidad a todos los miembros de la especie, sufre amenazas constantes desde el fondo de la historia de Occidente hasta el presente.

Como ya he señalado en varias ocasiones, uno de los ejes de la cultura señorial está constituido por la noción de diferencia moral. Esta puede entenderse mejor a la vista de su opuesto, la igualdad moral. Uno y otro son conceptos fantasmales: de ellos nadie habla; insinuados o implícitos, suelen generar una resistencia o más bien una incredulidad inmediata. Tal vez se pueda llegar a hablar de igualdad económica, jurídica, jurisdiccional, social o racial; o incluso de superioridad moral. Pero no vamos más allá.

La diferencia moral señala la existencia de superiores e inferiores, diferencias cualitativas entre los seres humanos, una condición o cualidad innata o adquirida que los divide; una suerte que algunos poseen y de la que otros carecen. Una jerarquía o un rango de carácter moral, pues procede de una cualidad o mérito. Tal rango puede ser explícito o implícito, expreso o tácito. Como advertía Clemente de Roma ya en el siglo I de nuestra era, todos no son prefectos ni tribunos; no es lo mismo la cabeza que los pies, aunque ambos se necesiten. Durante muchos siglos, desde la Antigüedad griega hasta hoy, la sencilla, casi invisible noción de diferencia cualitativa o moral, considerada natural o ya naturalizada, ha servido como referente en la vida pública y privada de las sociedades europeas.

El reclamo de excepcionalidad, distinción o diferenciación de algunos sobre otros, de los superiores sobre los inferiores, de los mejores sobre los «comunes», «mediocres», «ordinarios» o «vulgo», ha nutrido la legislación, consagrando privilegios y discrímenes, y a menudo ha determinado la conducta pública y privada de clases, grupos, familias e individuos. Por una parte, el personaje que está convencido o da por supuesta su superioridad, que él convierte en dogma, reclama privilegios y reconocimientos, dignidades, premios, posiciones de gobierno o mando, el lugar de preeminencia que cree que le corresponde. Por otra parte, los actos del hombre considerado superior, por incomprensibles o dudosos que sean, se convierten en parte necesaria de lo que una comunidad determinada considera virtuoso y benéfico y que, por tanto, se inclina a imitar y seguir, como se inclina a imitar y seguir al «triunfador»; mientras que, al contrario, el personaje inferior y sus actos son siempre insignificantes, asimismo de modo necesario, pues de antemano se les considera incapacitados para la virtud, el éxito y el mérito; el personaje «perdedor» y sus actos deben pues evitarse y mantenerse alejados.

Sobre el origen de la diferencia, la cultura señorial ha ido acumulando explicaciones que pueden resumirse así:

La superioridad es (a) *natural*, los superiores han sido elegidos por la naturaleza: se trata de individuos originalmente dotados de una constitución intelectual, física o moral privilegiada; la naturaleza o la divinidad —la gracia— habría distinguido a ciertas personas que por eso mismo y por su esfuerzo tienen más posibilidades de alcanzar posiciones prominentes; (b) *heredada*, lo es cuando proviene del linaje o familia, de la asimilación de valores imperantes en una familia en que la virtud o el mérito han tenido una preponderancia reconocida. Esta aristocracia está generalmente adornada de antigüedad y es la que goza de mayor prestigio, la que encarna el ideal de familias con tradición de reputación, riqueza o poder, en las que la superioridad se ha asentado como un patrimonio. Los miembros de estas familias inician su vida con ese sentimiento y lo cultivan con naturalidad; ningún improbable revés puede desmentir esa convicción, que, por otra parte, recibe aliento en diversos signos exteriores; (c) *adquirida*, si es fruto de virtudes o méritos extraordinarios perseguidos y alcanzados por el individuo; en este caso el mérito es central y aportaría una legitimidad particular para la aceptación social de la diferencia o superioridad.

En realidad, *grosso modo*, esta división está ligada a otra más básica entre clases y grupos sociales: el «hombre superior» procede de las clases en el poder, mientras que entre esclavos, siervos, campesinos u obreros solo pueden existir seres de naturaleza inferior. En todo caso, la operación que se repite sin cesar consiste en transformar el poder (económico, político, social, racial o de cualquier otro orden) en superioridad moral, ideando para ello toda clase de subterfugios.

De este modo los privilegios y discrímenes materiales se reflejan en diferencias de orden moral: se establece así una correspondencia entre virtudes y méritos, vicios y defectos.

A diferencia de los casos de corrupción, en los que el personaje busca posiciones de poder o mando para alcanzar algún tipo de beneficio, personal o no, propio o ajeno, en la ambición de superioridad la meta es de orden biográfico. Para un miembro de las clases y grupos en el poder, fallar en el posicionamiento en la escala de jerarquías, en cualquiera de las dimensiones públicas (económica, empresarial, política, intelectual, artística, deportiva, etcétera), significa un fracaso, mientras que para un miembro de los grupos inferiores, acceder a un podio superior es alcanzar el triunfo. De allí que la lucha por la superioridad sea también un factor de movilidad social.

Es remarcable el rol que las instituciones procedentes del Antiguo Régimen siguen desempeñando en ese posicionamiento que acabo de mencionar. A este respecto merecen una mención especial las llamadas academias reales españolas, que, según se declara oficialmente, «constituyen el más alto exponente de la cultura, la historia o la ciencia en España». De las ocho de ámbito estatal cabe destacar, por su popularidad y trascendencia cotidiana, la de la Lengua. Fue creada en 1715 para «cultivar y fijar, en el modo posible, la pureza y elegancia de la lengua castellana» y determinar errores y distinguir, entre otras, las expresiones «bajas y rústicas»; y aunque en los estatutos de 1993 se declara que su finalidad es «la defensa de la unidad de la lengua española»,[6] la Academia se arroga hasta hoy funciones propias de los superiores, proponiéndose sin ambages vigilar el mal uso de la lengua que hace, probablemente, la misma gente que en el siglo XVIII fue llamada «baja y rústica». Al menos ello se deduce de las declaraciones del más reciente de los académicos numerarios: pocos días antes de incorporarse a la Academia, Félix de Azúa declaraba a la agencia EFE que la función de la academia es «cuidar» el idioma y «velar»[7] por él, lo que, como es evidente, está perfectamente a tono con la finalidad declarada en 1715. Es sin duda desde la perspectiva del castellano ilustrado que habla el nuevo académico. En cambio, fuera del ámbito señorial, se estima que lo único que concede legitimidad a una lengua es el uso de una comunidad dada de hablantes.

Como se ve, la vinculación del ideal de superioridad con las clases y grupos sociales es estructural y actúa en todos los ámbitos, incluido el de la lengua.

El anhelo de superioridad sobre los otros, el de honores y fama, no es connatural en los hombres —como quizá lo sea el amor propio o la afección por uno mismo—, sino característico de grupos privilegiados, los únicos cuya condición les permite autorrepresentarse en un lugar de dominación sobre sus congéneres. Es entre los *aristoi* griegos y los *patricii* romanos, entre los nobles medievales y renacentistas y entre los modernos y opulentos burgueses que ha anidado el ansia de consenso sobre su jerarquía individual y social. Entre las clases y grupos subalternos, dichas nociones difícilmente pueden arraigar y su esporádica aparición se debe a la emulación de los ricos entre los pobres.

Oculto con toda clase de lenguaje, este esquema, que se concreta en la dicotomía entre superiores e inferiores y se expande en una gran fronda de binomios derivados, ha permeado las sociedades occidentales y ha atravesado la cultura alimentada por fuentes europeas a lo largo de la historia, desde sus primeras grandes elaboraciones doctrinales en la ética grecorromana hasta el presente, pasando por épocas en que la dicotomía se exacerbó, como en el período renacentista, y por otras en que quedó velada, como en la era moderna. Hoy la diferencia moral continúa regulando una parte de las relaciones de los individuos, que interactúan entre sí sin prescindir de la posición de superioridad o inferioridad que cada uno ocupa con respecto al otro. En todos los órdenes, el económico, político y social, y en las familias y las relaciones interpersonales e institucionales, esa medición generalmente actúa. Si no es posible establecer de inmediato la relación topográfica de poder entre los individuos e instituciones que interactúan, si las condiciones sociales, económicas o culturales no hacen evidente por sí mismo el lugar que cada uno ocupa, se da paso al procedimiento general de valoración, a la competencia, que de modo infalible terminará dirimiendo la incertidumbre, o sea quién es el superior y quién el inferior. No hay actividad que esté libre de esta lucha incesante legada por la ideología señorial; no solo en los asuntos de fortuna, poder u honores, ni solo en la política, las artes, la literatura o el deporte, sino incluso en los más privados: en todos los ámbitos los individuos se ven arrastrados por la corriente de valores a posicionarse en un rango de superioridad o inferioridad, por convicción, cálculo o resignación.

La democracia equiparó los derechos de los ciudadanos ante la ley, pero no ha concebido la igualdad moral, ni ha abierto un debate sobre ello. Y sin embargo, en ese terreno moral, el de las cualidades y los méritos, que se teje en la relación diaria, se encuentran resortes que limitan la vida democrática. La implícita noción de desigualdad moral o de méritos y merecimientos que sustenta la clasificación entre superiores e inferiores sigue siendo un componente de nuestras sociedades.

El de la diferencia moral es un esquema inicial que se prolonga en otros binomios de amplia circulación en el mundo de hoy, a veces metaforizados, siempre alérgicos a la noción de igualdad. Todos proceden de esta semilla original que he llamado *diferencia moral*, la primera clasificación entre superiores e inferiores. Algunos de los binomios más comunes vinculados a esta son: cabeza/pies; virtud/vicio; excelencia/mediocridad; hombre/sombra; distinción/ordinariez; grandeza/pequeñez; autenticidad/falsedad.

Estos y otros binomios similares, esta matemática moral, se aplican no solo a clases, grupos e individuos sino también a pueblos. Porque para la ideología señorial también los pueblos se dividen en superiores e inferiores, sabios y virtuosos e ignorantes y depravados. Por eso un patricio romano como Cicerón pudo hablar de «la gloria de la dominación» de los primeros sobre los segundos, de Roma sobre los pueblos bárbaros. Esta es la matemática dominante en la historia de las sociedades de Europa y América del Norte y del Sur, y aún en su presente; sociedades ricas o pobres que conservan la impronta de la vieja aristocracia como herencia o adquisición, como convicción o anhelo, como pasado, presente y futuro.

Pero no solo se trata de binomios. Las nociones que la antigua nobleza legó al mundo componen una intrincada red cuyos hilos y pasos son apenas visibles, pero conforman nudos firmes que dan al paño de la cultura aristocrática una extraña fijeza. Toda cultura es un tejido complejo, pero esta, forjada a lo largo de más siglos que cualquier otra, tiene una coherencia y consistencia quizá únicas y goza de sofisticadas elaboraciones ético-políticas para justificarla. Por su posición dominante, sus valores y principios, la religión cristiana y la burguesía fueron reconocidas por todas las clases y grupos sociales, gracias a las eficaces correas de transmisión de que han gozado, especialmente, a través de los sistemas educativo y político.

Por su parte, las clases subalternas, tan diversas a lo largo de la historia, no han podido, para su gran desventaja, dar forma a una cultura similarmente homogénea que pudiera presentarse como alternativa. Las condiciones generales de su existencia y la permeabilidad que han experimentado debido a su posición subordinada les han hecho absorber los valores de los grupos dominantes al tiempo que les han impedido la conformación de un corpus cultural cohesionado que trascienda épocas y lugares.[8] A estos «inferiores», el sistema moral binario basado en la diferencia moral les niega el acceso completo a la valiosa comunidad reconocida en su cabal humanidad.[9]

JERARQUÍAS

Consecuencia de los ideales anteriores, la idea de jerarquía tiene como obvia premisa la desigualdad moral, según la cual unas vidas son más valiosas que otras. A fin de cuentas, según ese pensamiento el mundo y la misma humanidad pueden ser materia de diferenciaciones y condicionamientos. Como hemos visto, existe una humanidad verdadera y otra que no lo es; y, además, la misma naturaleza humana admite escalas. La primera operación consiste en transformar el poder, el capital económico o simbólico, en superioridad moral: tanto en el sistema laboral como en el educativo se establecen unas jerarquías que no son vividas como puramente técnicas y por tanto parciales, unilaterales e incluso históricas, sino como jerarquías totales, fundadas en la naturaleza, que llevan a identificar, a hacer equivalentes, el valor social de alguien con su valor moral, las posiciones o habilidades académicas o laborales con la dignidad humana.[10] En otras palabras, en nuestras democracias, mayor riqueza, formación, excelencia o virtud, sean estas las que fueran, equivale a mayor dignidad humana, y así el individuo o el grupo tendrá mayores distinciones y privilegios, mayor consideración social. La sucesión de escalones descendentes tiene una correspondencia en la valoración moral asimismo menguante.

Situadas en la parte más baja, las clases pobres deben resignarse a un reconocimiento nulo, a una existencia social nula. A la «nuda vida». Queda conformada así una estructura vertical en que cada estrato o escala acepta la superioridad del que lo precede y defiende la inferioridad del que le sigue. Toda relación de poder tiene como condición y sustento la aceptación de esta estructura básica.

En todos los ámbitos de la vida pública y privada tiene lugar sin cesar esta misma operación de constitución de jerarquías, de diferenciación entre dominadores y dominados. Sin embargo, las relaciones de jerarquía, expresadas en términos de poder, son a veces difíciles de percibir y sus formas varían según la actividad: «El poder que ejerce un gran matemático sobre un pequeño matemático no es igual al que ejerce un patrón sobre un obrero», dice Pierre Bourdieu.

Las jerarquías así establecidas responden finalmente a un supuesto sentido de justicia y conveniencia; la jerarquía es también una necesidad social, según la ideología señorial: los superiores, aseguran, constituyen el grupo más capaz de dirigir y administrar el bien común. Además, pueden intermediar entre el poder económico-político y el pueblo y así impedir el despotismo, los abusos y la anarquía; son el más seguro y eficaz contrapeso al poder, de cualquier orden que este fuera; y esa es la mayor garantía del orden político.

Hay otra ventaja: si los superiores ocupan el lugar más elevado de la jerarquía, la sociedad contará siempre con gente capaz de servir al país con un conjunto de valores más elevados que los de la mayoría.

Ello no ocurre solo en el seno del Estado, las ciudades y las relaciones interpersonales, sino también en las corporaciones y toda clase de empresas. En estos casos, la elevada función en el organigrama corporativo otorga el aura de superioridad moral a quien la desempeña, gracias a la mediación que realiza el concepto de mérito, de cuya prevalencia en el individuo da fe su función. Equiparar la función con el valor moral es una de las tácticas de la cultura aristocrática.

Con este género de argumentos, la ideología señorial fue legitimada en la era moderna, matizando las teorías igualitarias hasta hacerles perder todo valor real.

La herencia señorial logró que la idea de jerarquía contaminara todo el cuerpo social para diferenciar, como en el pasado, no solo nobles de siervos y señores de vasallos, sino para que la estructura piramidal se implantara en el interior de todos los grupos, también en los subalternos, que asimilaron la jerarquización como legítimo principio social. Dentro de una misma clase se establecieron rangos y supremacías. Aun entre esclavos había grupos —los del servicio doméstico, por ejemplo— que por el trato diario con los amos se percibían a sí mismos situados en un rango superior al de los demás esclavos. Lo mismo ocurre hoy entre obreros y campesinos y en todo el universo de los pobres. Estos, a veces, sustituyen la solidaridad por el espíritu de dominación de que ellos son víctimas por parte de los señores y del cual hacen víctima al que parece estar momentánea o permanentemente en un rango inferior.

En esta cultura, el elogio de la minoría —a la que generalmente se le presupone una mayor cualidad— es una constante: los superiores son la minoría y los otros la mayoría. Es la minoría la que cuenta y cuyo juicio se debe considerar y estimar. Por virtud, saber, mérito, excelencia, linaje, experiencia, grandeza de espíritu y pureza de intereses, es el dictamen de la minoría, no el de la mayoría, el que importa. Por eso, para todo «recién llegado» la meta es siempre formar parte de esa minoría.

En esta época de imágenes espejeantes puede parecer lo contrario; que es la mayoría la que impone sus gustos. Sin embargo, el valor social y el estatus no dependen del juicio de esta, que no tiene aún la capacidad de reconocimiento y consagración en el orden intelectual y moral.

Finalmente, el esquema de las jerarquías y de superiores e inferiores conduce a un culto a la autoridad, que es siempre la del superior. La autoridad no cuestionable ni discutible es igualmente una de las vigas maestras de esta cultura: consagra al superior y este le da un sentido cierto a la autoridad. Diga lo que diga, la ley, según esta ideología, es expresión de la autoridad, o, más claramente, su instrumento. La autoridad y la ley son un pararrayos. «La ley está para cumplirse», dice este pensamiento, para el cual la autoridad y la ley importan más que la justicia, que no forma parte de su ideario.

Pero la democracia dice que la meta es la justicia y que la ley está para orientar la vida de la comunidad, para ayudar a que esta alcance sus fines, y, en ese sentido, debe ser respetada y cumplida, pero también puede ser discutida, cuestionada, reformada o derogada.

ÉTICA DEL MEJOR

La vida de este como de otros principios de raigambre señorial se remonta a la más lejana antigüedad europea y ha llegado hasta hoy atravesando todas las épocas de la historia de este continente. Es célebre el pasaje de la *Ilíada* en que Peleo ofrece a su hijo Aquiles, que se dispone a partir a la guerra de Troya, el único consejo que le parece necesario: «Sé siempre el mejor. Sé superior a los demás». En el siglo XVII italiano, tal como lo pinta Alessandro Manzoni en su clásica novela *Los novios*, un señor aún podía pensar que su hija debía ser la primera en todo, incluso en el monasterio, «porque la sangre se lleva ahí donde se va».

La voluntad de ser el primero siempre, en cualquier lugar y oportunidad, de no estar «por debajo de nadie», es decir, por encima de todos, es una condición inherente a la existencia misma del personaje señorial.

Hoy, el régimen moral en que se basan las democracias representativas descansa en la promesa implícita del reconocimiento de superioridad a todo el que se distinga como el mejor, aunque sea, como ocurre a menudo, en la mera acumulación de riquezas. La cultura señorial es competitiva y señala como meta o aspiración la ocupación del más alto rango posible dentro de cada espacio o espectro histórico, social, profesional o familiar. Es con esta dinámica competitiva como una comunidad dada identifica atributos, méritos y virtudes en los individuos, con el fin de discriminar y seleccionar al mejor. La naturaleza de esos atributos, méritos o virtudes varía según las sociedades y las épocas. Una u otra comunidad influida por la cultura señorial seleccionará «el mejor» teniendo en cuenta la riqueza, el linaje, la familia, la nacionalidad, el sexo, la clase social, el idioma, los conocimientos, las habilidades o la condición física.

La ética del mejor impele al individuo a fijarse objetivos o metas no por el valor intrínseco de estos, no por mor de los mismos objetivos o metas, sino por algo que está más allá, de modo que las aparentes metas devienen simples medios para llegar al podio del mejor y, con este, a la verdadera meta: el reconocimiento, el aplauso, la fama y con todo ello el poder. Así, por ejemplo, en el caso de los profesionales, el verdadero objetivo no está situado en el mismo ámbito de una determinada profesión —como alcanzar el máximo de conocimiento posible o mayor habilidad, maestría o dominio sobre un campo o una materia determinada, o conseguir la máxima capacidad para afrontar asuntos propios y específicos del ejercicio profesional—, sino en un lugar que transciende lo profesional hasta alcanzar dimensiones morales. La meta es brillar, descollar para recibir los elogios y el reconocimiento de superioridad y poder que busca.

Porque los seguidores de esta cultura aspiran siempre a establecerse por encima de los demás, a sobrepasarlos y obtener de ellos el reconocimiento de su preeminencia. Sea cual sea su posición social, compiten en todas las capas sociales, en corporaciones o asociaciones, gremios, instituciones o clubes o en cualquier otro espacio de confluencia colectiva para alcanzar el podio del mejor, porque este le dará el reconocimiento de sus virtudes, méritos o logros, la reputación que anhela. Porque la meta, junto al provecho, es la fama, la preeminencia, el establecimiento de forma pública y fehaciente de la mayor jerarquía. Vivir, para esta ideología, es «ser algo o alguien»; es decir, «algo o alguien» más de lo que ya es en cuanto ser humano.

Aunque la meta del mejor es estrictamente personal, cuando el individuo trasciende esa perspectiva aspira a que su grupo o familia se eleve hasta las posiciones más altas posibles y adquiera así un estatus superior, puesto que esa distinción de sus iguales lo encumbra más a él mismo.

Ser el mejor fue una meta de las clases altas y hoy es una exigencia moral que puede estar presente en cualquier grupo, familia e individuo, en todos los niveles económicos y sociales y en todos los terrenos. Se trata de una ética que opera a pequeña, mediana y gran escala, en todas las categorías étnicas, en los grupos subordinados y en las élites, desde el soldado raso al general y al presidente: para el que pretende ser el mejor, todo lo que pueda ser objeto de competencia se convierte en meta.

Alcanzar esa meta supone, en primer lugar, ocupar el más alto espacio moral posible, el mayor en la consideración social y en la consolidación de una personalidad. La legitimidad misma de una persona en cuanto persona, o la carencia de esa legitimidad, puede depender de esta meta. Los inferiores, que moralmente no cuentan, es decir, la mayoría, no pueden aspirar a semejante forma de legitimación, y deben buscar su legitimación y sus satisfacciones morales de otra manera, generalmente en la familia.

¿Por qué ser el mejor o el primero es la máxima aspiración, la «realización» de este individuo? No se trata de un anhelo derivado de la condición natural de los humanos. Se anhela ser el mejor porque aparte de eso nada puede hacer que la comunidad presente o futura se rinda ante los méritos extraordinarios del individuo, atribuyéndole la condición de un ser superior. El proceder adquiere la apariencia de justicia: a mayor mérito, mayor recompensa. Situarse en la cumbre de la actividad elegida ofrece la mayor satisfacción al individuo y a su linaje por el prestigio, los honores y, a veces, los privilegios y la gloria.

Pero es que, sobre todo, cuando alcanza la posición de «el mejor», el individuo gana en poder sobre sus congéneres, en forma de influencia: el mejor exige una posición de preeminencia y autoridad sobre los otros, que le es conferida. La superioridad del mejor califica a los demás como inferiores, y sobre estos el mejor adquiere un grado de dominio activo. El mejor siente que el reconocimiento social le asegura derechos particulares, es decir, privilegios: él es o tendría que ser la primera opción laboral, debería recibir la mayor remuneración, con él se ha de contar en los proyectos de más trascendencia y a él se le deben reservar los sitios más cualificados. La unión de lo ético y lo social queda establecida de forma funcional: el mejor, por serlo, está destinado a gobernar, según la doctrina aristocrática.

La ética del mejor implica así la legitimación de un dominio activo y pasivo de unos sobre otros, de los mejores sobre quienes no han alcanzado un grado cabal de realización de sí mismos. Desde los primeros siglos de esta era hasta hoy, con esta ética, se justifica que los «sabios» conduzcan a los «necios».

La consagración del mejor termina de este modo rompiendo con la aspiración de autonomía del individuo, que solo puede alcanzarse en un plano de igualdad, mientras la estructura de autoridad/subordinación, mejor/superior, perdedor/inferior, mando/obediencia, por el contrario, implica una mutua dependencia.

La naturaleza misma de este principio, el mecanismo que pone en marcha y la permanente competencia con «los de arriba» y «los de abajo» en que debe involucrarse el individuo para alcanzar el podio o alejarse del «montón», suele encerrar a este en un limbo de asociabilidad: generalmente el mejor termina desdeñando a la mayor parte de la comunidad cuyo elogio busca.

Pero la comunidad celebra al mejor porque este ha alcanzado su posición en términos competitivos, y eso hace que su figura confluya con la del triunfador, la de «el primero»: esta cultura no celebra a aquel cuyas virtudes se han puesto al servicio de la comunidad, sino al que ha vencido a sus semejantes. Y sin embargo, aunque por su propia naturaleza las metas del mejor son individuales y egoístas y van más allá del triunfo, porque este es pasajero y coyuntural y el mejor busca un reconocimiento permanente, la comunidad lo encumbra porque ve en él al personaje mejor dotado para ayudarla a través de los poderes que ha exhibido.

Es así como la comunidad que celebra al mejor se coloca voluntariamente por debajo de él y puede quedar excluida de sus logros, que son de naturaleza individual.

La ética del mejor, entendida al modo señorial vigente aún hoy, excluye la preocupación por la comunidad y la justicia: al mejor le basta con superar a todos. Para él, renunciar a la política del mejor supone la aceptación del imperio de la «mediocridad» y la resignación a formar parte del «montón».

MÉRITO

El mérito es el gran argumento, la principal estratagema del pensamiento señorial contemporáneo para intentar justificar las diferencias morales y sociales vigentes, para calzar la cultura de la discriminación en las democracias representativas. Se entiende por tal un conjunto de cualidades cuya posesión distingue a una persona, o que, puestas al servicio de una causa, resultan efectivas para su realización exitosa, por lo cual el personaje que las posee adquiere un crédito importante ante los ojos de la persona o la comunidad que se ha beneficiado de esas cualidades.

La ideología que destaca el valor del mérito no es tan nueva como parece. Tiene una larga tradición en la historia del pensamiento y de los valores de las sociedades europeas y se enraíza, cómo no, en la cultura nobiliaria. El mérito fue una baza de la nobleza griega en la Antigüedad clásica, y en el siglo XVII europeo la aristocracia francesa y británica lo argüían a su favor, aludiendo especialmente a aspectos educativos.

Izado como bandera desde los orígenes de Estados Unidos, el mérito ganó terreno como valor propio del Estado republicano, en oposición a valores con los que se identificaba a las monarquías y la nobleza, tales como el linaje, la fama y las influencias, En efecto, especialmente desde el siglo XIX, el mérito se postuló para sustituir a los antiguos valores. En nuestra época, el mérito como valor social tiende a imponerse bajo la asunción de que es un concepto propio de la cultura democrática y en ese sentido reemplaza al linaje, el nacimiento, la influencia, la reputación y la riqueza como criterios de distinción y selección.

Así, el mérito es hoy el eje de políticas que se declaran dispuestas a trascender antiguas rémoras. Al mismo tiempo, aunque sea difícil negar su naturaleza social e históricamente contingente, el mérito tiende a ganar consenso como medida objetiva de valor social. La «meritocracia», tan argüida hoy, incluso parece un lema correcto.

«El origen jamás tiene que determinar los méritos y los deméritos de las personas. Ni el acento. Ni el aspecto físico. La ética de la democracia consiste en juzgar a las personas por sus talentos», declaraba la marquesa Cayetana Álvarez de Toledo,[11] presidenta del movimiento cívico español Libres e Iguales, que se define como transversal (derecha e izquierda) y se declara comprometido con los valores de la democracia, con «la libertad, la igualdad, el pluralismo, la justicia y la solidaridad». Sin embargo, no cabe que la democracia juzgue por «sus talentos» a las personas. En una democracia, se consideran idénticos la dignidad y el valor moral de todos, sean cuales sean sus talentos, y su comportamiento debe juzgarse por lo que aporte a la democracia, es decir, al bien común y a la justicia.

El paradigma del mérito y el talento está en la médula, por ejemplo, del partido español Ciudadanos, que tiene grabada en sus estatutos una célebre fórmula roussoniana de la democracia: una sociedad compuesta por ciudadanos libres e iguales. Imbuido de la idea de mérito, uno de los fundadores del partido puede llamar «un cualquiera» a alguien a quien él probablemente no admite mérito alguno, y «gentecilla» a personas a quienes, tal vez, la marquesa Álvarez de Toledo no reconocería ningún «talento».[12]

¿En qué se parecen y en qué se diferencian el antiguo y el moderno concepto de mérito, si es que cabe hacer esa distinción? ¿En qué consiste el mérito que se ha de tener en cuenta en cada caso y época? Si en diferentes épocas la nobleza argüía sus méritos propios mencionando virtudes intangibles, de difícil medición o solo demostrables en el curso de relaciones interpersonales o sociales, o que necesitaban de un testimonio personal, como la distinción de nacimiento, el linaje, en una época, o la generosidad, la lealtad, la liberalidad y la valentía, en otra, en la era democrática ha terminado imponiéndose una noción distinta de mérito, una en que este puede ser demostrado y medido directamente, como la formación profesional institucional, como la universitaria, el ejercicio profesional regular y los premios y distinciones en régimen competitivo.

En realidad, las diferencias no desvirtúan la función antisocial del mérito como elemento destinado a dar forma a una jerarquía y situar a las personas en niveles moralmente distintos; los dos tienen como objetivo la diferenciación del «montón» y la conquista de derechos particulares o privilegios. En el fondo, en los dos casos se trata de una noción similar por su naturaleza y finalidad: los dos se componen de atributos individuales que se aíslan como distinción u ornamento de un individuo y cuya eficacia beneficia asimismo a un individuo. Finalmente, los dos son adecuados para que los privilegios y las desigualdades, cualesquiera que fueran en cada caso, se mantengan y se perpetúen. La intangibilidad de los primeros y la mensurabilidad de los segundos, que pueden ser establecidos por un test, cierran el paso a procedimientos idiosincrásicos de selección, y esa es la principal diferencia entre unos y otros, pero en ningún caso queda desvirtuada la naturaleza del mérito, que tiende a distinguir la dignidad del «hombre de mérito» de la de los demás.

La llamada meritocracia, que reclama ventajas retributivas o privilegios en el acceso a funciones de mando en la esfera pública o privada para quienes hayan alcanzado mayores méritos profesionales, no puede ser erigida en norma de valoración. Debería ser obvio que, en una sociedad en que predomina una cultura democrática, una persona que ha recibido un doctorado en un centro académico de prestigio internacional, que conoce cinco idiomas o es hijo de un gobernante tiene el mismo valor moral y merece las mismas consideraciones sociales que un obrero no cualificado o un indigente.

Tanto en la Antigüedad como en el medievo, en la modernidad temprana y en la del siglo XIX de Europa existió una aristocracia que defendió que el criterio de distinción debía ser el mérito individual, no el linaje ni la fortuna. Los *Founding Fathers* de Estados Unidos, principalmente John Adams, señalaron la urgencia de rescatar la aristocracia del mérito frente a la de la riqueza, ante el temor de que esta se volviera dominante en la vida del país. (A la vuelta de dos siglos, el profético temor de John Adams ha quedado justificado.)

En un libro publicado el año 2015, la profesora Lani Guinier, de la Universidad de Harvard, propone un concepto alternativo de mérito democrático, al que se refiere de este modo:

> El mérito democrático hace lo que nuestra actual democracia no hace: crea un sistema que incentiva a los individuos que sirven a los objetivos y contribuyen a las condiciones de una democracia floreciente tanto por su propio bien como por el bienestar colectivo.[13]
>
> Con el mérito democrático, la distinción en que se sustenta la diferencia moral tiende a diluirse, en la medida en que los objetivos comunes y el beneficio social impelen a un trabajo colaborativo.

Hoy es frecuente hablar de una aristocracia de la riqueza. Se intenta ver en ella un factor de reconocimiento de superioridad en todas las épocas.

Aunque es cierto que los nobles generalmente fueron ricos y la riqueza siempre estuvo asociada al poder político, ni en la Antigüedad ni durante la Edad Media ni en la modernidad temprana la riqueza otorgó un estatus de superioridad. Poseer una fortuna nunca confirió a las personas el control directo de una sociedad, ni las ennobleció inmediatamente, aunque les diera acceso a altos cargos, a órdenes selectas y a la nobleza mediante la compra de títulos nobiliarios y derechos. Desde el siglo IV y hasta el XV, la riqueza incluso dio esperanzas de salvación, pero no distinción aristocrática.

La nobleza no consideró la riqueza como parte de su naturaleza, sino una condición para el ejercicio de lo que entendía por la «virtud». Dicho de otro modo: la riqueza fue desde muy temprano una prueba de distinción solo si iba acompañada de rasgos personales socialmente valorados.

Ello cambió con el ascenso del capitalismo. Aunque industriales, comerciantes y profesionales siempre hicieron valer sus virtudes profesionales, como trabajo, esfuerzo y prudencia, paulatinamente la riqueza se fue desprendiendo de los acompañantes morales y espirituales que le habían concedido prevalencia social, hasta tal punto que en nuestros días la riqueza se convirtió en un valor autónomo con suficiente poder moral para elevar al rico a la máxima consideración social. Una vez constatado su poder, la burguesía no necesita de ninguna otra legitimidad que no sea la económica: el auge paulatino de la simonía está en las raíces de la modernidad capitalista.

En esta época, que se inauguró a finales del siglo XVIII en las democracias, el poder económico da estatus social y poder político por sí solo. Washington no fue elegido primer presidente de Estados Unidos únicamente por haber dirigido los victoriosos ejércitos en las luchas por la independencia, sino por ser uno de los hombres más ricos de su época. Ya en el siglo XIX europeo, el dinero y la riqueza se habían convertido en *l'ultime ratio mundi.*

Ello tuvo una consecuencia revolucionaria en la escala de valores sociales. Pronto, como ocurría en otros campos, también la moralidad social pasó a tener como principal referencia el dinero y la riqueza. «La fortune est la vertu», exclama un personaje de Balzac.

Es incuestionable que de la riqueza y la prosperidad material depende ahora el estatus, como antes de la fe, la educación, la belleza, las cualidades morales o el intelecto. Debido al poder y la capacidad de dominación que otorga, la riqueza es el principal objeto de admiración y la meta de toda ambición.

Adherido al mundo material y sus satisfacciones (comodidad, boato, lujo, educación, etcétera), el rico basa la superioridad que exhibe sobre los demás en su poder económico, social y político. En su limbo, la crítica social ya no lo alcanza. Ahora nadie exige a los ricos abandonar su riqueza, ni insinúa que «es más fácil que un camello pase por el ojo de una aguja que un rico entre en el reino de los cielos». La misma Iglesia se encargó desde muy temprano de borrar esos peligrosos mensajes. Lo hizo de un modo que dio a los ricos argumentos poderosos. Mediante la ampliación de las nociones de caridad y filantropía, proveyó a los ricos del sustrato moral que necesitaba la riqueza para afianzar su superioridad, añadiéndole un contenido virtuoso. Por eso, Bill Gates ya forma parte de una élite nobiliaria «no titulada» en Estados Unidos, pero es difícil que Donald Trump vaya a ser asociado con la aristocracia.

Así pues, hoy se estima que la riqueza es demostración de mérito y, especialmente cuando es combinada con la beneficencia y la filantropía, basta para tener un estatus de superioridad moral.

EXCELENCIA

La excelencia ha sido el concepto clave para sustentar la cultura de la meritocracia. Es parte de la coartada del mérito. La excelencia es la mayor ambición de los profesionales competitivos, la gran promesa de los centros educativos más reputados, la virtud más apreciada en el mundo profesional y la más buscada en el mercado laboral. Orientada siempre al autointerés, la excelencia garantiza a su poseedor un sitio superlativo en la esfera laboral, el prestigio entre sus pares y la mayor consideración social.

Si ahora ya no puede invocarse el linaje y el nacimiento como pruebas de virtud, mérito o justificación de honores, y si el mismo mérito resulta disputable, aparece la excelencia como nueva fuerza legitimadora. Su autoridad es esgrimida como argumento inapelable: en una democracia nadie está excluido por razones raciales, sociales, económicas o de otro tipo, y a cualquiera el talento y el esfuerzo pueden conducirle a la excelencia, como siempre que haga falta puede comprobarse recordando personajes que han hecho una carrera exitosa partiendo de situaciones de desventaja socioeconómica. Y a la excelencia se llega por los mecanismos, pruebas y exigencias propios de la democracia, los que la comunidad establece para todos.

A diferencia del moderno mérito individualista, el criterio para reconocer la excelencia no puede ser precisado, pues esta es difícilmente cuantificable en un test. En realidad, se trata de un concepto social y moral más que técnico. El criterio para determinar la excelencia son los triunfos, logros o realizaciones, no la calidad de las intenciones ni la bondad de las metas. Como en la antigua sociedad griega, la actual es una cultura de resultados, en la que la responsabilidad moral por las acciones cuenta poco. Si alguien no ha alcanzado el triunfo, no puede decir que ha alcanzado la excelencia y, por tanto, según esos parámetros, esa persona, social y moralmente, habrá fracasado.

Por su naturaleza, la excelencia es comparativa; se establece competitivamente y se esgrime siempre como signo de distinción de los que saben «hacer las cosas extraordinariamente bien» (Rafael Correa, presidente de Ecuador, 2007-2016). La excelencia y el mérito se fomentan en clave no colaborativa: la sociedad tiende a premiar los esfuerzos por alcanzar metas individuales, ignorando sus actuaciones cooperativas. Así ha sido siempre en las sociedades en que se impuso la cultura señorial. En la Antigüedad griega, dice el profesor A. W. Adkins, «*areté* [excelencia] y *eudaimonia* [bienestar] son incluso más importantes que la mera injusticia».[14] En las sociedades de la «excelencia» para un hombre es más importante ser exitoso que ser justo.

Los defensores de la excelencia y la meritocracia abogan por destinar mayores recursos del Estado, así como honores y privilegios públicos y privados, a quienes hayan alcanzado la excelencia, pese a que este tipo de prácticas contribuye a acrecentar la desigualdad estructural. Es así como la excelencia y el mérito como criterios de discrimen positivo se convierten en formas de legitimar las diferencias sociales y sus consecuencias.

La ideología señorial ha utilizado muchas denominaciones para referirse a la realidad designada por la excelencia. El concepto ha sido reelaborado, adaptado, proyectado y consagrado en la cultura contemporánea. En ningún caso esa mentalidad habla de «la excelencia de una vida sabia y feliz» a la que se refirió Agustín de Hipona («Excellentiam sapientis beataeque vitae»),[15] sino que solo se valora su aplicación a fines instrumentales.

COMPETENCIA ENTRE IGUALES

Antes que nada debemos aclarar que no existe ninguna relación entre el concepto económico capitalista de competencia del homónimo aristocrático-moral. Y debemos asimismo diferenciarlo de la competencia en la que se disputan meros beneficios materiales inmediatos, generalmente económicos.

La competencia señorial es la lucha en que una persona se involucra para alcanzar una más alta distinción moral con respecto a sus pares o competidores, para ocupar el más alto estatus en un orden jerárquico prestigioso, sea este el de las altas dignidades del Estado, el de una profesión o una comunidad, o en la consideración social general. Como hemos dicho, esta cultura es de naturaleza competitiva, pero en una dimensión en que está involucrado el poder, la reputación o el honor.

Esto no quiere decir que la competencia solo tenga lugar en relación con grandes fines. El afán competitivo no se limita a lo económico, profesional o social; se expresa en cada acción, en cada dimensión y etapa de la vida del grupo y del individuo. La meta u objeto particular de competencia puede variar según el momento y el lugar, y la lucha irá repitiéndose en una sucesión sin fin, pero puede aseverarse que en general se compite por alcanzar los honores de un estatus social y moral elevado, por prerrogativas, privilegios, honores y autoridad política inherente a las altas dignidades o funciones en el Estado o en grandes instituciones nacionales o internacionales, que impliquen el reconocimiento de la mayor jerarquía profesional, económica o moral, o sea, cierto ennoblecimiento para los individuos y sus familias, y tal vez para sus herederos.

La competencia se aplica también a juegos, habilidades, belleza física, vestuario, joyas, comida y bebida, conquistas, viajes, idiomas, vivienda, mobiliario. Incluso las donaciones y las variadas formas de beneficencia son un campo para la competencia. Todo lo que puede ser un rasgo de distinción será también materia de competencia. Se trata siempre de estar por delante y de ese modo acceder a los niveles más altos de la sociedad o ratificar la pertenencia a estos: se trata de establecer la superioridad.

Si el triunfo es la meta, la competencia es el medio, acaso el más defendido moralmente, que dignifica a la persona de ideología señorial. En esta época en que los méritos de sangre y nacimiento van quedando relegados, ese régimen constituye su verdadera consagración. Por eso se requiere que los méritos de los otros sean proporcionales y se midan con el propio: sin esa competencia, tener éxito en la competición vale menos. Los otros, por tanto, han de ser reconocidos como iguales, por su pertenencia a un mismo grupo o una misma clase o por haber adquirido previamente el reconocimiento público de méritos suficientes. Hoy, competir y ganar en este régimen es un imperativo moral *sine qua non* del estatus.

Hay un rechazo a competir entre personas de clase social distinta, como se ponía en evidencia en los antiguos duelos, en que nadie se hubiera batido sino con ofensores de una misma clase. Y ello se debe a que el mérito es incierto y el resultado de la competición puede ser frustrante cuando se compara a personas de estatus diferentes, o de estatus equivalentes pero desigual reputación o instrucción.

En la carrera en que se ve envuelto el personaje que compite, el otro es siempre su competidor, su rival, y por tanto un inferior o un superior potencial. Nunca un igual. No importa qué actitud y qué intención tenga ese otro. La competencia es tácita. La búsqueda del éxito y el triunfo lleva siempre implícita una disputa con los otros: se triunfa sobre otros, sobre todos los demás. El otro, así, puede ser una palanca o un obstáculo para alcanzar el más elevado peldaño que ansía, nunca un compañero.

El régimen que se impone hoy es, pues, un problema para la cohesión de una comunidad dada.

GLORIA, FAMA, REPUTACIÓN, INMORTALIDAD

La gloria, la llamada vida póstuma, o ambición de «quedar» o «pasar a la historia», fue siempre el sueño de los más ambiciosos miembros de las clases señoriales. Basándose en la literatura, María Rosa Lida ha demostrado hasta qué punto la posteridad formaba parte de la ambición de los griegos: «El virus de la gloria estaba infiltrado en la vida griega», dice; su búsqueda atraviesa toda su historia. En la modernidad esa búsqueda derivó en una ambición juvenil propia de medios burgueses, una experiencia que testimonian algunas novelas europeas del siglo XIX como *Las ilusiones perdidas*, de Balzac. Hoy se trata de un ideal no confesado ni confesable pero pujante en medios políticos, deportivos y cinematográficos. El deseo de gloria es más antiguo y evidente entre gobernantes, científicos, escritores, deportistas, artistas y pensadores. En algunos escritores explica su búsqueda del Premio Nobel. Es obvio que en la fuente de ese afán, en el origen de los cálculos que se hacen con la posteridad, está el anhelo de consagración irreversible, de la victoria del individuo sobre sus congéneres presentes y futuros.

La fama es menos ambiciosa que la gloria, y se distingue de esta en que no cuenta con la posteridad. Pero es otra de las obsesiones de pueblos e individuos afectados por los miasmas de cultura señorial. La fama es la recompensa al mérito, el éxito o el triunfo y su deseo, dicen, es connatural al ser humano. Tal amor está abundantemente documentado desde Grecia, cuyas sociedades fueron «de resultados», no de intenciones: de triunfos y fracasos. Según Lida, Roma fue el escenario de la «afirmación» del amor a la fama que obsesionó a los griegos.[16] Después, según afirma el historiador Leo Braudy, «Roma infectaría el mundo con el deseo de reconocimiento personal».[17]

Por lo que hemos visto en este libro, no le resultará sorprendente al lector que el deseo de elogios fuese una virtud para el santo de la Iglesia católica Agustín de Hipona, pues llevó a los romanos a su expansión imperial: «Estas dos cualidades, la libertad y el deseo de elogios, son las que movieron a los romanos a hacer empresas heroicas y maravillosas», escribió en *La Ciudad de Dios*. El mismo santo creyó que el deseo de fama se originaba en el vacío de los hombres por la falta de Dios en sus vidas.

Sin embargo, el deseo de fama no está ausente entre los hombres religiosos.

Pero la fama, la ambición de reconocimiento universal de la excelencia, no solo impulsó a griegos y romanos sino también a los reyes medievales, los gobernantes, artistas y conquistadores renacentistas, los ideólogos del capitalismo, los fundadores de estados y repúblicas como las americanas. Recordemos la declaración de Alexander Hamilton, uno de los *Fong Fathers* de Estados Unidos: «El amor a la fama es la pasión dominante de las mentes más nobles».

Esos ideales antiguos no solo sobrevivieron sino que se desarrollaron. En los siglos modernos y en nuestro tiempo son cada vez más visibles; según Leo Braudy constituye una verdadera obsesión en la vida de Estados Unidos. Lo mismo puede decirse de Europa y de América Latina. Consecuencia y proyección de los antiguos principios nobiliarios, la fama, el prestigio y la reputación tal vez sean hoy, aparte del enriquecimiento, las pasiones ón más poderosas del mundo, probablemente por el estímulo de la dimensión económica de que carecían antes. La seguridad y la vida laboral en ciertos sectores profesionales están ahora conectadas con los tres conceptos. Es más: la riqueza se ha convertido en fuente de fama y, posiblemente, en un trampolín hacia la gloria.

El ejercicio de lo público, las artes, los deportes, el espectáculo y las profesiones vinculadas a los medios de comunicación siguen siendo terrenos bien abonados para la búsqueda de gloria y fama o, al menos, de prestigio y reputación. La tecnología parece favorecer hoy el despliegue de esta inclinación heredada de tiempos y privilegios nobiliarios; la fama que ofrecen, aunque a menudo vacía, crea la ilusión de un bien moral que antes le estaba negado a la población. Las llamadas redes sociales son una prueba.

Ya Epicuro negaba que el deseo de gloria o fama fuera connatural al ser humano, un hecho que ahora puede demostrarse acudiendo a los ideales de las clases pobres y de los individuos «ordinarios», relacionados sobre todo con la supervivencia y la familia. Se trata más bien de una ambición frecuente en las clases con poder.

Esté o no conectado el despliegue de una civilización o sociedad con la búsqueda de pomposos reconocimientos sociales, y estén o no la fama y la gloria relacionadas con hazañas o riquezas, lo cierto es que la búsqueda de gloria, fama, prestigio y reputación es sin duda otra manifestación del deseo que comparten todas las democracias occidentales de establecer jerarquías de unas personas sobre otras.

Por lo demás, la fama, escribió Borges, no la merece nadie.

HÉROE, GRAN HOMBRE Y GENIO

La idea y la figura del héroe, del gran hombre, del hombre superior y benéfico, domina el modelo ético de la civilización occidental. Variando según las épocas y las circunstancias, ese ser (héroe, gran hombre, hombre magnificente, hombre de grandeza de alma, prócer, genio, sabio, virtuoso y líder) se define por el valor, la virtud, la hazaña, el mérito y la excelencia. La sociedad y sus congéneres lo premian con honor, honra, fama, gloria y, finalmente, inmortalidad.

La nobleza hizo de su propio ideal el prototipo humano: el héroe, en tiempos de guerra; y el gran hombre, después, en tiempos de fundaciones o refundaciones de reinos y repúblicas. El héroe fue la figura más admirada de la sociedad grecorromana. El historiador Donald Kagan, de la Universidad de Yale, sostiene que no hay literatura que exalte con más ardor el ideal aristocrático que los dos poemas épicos homéricos. En esos poemas, dice, y en las obras de los grandes trágicos y comediantes como Sófocles, Eurípides y Aristófanes, brillan fulgurantemente las superindividualidades. Aquiles y Odiseo las personifican cabalmente y son quienes más han influido en la historia posterior. Alejandro Magno no tenía a su padre, el rey Filipo, sino a Aquiles como inspirador de sus gestas. Él mismo llegó a sentirse Aquiles. Y Julio César se consumía de envidia ante las proezas de ese Alejandro héroe mítico. El héroe no es desinteresado: busca la fama y, si es posible, su grado más alto: la gloria.

El culto al héroe es el culto al hombre superior, dice Carlyle. Efectivamente, el «hombre superior» es el verdadero protagonista de las epopeyas y tragedias antiguas y medievales; es el «hombre magnánimo» o de «grandeza de alma» de Aristóteles, el «gran hombre» del mismo Carlyle y de Emerson, el «individuo heroico» de Nietzsche, el líder nacional político de los siglos XX y XXI.

Aristóteles describió al hombre superior como un ser de «alma magnánima». También en eso el filósofo de Macedonia tuvo muchos seguidores y una larga vida. Cicerón retomó ese concepto de magnanimidad en el más influyente de sus libros, *Los deberes*, en cuya primera parte deja claro que lo mejor en el ser humano es lo que él llama «animo magno elatoque humanasque» («la grandeza y nobleza del alma»), que puede apreciarse en los hechos elevados y excepcionales. Sin duda Cicerón conecta el hecho elevado con la guerra, pues el ejemplo mayor de magnanimidad de alma es para él el pueblo romano («populus romanus animi magnitudine excellit»), en el que se observa una «declarada pasión por la gloria militar» («declaratur autem studium bellicae gloriae»).[18] He aquí un ejemplo de cómo la magnanimidad y la grandeza de alma pueden conducir a «la gloria de la dominación» sobre los otros.

«El héroe es el líder de los hombres, de la masa de hombres»; es el que enseña el camino; el «salvador de su época»; el «capitán espiritual», dice Carlyle. En el siglo XX hubo un momento en que el héroe o gran hombre era el ser de vida ejemplar, como en la serie de Plutarco, cuya popularidad es en sí misma una prueba de la profunda admiración que cultivó la conciencia occidental por los valores de la cultura nobiliaria.

En la modernidad tal vez nadie haya recuperado la teoría de Aristóteles del alma magnánima con tanta autoridad y lucidez como Adam Smith en la *Teoría de los sentimientos morales*. El «magnánimo» de Smith forma parte de un grupo «selecto» y «pequeño» que se caracteriza por admirar «realmente la sabiduría y la virtud», mientras las masas admiran «la riqueza y el poder». Este hombre magnánimo, sabio y virtuoso —«un semidiós», dice Smith— es el gran hombre, el hombre superior. Poseído también por «la idea de exacta corrección y perfección», a él se debe el progreso en todas las épocas. El *wise and virtuous man* es «el héroe de todos los tiempos».

Hegel los llama «grandes individuos históricos» y los ve como instrumentos por los cuales la razón logra que los intereses individuales se orienten hacia las metas universales. El filósofo que vio a los pueblos germanocristianos como la encarnación del «Espíritu Absoluto» y la realización mayor de la historia universal, consideraba a esos individuos una especie de mártires, y las ruinas que a veces dejaron a su paso —Tebas destruida por Alejandro, las Galias sometidas por César y Egipto saqueado por Napoleón— no eran sino anécdotas necesarias para el despliegue del espíritu.

En los albores del siglo XX, Nietzsche criticó la concepción romántica del héroe, aquella que estima, como Carlyle, que la historia de la humanidad es la historia de la vida y la obra de los grandes hombres. «Propiamente no hay historia sino solo biografía», escribió Carlyle. Nietzsche rechazó esa concepción y consideró el culto del héroe, del gran hombre y del genio, como «un eco de la reverencia por dioses y príncipes».[19] Sin embargo, el mismo Nietzsche no pudo librarse de la clasificación que situaba al héroe en la categoría de hombre superior.

En realidad, en la modernidad el héroe ha sido solo una añoranza. La idea de igualdad que acompañó a la democratización, se dice, acabó con la moral heroica. Nadie creyó ya en héroes, ni los valoró. Los nobles y los burgueses dejaron de postularse para la acción heroica. Solo lo hacía el hombre que en medio del triunfo de la burguesía rechazaba la moral burguesa, antiheroica por naturaleza, de metas finitas y carentes de convicciones. Para ese hombre antimoderno, el héroe es un emblema. Podría ser el caso de los artistas transgresores conocidos como «malditos».

Pero no es cierto que en el tiempo actual la figura del héroe haya desaparecido. Como antes, hoy está encarnada en la del soldado y el líder; o, más aún, en el soldado-líder: George Washington en los comienzos de la vida de Estados Unidos, Charles De Gaulle y Winston Churchill en el siglo XX, y Hugo Chávez en el XXI, son ejemplos populares. Más cabalmente, el héroe existe aún en la figura del gran hombre. Es verdad también que la noción de héroe se ha caricaturizado en la cultura de masas de hoy en día, y en esa nueva dimensión cabe reconocer a la figura del deportista y el empresario.

El llamado héroe, como ser superior que es, está hecho de la misma materia que los aristócratas y los burgueses que aspiran a la aristocracia. Dicho con otras palabras, el hombre superior tiene una moral heroica, y todo aristócrata o todo ser de cultura aristocrática ambiciona ser un héroe, o lo es en potencia. Quisiera ser capaz de grandes hazañas y sacrificios; casi lo siente como su deber: ser héroe asumiendo una meta moral relevante para la comunidad, actuar por y para ella. Héroe, gran hombre, hombre superior, todas son versiones del *aristoi* griego, el mejor o el primero, llamado a gobernar a sus congéneres.

La idea de gran hombre u hombre superior es uno de los más claros puntos de encuentro del ideal burgués avanzado con el ideal nobiliario, que lo engendró. El historiador y crítico literario francés Paul Bénichou sostiene que esa figura emergió en Francia a finales del siglo XVIII, como sucesora del *homme de lettres* (intelectual) y del sacerdote. *Homme de let-*

tres, sacerdote, político, gran hombre: todos tienen algo de la divinidad que confería autoridad al antiguo sacerdote, dice Bénichou.[20]

Alguien puede pensar que las nociones de héroe, gloria y grandeza encadenadas como están, una como consecuencia de otra, o bien se han vuelto tan comunes que han adquirido carta de ciudadanía o bien ya no están vigentes, y si aparecen será solo como anacronismos; que la búsqueda de la riqueza ha sustituido la antigua obsesión por la grandeza, la fama y la reputación. Sin embargo, esa convicción puede ser fruto solo de la transformación exterior que han experimentado estas nociones que, al contrario, se refuerzan impulsadas por el imperecedero deseo de esta cultura de alcanzar todas las formas de superioridad.

NACIMIENTO Y LINAJE

Como baza de distinción, este principio lleva mucho tiempo perdiendo terreno, pese a haber sido durante siglos el emblema de la nobleza. Sin embargo, aunque hoy tiende a ser sustituido por el mérito, no ha desaparecido del todo, y su estela es perceptible en el ámbito público y más aún en la esfera privada. En muchos países es una suerte haber nacido con ciertos apellidos reputados. Un indicador de su supervivencia y quizá hasta de su repunte puede ser el desmesurado auge que tiene en Europa y Estados Unidos la genealogía, convertida en una industria millonaria.[21] Es cierto que el afán por conocer el árbol genealógico familiar puede tener su origen en un interés por fortalecer la memoria, la cohesión y la identidad familiar, pero la frecuente búsqueda de cualquier clase de vínculos con la nobleza, con reinos, ducados, condados, imperios o escudos de armas, o con hechos heroicos o por alguna razón históricos, o con tradiciones que han adquirido valor en países, regiones o ciudades en las que se aprecia sobremanera la antigüedad, parece indicar que, en muchos casos, ese auge expresa también interés en encontrar asideros para esgrimir superioridad racial, excelencia o mérito de ancestros que pudieran contribuir a mejorar el estatus social.

Este valor o principio que pondera el nacimiento y el linaje se basa en la asunción de que una familia puede ser portadora de virtudes adquiridas en el pasado, por méritos políticos, militares, históricos, cívicos, intelectuales o artísticos o de cualquier otro orden de alguno de los antepasados, y conservadas y transmitidas de generación en generación; y que la sola pertenencia a ese linaje adornado por la virtud y el mérito puede ser ya garantía de superioridad. Así, la reputación está asociada al apellido o nombre familiar.

La continuidad de linaje, ancestros y familia permite a los individuos fantasear con cierta grandeza, y confiere la sensación de importancia o trascendencia histórica derivada de la multiplicación y longevidad del apellido. La idea de pertenecer a una estirpe parece proteger algo valioso, puesto que el hombre o la mujer y sus ancestros formarían parte de una especie de cofradía selecta en la cual desde tiempos lejanos ya anidaba la excelencia y la virtud. En esta perspectiva, la virtud se acumula y se transmite en el linaje; se trata de perpetuar una especie valiosa. Nacer en una de esas familias virtuosas por tradición supone ya nacer con mérito: con virtudes heredadas. Cuanto más antiguas, mejor.

Los nobles de toda Europa suspiraron siempre por encontrar ancestros romanos y a veces forzaban genealogías para el hallazgo. El clan de los Corner de Venecia, por ejemplo, pretendía descender de los Cornelios de Roma. En América Latina ocurre algo similar hoy, en el siglo XXI. Hay casos bien significativos. Por ejemplo, un expresidente de Ecuador con pretensiones nobiliarias proclama con sumo orgullo, en su página personal de internet, que su prosapia viene del siglo XI, de Galicia; y en Colombia había un empresario de apellido Borbor que se decía descendiente de los Borbones «de España».

El orgullo social por los ancestros, los árboles genealógicos, la continuidad del linaje, los hijos heredando nombres, oficios, despachos y empresas de los padres y la jerarquía y el lugar social de la familia son aún factores muy influyentes de diferenciación social, a favor de los círculos dominantes: «la poderosa intervención de un nombre», denunciada por Balzac en el siglo XIX francés, es todavía una realidad que establece privilegios y jerarquías y menoscaba a las democracias occidentales.

El personaje de mentalidad aristocrática busca potenciar la buena reputación de su linaje para fines propios, para mejorar sus posibilidades de alcanzar riqueza y estatus social. Porque no se trata solo de una cuestión inmaterial o moral: cuanto más y mejor asentada esté la buena reputación de un linaje y más alto cotice un apellido entre los valores de mercado, mayores posibilidades tiene la familia de recibir créditos en sus transacciones, ya sea a través de matrimonios ventajosos, altos cargos públicos o privados, etcétera.

Para la preservación y continuidad del linaje se siguen muchas estrategias, desde las cláusulas hereditarias especiales que tienden a la indisolubilidad del patrimonio familiar hasta el uso repetido de un nombre —por lo que en ocasiones incluso llegan a numerar a sus portadores, como hacen los reyes, papas y como hacían los emperadores—, pasando por la presencia tutelar de los miembros más relevantes mediante la exposición de sus grandes retratos en un lugar destacado del hogar.

Las casas con pretensiones de linaje alimentan la memoria común de distinción mediante la exhibición de retratos de los fundadores o principales miembros de la familia, una costumbre imitada en las clases medias y trabajadoras con pretensiones. No se trata de fotografías que evocan momentos gratos sino de retratos que intentan poner de relieve o acentuar el carácter moral o social distinguido del miembro de la familia y, por extensión, de la familia entera. No es casual que el retrato empezara como género pictórico a partir de una costumbre de la élite nobiliaria, gobernante o no. El arte del óleo inmortalizaba a reyes, duques, condes, papas y cardenales. La usanza fue imitada luego por altas dignidades eclesiásticas y civiles y por comerciantes acaudalados. Aún hoy los gobiernos encargan retratos al óleo —para los que suele pedirse, como antes, el concurso de los mejores pintores— de presidentes y ministros para los salones destinados a preservar la historia. El pintor Antonio López tuvo durante una década el encargo de pintar a la familia real española.

Pero en realidad no todas las familias con pretensiones pueden permitirse un retrato pictórico, así que el sucedáneo ha sido la fotografía, más al alcance de las clases medias con ínfulas. Los retratos del jefe de familia en los salones de las casas, los retratos de rectores de universidad o colegios que se exhiben para la historia en las galerías, así como los de directores de escuelas o de residencias o presidentes de cabildos son todos expresiones del ansia de perennidad tan cara a la aristocracia histórica.

La práctica de valorizar el linaje y el nombre se aplica a la conservación o aprovechamiento de una condición exclusiva alcanzada por algún miembro de la familia, en forma de privilegio. Es fácil constatarlo, por ejemplo, en la pertenencia a clubes deportivos o sociales cuyos nuevos socios deben ser descendientes de socios anteriores, o en la asignación de plazas en escuelas, institutos, universidades u otros centros en los que se reservan lugares para hijos de antiguos estudiantes.

HONOR Y HONRA

Una definición básica del honor dice que es un mérito que un individuo, grupo o nación tiene o cree tener como parte de la integridad de su ser. Se trata de algo adquirido o heredado; en todo caso, una virtud alcanzada e incorporada de manera permanente, como el coraje, la valentía o la excelencia, que lo distingue y cuyo reconocimiento exige de los demás. Dicho brevemente: es algo valioso que distingue de modo eminente a un ser sobre otros y cuyo reconocimiento el portador espera o exige. El honor es el mérito, la virtud o la excelencia de una persona o un grupo que los demás deben reconocer, respetar y admirar: un objeto de culto que forma parte de la identidad, protegido por una línea roja que rodea al individuo o al grupo, es decir, que va más allá de estos, y que nadie debe traspasar, tocar ni poner en cuestión, y mucho menos negar.

Faltar a ese reconocimiento es faltar al honor. Se incurre en ello cuando se omite; o cuando ese mérito, virtud o excelencia heredado o adquirido no es homenajeado, o no lo es debida y suficientemente; o cuando es directamente negado. Ese mérito, virtud o excelencia puede ser la simple pertenencia a una familia, la práctica de un estilo de vida, la excelencia profesional o moral.

El honor no es equiparable a la simple dignidad humana, común a todos los hombres, sino algo extra y superior, que solo algunos han adquirido o heredado, pero que, orgánicamente incorporado, forma parte de su identidad: es la prueba de la superioridad del individuo que lo posee.

Un componente indispensable del honor es la publicidad. El honor existe y se erige siempre ante otros, ante una comunidad que el individuo distingue como superior a otras, pero que está a su misma altura y de la que él forma parte. Es el reconocimiento real o potencial de los otros el que modela definitivamente el honor. Por tanto, solo se puede faltar al honor si no se respeta, si se cuestiona o se niega ante esa comunidad valiosa; hacerlo a través de una carta privada, por ejemplo, difícilmente afectará al honor de alguien.

El honor, un asunto no solo de individuos sino también de familias y de estirpe, fue la meta, el bien más preciado de los aristócratas griegos. En la *Ética a Nicómaco*, de Aristóteles, el honor es «el más grande de los bienes externos», una virtud que no se halla distribuida de forma igualitaria ni cabe buscar ni encontrar del mismo modo en cualquier clase social ni en todos los sectores de la población: «Honor y deshonor son en especial preocupaciones del hombre de alma elevada», es «de lo que los grandes se consideran especialmente merecedores», según el mismo filósofo.

La cita alude a una de las claves para entender esta idea de honor, que se hace explícita en la siguiente afirmación del barón de Montesquieu: «En el delito, el noble pierde el honor, y responde de ello ante una corte, mientras que al villano, que no tiene honor, se le castiga en el cuerpo».[22] Efectivamente, el honor es cosa de señores: el campesino no lo tiene; ningún ser semejante lo tiene: ni obreros, ni artesanos; ninguna clase de pobres. A todos ellos se les puede castigar en el cuerpo o de cualquier otro modo sin miedo a degradar lo que no puede ser degradado, porque no existe. Las hijas y los hijos de las clases pobres carecen de honor, según la visión de los señores: «lavar el honor» o «la honra» de una doncella era una necesidad de la justicia o de la sociedad entera solo si la mujer pertenecía a las clases señoriales.

Se ha afirmado que en el siglo XVIII se produce un desarrollo «democrático» o «del comercio» del concepto de honor, por el que este deja de ser exclusivo de la élite aristocrática. Pero un observador tan agudo como el filósofo Alexis de Tocqueville creía que el honor solo tiene sentido en sociedades desiguales. Efectivamente, el honor presupone una jerarquía, una sociedad en la que unos están en posesión de una distinción de la que carecen los demás, la mayoría. El honor es la superioridad moral que reclama aquel que se dice poseedor de méritos, virtudes o condiciones excepcionales y por los cuales exige un reconocimiento público, permanente y exclusivo. Si soy el mejor, si soy virtuoso y superior, los demás son mis inferiores y por eso deben honrarme. Ese honor debe expresarse y concretarse en privilegios oficiales y ser manifestado frente a todos.

Los nobles exigían de sus inferiores, o sea, de todos los demás, públicas y claras demostraciones no solo de respeto sino, además, de sumisión. Se recuerda el conflicto que tuvo lugar en París en 1726 entre el conde de Chabot y un escritor entonces desconocido llamado Voltaire. El conde estimó que este no había sido suficientemente respetuoso en el trato que le dispensaba y por semejante falta lo hizo apalear en la calle. Y cuando Voltaire pidió justicia, el conde consiguió que el filósofo fuera recluido en una prisión.

Aunque ahora está un poco *demodé*, el valor individual, grupal y nacional que secularmente se ha reconocido al honor en la cultura occidental no ha desaparecido y sigue presente en las legislaciones y en la vida institucional y personal. Aunque cada vez menos individuos se atreven a invocarlo, no son pocos quienes hacen uso del concepto sin usar el vocablo. Por ejemplo, un gesto violento y antideportivo del futbolista Zinedine Zidane en la final de la Copa del Mundo de 2006 fue defendido en Francia como justificada defensa del honor, y el mismo presidente francés, Jacques Chirac, saludó a Zidane como «un hombre de corazón, de compromiso, de convicción [...] que había hecho honor al deporte francés y a Francia».

EL TRIUNFO

«Nuestra admiración por el triunfo está fundada en el mismo principio que nos lleva a respetar la riqueza y la grandeza, y es igualmente necesaria para establecer la distinción de rango y orden en la sociedad. Por esta admiración del éxito se nos enseña a someternos más fácilmente a los superiores», escribió Adam Smith cuando hacía el catálogo de valores y principios de la burguesía.[23] De origen antiguo, el triunfo, y más aún la pareja triunfador-perdedor, es una de las favoritas de la burguesía que tomó de la masa hereditaria de la nobleza grecorromana, con la certeza de que era la forma más condensada de la ética que requería su modelo productivo.

El triunfo es la irrefutable prueba de la superioridad: es su consecuencia, la constatación de que quien lo ha alcanzado ostenta las virtudes que importan. Al contrario, el perdedor ha quedado al descubierto, sin argumentos ante la prueba decisiva; su estrategia y alegaciones, del tipo que sean, son ya irrelevantes. «No triunfar era la única vergüenza, ante sus ojos», dice Julien Sorel, tanto de los nobles como de los burgueses que lo condenan, en *Rojo y negro* de Stendhal. Sea cual sea el juicio coyuntural, la consagración solo le llega al triunfador. En ese juicio no se tienen en cuenta las intenciones ni los métodos, altruistas o egoístas, virtuosos o viciosos, que se han utilizado para lograr el triunfo, porque este lo valida todo. El ganador adquiere así el derecho a ocupar el lugar de mayor preeminencia.

En realidad, ningún concepto moral puede oponerse a otro sino que todos, positivos o negativos, se alinean juntos en la lógica del triunfo: lo que vale es lo que triunfa; lo exitoso es lo valioso. Todo vale para el triunfo y el consiguiente ascenso social: el matrimonio de conveniencia, por ejemplo. Lo que sirve al triunfo es, finalmente, virtuoso; así la astucia es ponderada si da al astuto el triunfo, pero condenada si lo lleva al fracaso. Lo no exitoso queda probado que no es valioso, que no es virtuoso, puesto que no alcanza el resultado buscado. El poseedor de virtudes reconocidas en las democracias representativas tiene que ser capaz de resultar ganador en la empresa en que se haya empeñado.

En su versión burguesa, el triunfo es el valor máximo y por tanto la medida de todo valor. Esa relación entre el valor y el triunfo hace que este sea una marca exterior de cada persona, cuya consideración colectiva, consiguientemente, fluctúa según lo que la sociedad considere sus logros o fracasos. Por tanto, como ya hemos señalado, una persona imbuida de esta ideología estará dispuesta a todo para conseguir el triunfo. El triunfo termina diciendo quién está llamado a dirigir y quién a seguir las pautas dictadas por otro, generalmente por el mismo triunfador.

El imperio del triunfo como modelo ético, sin embargo, comporta gravísimos problemas para toda sociedad: si el triunfo individual es la meta suprema, poco o nada importan los fines de la sociedad.

Excepcionalmente, el triunfo puede ser desdeñado si más allá se vislumbra una recompensa superior como la gloria. Para llegar a esta, el triunfador intentará convertirse en héroe o benefactor, ejecutar una proeza o una hazaña, conseguir por sus méritos personales algún beneficio extraordinario para una comunidad o proporcionar, a quienes le admiran, satisfacciones que dependan de poderes únicos.

CULTO A LA PERSONALIDAD

Alcanzada una sólida percepción de sus méritos reales o imaginarios, el hombre imbuido por la ideología aristocrática tiene de sí mismo, de su familia, su grupo o su clase la más elevada consideración; y en correspondencia con ello ejerce la autodevoción y exige de los otros no solo la deferencia sino, además, el culto. Esto supone el reconocimiento del complejo conformado por una persona, sus acciones e ideas como excelso espécimen humano, como punto de inflexión histórica o benefactor de prójimos y congéneres, cualquiera que sea la escala a que se acoja.

Si bien el culto a la personalidad no es raro entre líderes militares, políticos y religiosos, su deriva va mucho más allá de un fenómeno identificable en esos ámbitos. No solo los líderes de masas, los gobernantes de naciones o jefes de Iglesias demandan que se les rinda un culto devoto y se exalte enfáticamente sus méritos. Estos son solo un caso más del principio general: el superior ostenta un valor diferente; sus acciones, valores y deseos están por encima de los ordinarios. La inclinación a ser reconocido en público y en privado, en su excepcionalidad y en su superioridad, se puede manifestar en todos los ámbitos y a cualquier escala.

Aunque nació en las religiones y entre líderes político-militares de las clases nobiliarias gobernantes de Grecia y Roma, como Alejandro Magno o Julio César, y aunque en el siglo XX el concepto mismo remite inmediatamente al estalinismo y al fascismo, lo cierto es que el culto a la personalidad se ha extendido como una herencia estridente de la Antigüedad en todo el mundo actual. El culto a la personalidad se practica hoy con las *celebrities*, con deportistas, actores y actrices, cantantes, presentadores de televisión, artistas y escritores.

Algunos de los rasgos de este fenómeno son la subordinación a la voluntad del personaje, la adulación, la falta de crítica, la celebración de todo lo relativo a su personalidad y los intentos para dar perdurabilidad a su figura a través de retratos, esculturas, monedas, designación de ciudades con su nombre y conmemoraciones masivas en las fechas de la vida del personaje objeto de devoción.

Es difícil aceptar que el origen y finalidad de este culto sean solo morales: para que emerja tal fenómeno se requiere un sustrato influenciado por la ideología aristocrática en una comunidad dada, en el personaje que es objeto del culto y en sus seguidores.

SINGULARIDAD, EXCEPCIONALIDAD, EXCLUSIVIDAD

La posesión de la excelencia, por mérito, virtud, riqueza, valor o sabiduría, otorga la convicción de singularidad. El triunfo es una excepción y el triunfador, por tanto, un ser excepcional. Se busca lo que no tiene precedente, lo único, la hazaña.

Quien alcanza esa clase de logros llega a su meta, porque estos lo sitúan por encima del nivel que habita la mayoría, de la que desea diferenciarse. Confía en que su nuevo estatus le recompensará no solo con la fama sino además con deferencias y consideraciones especiales traducidas materialmente. El auge del libro *Guinnes* de récords es una expresión de ese deseo.

Todo lo aristocrático es, por definición, exclusivo, y todo afán de exclusividad está ligado a la ideología aristocrática. La exclusividad es social y también individual. Los guardianes del respeto de la exclusividad social son todos los miembros del grupo o la clase, que se cuidan de impedir a cualquier precio la presencia de intrusos que puedan romper o degradar la homogeneidad y restarles así prestigio a todos ellos.

Por otra parte, por sus reputadas y excepcionales virtudes, el aristócrata se cree único. Sus conocimientos, su talento, su belleza, su poder, su fortuna lo distinguen y por tanto lo que le corresponde solo le corresponde a él o a ella y a un pequeño círculo de iguales, fuera del cual nada se les puede comparar. En el fondo creen que no hay cultura, virtud ni moral que no sean las suyas. Ni elegancia ni belleza. Las juntas cívicas y los clubes sociales exclusivos y los negocios que «se reservan el derecho de admisión» son un ejemplo. En cualquier país de hoy, un escritor, un pintor o un periodista con relativo éxito no admite compartir mesa con otro a quien no reconozca un estatus similar. Son infinitas las combinaciones posibles entre la exclusividad y los demás valores morales. Por ejemplo, el aristócrata cree solo en su honor, no en el ajeno. Su ideología sobre lo exclusivo le impide siquiera concebir el honor de un inferior.

Se concibe así la vida social como un territorio urbanizado con rigurosos criterios de diferenciación. Con una morosa y severa reglamentación acerca del acceso y el comportamiento, se erigen barreras y murallas infranqueables de orden cultural, económico y social para mantener espacios de distinción: los salones, clubes sociales, balnearios de descanso y de cura se concibieron con la doble voluntad de sociabilidad y exclusividad entre iguales o aproximadamente iguales (aristocracia y alta burguesía, por ejemplo), por una parte, y de exclusión (de todos los demás), por otra. Pertenecer a uno de estos espacios es certificado de superioridad; no pertenecer a ninguno es, *a contrario sensu*, un indicador de marginalidad. Según Jacques Carré, «En la alta sociedad victoriana, todo caballero que se respetara debía pertenecer a un club londinense»;[24] las razones eran de diverso género, pero quien así actuaba reafirmaba siempre su pertenencia a «una élite rigurosamente seleccionada, protegida [contra] la intrusión de aquellos que no eran juzgados dignos de frecuentarlos».[25]

Obtener la membresía en estos sitios exclusivos es ya una distinción: de por medio está un proceso de selección en el que se debe verificar una serie de requisitos y a menudo los miembros tienen derecho a veto. Los pretendientes incluso pueden pasar por un período de «lista de espera», rito que distingue a un «recién llegado» a la élite. Superar ese proceso de selección es un certificado de pertenencia a la raza de «gente de cualidad».

La exclusividad se expresa en numerosas ocasiones en la vida diaria, como en la resistencia a compartir espacios, actividades, instituciones y hasta tiempo con personas consideradas social, económica o culturalmente inferiores. El barrio en que se vive, los institutos, universidades o clubes que se frecuentan, los círculos de amigos o de colegas a que se pertenece; y, en sentido contrario, los sitios a los que no se entra, los barrios que no se frecuentan, los círculos y relaciones que se evitan, todo cuenta, todo se evalúa en relación con una línea sobre la cual se vive y debajo de la cual el mundo deja de existir si se quiere tener un estatus más elevado que el que comparten las mayorías; todo puede llevar una marca de distinción o de ordinariez.

PATRONATO, MECENAZGO, PADRINAZGO Y CLIENTELISMO

En Roma se llamaba «clientes» a los ciudadanos que, para mejorar sus vidas o sus negocios, se ponían bajo la protección y al servicio de una familia poderosa, a cuya casa se presentaban cada día para ofrecer sus respetos y sus servicios y a la que el cliente obedecía y acompañaba públicamente —como una especie de corte de pobres—, ya sea en incursiones privadas o en menesteres del Estado. El benefactor o padrino utilizaba al cliente o protegido para pequeñas empresas, siempre en un marco de informalidad. La institución misma del padrinazgo y clientelismo era una marca de poder y riqueza. La obediencia, uno de sus principios.

La Iglesia adoptó la perspectiva del padrinazgo y el clientelismo, convirtiéndolos en caridad, la mayoría de las veces; o en mecenazgo, en los casos de envergadura. Con estas operaciones la Iglesia se aseguraba una amplia base clientelar, una posición social preeminente y el prestigio moral de benefactora. Convertida en benefactora o patrona de la humanidad, se autoconfirió el más alto lugar de la jerarquía humana.

Si hasta la modernidad temprana el patronato y el mecenazgo —este, relativo exclusivamente a las artes— fue un asunto característico de las monarquías y de la nobleza laica y eclesiástica, un elemento característico de su posición social, su riqueza y prestigio, el desarrollo del capitalismo incorporó a la raza de benefactores a la alta burguesía, a acaudalados comerciantes, industriales y prestamistas. Un método para ennoblecer los negocios, el rol de benefactor, llámese patrón o padrino, aportaba a aquellos muchos beneficios: les otorgaba superioridad moral, respaldaba su estatus, fortalecía su poder y aseguraba la obediencia de los «clientes». Consecuencia de una acusada asimetría en las relaciones sociales, este rol tiene un lugar destacado en sociedades en que el ejercicio o la proximidad del poder económico o político permite favoritismos y preferencias por razones sociales o familiares, o el simple trámite de favores. Cuando el «padrino» lo hace y logra ventajas para su protegido, asegura la implantación definitiva de un orden jerárquico entre los dos. Aprovechando su posición privilegiada y la debilidad del cliente, el patrón compra la fidelidad e incluso la incondicionalidad de este. El cliente, vasallo o seguidor pasa con ello a formar parte del séquito, clientela o «corte» del padrino en las luchas y competencias que este libra en las regiones del poder público o privado, económico, político, social o cultural. Mantener ese orden le asegura al cliente el goce de pequeños privilegios y protecciones y alguna posibilidad de ascenso económico y social para él y sus descendientes.

En las últimas décadas del siglo XXI, el capitalismo ha conseguido hacer del patronazgo y padrinazgo un asunto de marketing para los negocios y empresas, a través de la adquisición o fortalecimiento de una imagen que lo asocie con prestigiosos y masivos planes y programas públicos. Las llamadas «obras culturales» u «obras sociales», o «apoyos» al deporte y las artes, especialmente de la banca y la industria, incluso llegan a implicar beneficios tributarios.

Benefactores, benevolentes y caritativos, los patronos o padrinos deben ser diferenciados de los voluntarios. El voluntariado generalmente responde a otro tipo de necesidades individuales, generalmente éticas o profesionales.

En la pronunciada desigualdad de las sociedades latinoamericanas, el clientelismo abunda. El cliente es un desempleado o un subempleado que permanece cerca de su protector para prestarle todo tipo de pequeños servicios aunque no tenga con su patrono ninguna relación laboral formal. La relación clientelar abunda en círculos políticos y es una fuente de poder de los gobiernos populistas.

PRIVILEGIOS Y DISCRIMINACIONES

El privilegio es la confirmación formal, permanente, visible y práctica de la posición de superioridad alcanzada, tal y como es legalmente reconocida por la sociedad. Que algunas personas tengan preestablecidos unos derechos de los que otros carecen es solo la expresión de una división social permanente, de un estado de cosas que separa y clasifica en superiores e inferiores a grupos, clases o familias en razón de los derechos que ostentan, según nacionalidades, condiciones económicas, sociales, culturales, étnicas, sexuales, profesionales o migratorias.

La clase nobiliaria tuvo durante siglos privilegios de tipos muy variados, algunos hereditarios: exención de impuestos, derechos de imposición de tributos, fueros jurisdiccionales, jurisdicción religiosa, precedencias fueron algunos de ellos. También la Iglesia y las fuerzas armadas tuvieron privilegios, muchos de los cuales aún están vigentes.

Aunque opuestos por naturaleza a las democracias, los privilegios existen en nuestras sociedades y son consecuencia, por una parte, de la herencia de regímenes antiguos y, por otra, del propio desarrollo del capitalismo y las desigualdades que genera y en que se apoya. Aunque no todos estén consagrados en las leyes, se mantienen vivos en instituciones privadas y aun en las públicas, mediante estrategias como convenios, reglamentos, estatutos de membresías, normativas de acceso, bases de concursos, restricciones especiales o simples prácticas mantenidas de generación en generación.

Los privilegios pueden derivarse del funcionamiento general del sistema capitalista y de la sociedad democrática; es lo que se conoce como *privilegios sistémicos*: los que permiten a familias, grupos, clases sociales y grupos étnicos beneficiarse de mejores servicios, preferencias laborales o acceso a centros educativos de alta calidad.

Dependiendo de las sociedades, los privilegios más presentes y arraigados pueden estar relacionados con la raza, sexo, tradición cultural, lengua, edad, fortuna, capital simbólico-educativo, pertenencia a instituciones políticas o deportivas, confesiones religiosas y regiones o nacionalidades. El privilegio puede materializarse en infinidad de modos. En lo laboral podría reflejarse en los tipos de contratos, las jerarquías y los rangos; en los servicios, en la accesibilidad a centros prestigiosos, en las preferencias y las deferencias, y hasta en las cuantías de becas de estudio o de investigación.

Mención especial merecen los privilegios que reclama el mérito. El mejor o el que ha alcanzado la excelencia no es desinteresado; así como reclama la fama, reclama privilegios como recompensa por sus méritos. Altas funciones públicas, pertenencia a instituciones minoritarias, distinciones y honores ocasionales, remuneraciones diferenciadas...

Quien disfruta de privilegios generalmente niega que estos supongan discriminaciones; los justifica y considera legítimos de acuerdo con sus méritos, por mucho que tales méritos puedan haberse apoyado precisamente en los privilegios.

En Latinoamérica es común que las clases poderosas pretendan situarse más allá de la justicia ordinaria, por mor de los méritos que representan su linaje, su fortuna o la función pública desempeñada.

No es legítimo llamar privilegio a la llamada *discriminación positiva*, es decir, a las medidas de soporte o compensación a grupos más vulnerables, como las minorías raciales o las que favorecen a la tercera edad en numerosos países.

En todo caso, es obvio que los privilegios contribuyen a perpetuar un orden jerárquico.

BENEFICENCIA, CARIDAD Y FILANTROPÍA

La beneficencia y la caridad, originalmente abrazadas por la pequeña y mediana burguesía, se convirtieron en un rasgo de distinción y estatus: dan a quienes las ejercen una ilusión de superioridad. Una y otra florecen en los países con grave déficit de servicios públicos, como Reino Unido y Estados Unidos, o con grandes desigualdades sociales, como los países latinoamericanos, ya que para considerarse benefactor se debe contar con «súbditos» débiles y necesitados. La beneficencia es una clara afirmación de jerarquía y se aplica a paliar las necesidades básicas insatisfechas; su práctica confiere una ventaja moral, pues acredita a la persona como piadosa y solidaria, sea cual sea su verdadera condición moral. Una ventaja aún mayor es su valor simbólico: la beneficencia es señal inequívoca de fortuna y superioridad social.

Quienes ejercen la beneficencia rechazan que el Estado ofrezca protección a todos los miembros de la sociedad, ya que esta protección dejaría a los «benefactores» sin el prestigio y el poder que la sociedad, y especialmente el débil, reconocen al poderoso. Y quizá le dejaría también sin ciertos negocios. Si el Estado se aplicara a paliar las necesidades de los pobres, se insinuaría una noción de igualdad rechazada por la ideología señorial. El déficit democrático hace «grande» al benefactor y coloca en una posición de minusvalía al beneficiario de su acción. Todo benefactor tiene una idea exageradamente positiva de sí mismo.

Prima hermana de la beneficencia y la filantropía, la caridad se aplica a necesidades privadas de individuos o familias; es la seña de identidad de las clases acomodadas y medias de Estados Unidos, una de las preferidas para afirmar su posición, que el poder y la virtud demostrados en el gesto caritativo subraya.

En España pululaban hasta el siglo XIX las casas de caridad y beneficencia. En América Latina aún hoy las sociedades de beneficencia agrupan a los ricos con pretensiones nobiliarias o de distinción social que exigen a los débiles gratitud y reverencia.

La beneficencia y la caridad ejercitadas por los beneficiarios de la riqueza social convierten así los desechos humanos que producen el trabajo y la pobreza en ocasión para practicar la virtud, y para transformarse en seres moralmente superiores.

La filantropía es una institución entre los ricos de América del Norte y del Sur; suele significar la consagración definitiva de quien la ejerce como miembro reconocido de la venerable élite de los mejores. Un gran especialista médico de Estados Unidos o el jefe de una familia que ha acumulado una gran fortuna no llega a la cumbre sin apelar al expediente filantrópico, el único capaz de otorgarle credenciales nobiliarias.

La filantropía se distingue de la beneficencia y la caridad por aplicarse a grandes asuntos nacionales o mundiales y requiere por eso una riqueza material superlativa, que consagra a quien la practica como miembro de una minoría indiscutible, la élite patricia de un país: los Ford, Rockefeller o Guggenheim, y ahora también los Gates, por ejemplo, en Estados Unidos y el mundo.

URBANIDAD Y CORTESÍA

La superioridad debe exponerse socialmente y exhibirse individualmente, en todos los planos y de modo central en la sociabilidad diaria, en los diversos tipos de relaciones, en especial en las que convocan a protagonistas sociales. Eso es indispensable; es prueba de la superioridad misma. La nobleza y sus seguidores pensaron que la vida distinguida en las cortes reales o virreinales y en todos los círculos «respetables» no debía admitir la filtración de rusticidades o vulgaridades de ningún tipo. Así que elaboraron normas para las *maneras*: de caminar, sentarse, entrar a una vivienda o una habitación, gesticular, expresar emociones, hablar (seguridad y modulación de la voz, correcta selección de palabras y temas apropiados al participar en una conversación) o comer (adecuado conocimiento y uso de cubertería y cristalería), que después se propagaron progresivamente en las clases medias. Era necesario conocer cuáles son las posturas aceptables de la cabeza, los hombros, la espalda, siempre bien erectos, cuando se está sentado a la mesa, por ejemplo. El lector tal vez recuerde a Aristóteles («los gestos deben ser pausados, el tono de voz profundo y de un estilo deliberado al hablar», pues aquel que está «profundamente preocupado por pocas cosas, es poco probable que tenga prisas»); a Cicerón («nil miraris», «nada de emociones») y su libro *Los deberes*; y, sobre todo, a Ambrosio y *De Oficii*: todos ellos maestros esclarecidos en el arte de las maneras que distinguen a los superiores. Las maneras del caballero y de la «caballerosidad» se impusieron como normas en los medios burgueses y en las clases medias. Se trata de un proceso europeo que heredaron las Américas.

La Iglesia católica fue precursora en el uso de las maneras y la cortesía: lleva siglos educando a sus fieles en los templos y a los hijos de estos en las escuelas, liceos y universidades acerca de esta urbanidad, cortesía y buen gusto para que la escala social no se confunda exteriormente.

En este orden adquieren una especial relevancia las maneras de mesa. Norbert Elias dejó claro que las maneras de mesa, las actitudes hacia las funciones del cuerpo, el control de la sexualidad y del impulso agresivo fueron producto de un largo proceso llevado a cabo por la nobleza entre los siglos XII y XVIII. La burguesía las asimiló y las universalizó. Ese proceso, que Freud explicó con los conceptos de inhibición y represión psíquica y Elias como un efecto modulador de las estructuras sociopolíticas, generó valores que se transformaron en instrumentos de dominio a través del poder simbólico: los modelos de comportamiento y sentimientos heredados de la nobleza fueron mecanismos de distinción y, por tanto, de superioridad; quien no los conocía o no los practicaba revelaba su inferioridad o falta de pertenencia al cuerpo social valioso.

Una fuente para la transmisión de esa tradición —dice el historiador Richard L. Bushman— fueron los manuales escritos por consejeros y tutores de los hijos de los reyes a fin de prepararlos para la monarquía y la vida en la corte, que, en su momento, adecuadamente, se adaptaron y propagaron por todos los niveles sociales, en diversos grados. La existencia, lectura y prevalencia de esos manuales en los países de Europa y América está probada. Hablando de su función y extrema importancia en ciertos medios de Estados Unidos, Bushman concluye: «Americanos en Boston y el Potomac vivían con reglas escritas por nobles italianos y príncipes franceses».[26]

Estos manuales de urbanidad hicieron el trabajo de codificar normas de conducta —lo que en Francia se llamó «saber vivir»— que tenían un rol axiológico, de preservación de valores.

A la implantación de esos valores se llamó «el proceso de civilización». Los exponentes de estos valores sociales, por tanto, lo son también de la civilización, grado superior de la existencia humana. Los pueblos, grupos e individuos a quienes esas prácticas culturales les resultan extrañas quedan clasificados como rústicos, ajenos a la civilización y, en consecuencia, se convierten en moralmente inferiores.

SOCIABILIDAD CÍVICA Y CIVIL

El liderazgo social está en la esencia de la mentalidad nobiliaria y en la de sus imitadores. Según esa mentalidad, lo público es o debe ser asunto de los mejores. En estos casos, la vida social activa no es una elección sino una norma, tanto en los espacios privados como en los públicos. El mandato se cumple en sociedades, cofradías, círculos, clubes, teatros, hipódromos, salas de concierto, eventos filantrópicos, centros vacacionales…, en todos los lugares en que haya una barrera que dé al sitio un aire distinguido o selecto.

Secularmente se ha visto la sociabilidad como un ámbito moral en que puede desarrollarse la virtud por su exigencia de priorizar los intereses de la comunidad sobre los del egoísmo individualista: tal como la vio Aristóteles y sus herederos, y hasta la filosofía de la Ilustración, la sociabilidad cívica estuvo llamada a fortalecer los vínculos sociales, la búsqueda de consensos en los principios normativos y la consiguiente moralidad de los ciudadanos. La sociabilidad cívica —es decir, la participación en la interacción social con finalidades relacionadas con la satisfacción de necesidades públicas o la solución de problemas comunes, con el Estado, los gobiernos, los municipios, las asociaciones, incluso los barrios— da prestigio. En un contexto cultural dominado por valores señoriales, su ejercicio se convierte en una señal de superioridad.

Al lado de la sociabilidad cívica está la civil, la interacción privada que favorece el desarrollo de la subjetividad humana. Esta es una de las más enraizadas marcas públicas de la aristocracia. Su espacio material es en sí mismo seña de identidad. Saber «recibir» regularmente a sus iguales, disponer de un salón elegante y confortable y, sobre todo, contar con una comunidad de adeptos que concurren fielmente a sus convocatorias es la mayor prueba que una persona puede dar de pertenencia a grupos selectos de la sociedad. Porque antes que cualquier otra cosa, ese espacio de sociabilidad es el lugar en que se somete a juicio, en unos casos, y se exhibe, en otros, la verdadera calidad de los convocados. Es allí donde puede apreciarse la distinción u ordinariez de una persona, si alguien está provisto o no de las prescriptivas habilidades sociales, si sabe o no ocupar correctamente los espacios y manejar los ritmos, si conoce las jerarquías y observa los rangos. Esas cualidades se aprecian en la desenvoltura, la conversación, el repertorio de temas que puede abordar, en la capacidad para mostrarse agradable, empático y participativo, en la discreción y flexibilidad con que expone sus opiniones y considera las ajenas, en la distancia que guarda con los demás, tanto cuando es excesiva como cuando no lo es, por su proximidad o su lejanía. Ser agradable, abierto, comunicativo, extravertido, divertido son méritos incuestionables.

En estos trances, un correcto manejo de las claves inclina a los otros hacia la aceptación de un personaje sin mayores credenciales sociales; su conocimiento es seña inequívoca de «buena cuna»; y su dominio confiere el brillo que distingue a los superiores. Esta clase de reconocimiento social diferencia a la persona superior de los seres comunes.

Por estas razones, las familias con pretensiones procuran legar a sus miembros los recursos suficientes para un buen desempeño de este tipo de sociabilidad, lo que justifica el énfasis en la formación en urbanidad, cortesía y buen gusto.

Un comportamiento asocial, con inclinación por la vida solitaria y gustos contemplativos, la falta de habilidades y, sobre todo, el desacato de imperiosas normas tácitas del orden y de sus jerarquías condenarán a una persona a una irrevocable inexistencia.

Un tipo de sociabilidad preocupada por asuntos de la comunidad pero carente de marcas de distinción social será asimismo condenada a la insignificancia.

DEFERENCIA Y CONDESCENDENCIA

Pese a que los avances democráticos tienden a borrarla —lo que se nota cada vez más en el rechazo de los jóvenes a toda clase de jerarquías, sean familiares o institucionales, ante los padres o profesores, por ejemplo— la deferencia existe como rasgo social basado en las desigualdades económicas, en los desniveles de estatus que se asignan a los protagonistas en cada campo social. Mientras la organización de la sociedad permita que las desigualdades sean la base de una exhibición cotidiana del poder, la deferencia y la condescendencia serán visibles en las costumbres y en las formas de relacionarse; serán la inevitable representación con signos, gestos y ciertos códigos verbales de la jerarquía recíprocamente reconocida por los sujetos que participan de las relaciones desiguales.

Fuera de los círculos de una clase o grupo, descartada la posibilidad de lo igualitario, la mentalidad señorial travestida en la democracia solo admite deferencia o condescendencia, lo propio de todo trato entre superiores e inferiores. Lo que el superior reclama, en suma, es una escenificación perpetua y precisa de las diferencias y las jerarquías: que el inferior deje claro, en público y en toda ocasión, que él es un subordinado, que reconozca ante todos e indudablemente su condición. Tal reconocimiento no se deja al azar ni al arbitrio del inferior sino que se exigen rituales que no ofrezcan dudas, identificados socialmente.

Por su parte, el superior se compromete a la condescendencia, al trato falsamente respetuoso, considerado y hasta afectuoso, y a no hacer ostentación de su éxito, poder o virtudes ni poner públicamente de relieve las debilidades y flaquezas de cualquier género que afecten al inferior.

Si bien la deferencia es reclamada con más rigor en la sociabilidad cívica y civil y en toda ocasión de la que queda testimonio público de las marcas sociales, son infinitas las ocasiones en que se la presupone y se espera: «Entrar primero, preceder, seguir o caminar al mismo paso, son signos y apuestas de poder, marcas de superioridad».[27]

La deferencia y la condescendencia pueden tener visos de simple «cortesía», pero solo en casos en que la relación jerárquica queda mediatizada de modo suficiente por factores visibles. La tensión, fuerza e incluso violencia presentes en la relación de deferencia impuesta, o mutuamente convenida bajo la persuasión del poder, cristaliza así en meritorios protocolos sociales.

Pierre Ansart ha observado que en Francia la deferencia no era solo cosa de nobles, sino que también la Revolución «hace de la deferencia una cuestión política esencial». «El movimiento revolucionario destruye las deferencias feudales, pero crea otras, nuevas. Así, nuevos personajes (Danton, después Robespierre) están rodeados de nuevas formas de deferencia; los textos, los lugares suscitan alientos de religiosidad: el "altar de la patria", el Campo de Marte…».[28]

¿Una sociedad democrática necesita excluir toda forma de deferencia? Estamos llamados a debatirlo; sin embargo, la deferencia expresada con un lenguaje de igualdad, basada en la reciprocidad y el afecto sinceros, como predicó Confucio, según destaca el mismo Ansart en el artículo citado, podría contribuir a transformar este género de relaciones de un modo favorable a la democracia.

OSTENTACIÓN

La ostentación, el lujo, el esplendor son rasgos de la cultura nobiliaria, determinados originalmente por la vida en la corte, desde donde irradiaron su simbolismo hacia toda la sociedad, como valores y formas de distinción de la era predemocrática, y aun en la actual han mantenido su presencia constantemente renovada, invadiendo las esferas en que se exhibe el poder en sus diferentes manifestaciones. Constatada siempre al más alto nivel para hacer visible e inconfundible su posición social preeminente, a través de la exigencia del cumplimiento de protocolos sobre títulos y tratamientos, así como en el orden de precedencias civil, militar y eclesiástica, la ostentación cambia de registro en las demás clases sociales, sin declinar en el rigor y la profundidad de las formas ni en los objetivos. Demostración de poder real o anhelado, la ostentación busca el reconocimiento visible por parte de todos de una posición, ya adquirida por riqueza o mérito, que se desea reforzar.

La ostentación de la riqueza como estrategia de poder condiciona generalmente las políticas públicas de las naciones ricas y de las clases pudientes. Las obras monumentales son prueba de ello. Aparte de la funcionalidad o no de estas, de las consideraciones sobre los canales de la riqueza social, en las grandes obras de ostentación lo simbólico predomina sobre lo funcional y en ello va envuelta la lucha por la preeminencia y el poder. Las dimensiones de las catedrales de Milán o Londres, por ejemplo, son ejercicios de ostentación con los que las élites reales y nobiliarias lombardas e inglesas mandaban un mensaje de opulencia y poder a sus competidores europeos. Lo mismo cabe decir de los rascacielos y otros símbolos de desarrollo y riqueza como la torre Eiffel.

La ostentación puede ejercerse con una variedad numerosa de objetos y no solo con los de orden material. Se ostenta socialmente con el estilo de vida, la riqueza y educación, los títulos profesionales o académicos, las funciones, los éxitos, las relaciones familiares, amistades influyentes o conocidas, etcétera; todo lo que pueda servir para destacar a la persona por encima del común de sus congéneres, todo lo que se avizora capaz de mostrar nuestra superioridad respecto a otros, lo que mejora nuestro valor de mercado, es utilizado como ostentación en la diaria competencia social.

Una de las más recientes y socorridas formas de ostentación, una clara rémora de la sociedad nobiliaria, es anteponer títulos profesionales o académicos, cargos o funciones, como hacía el bachiller Sansón Carrasco o el valido conde-duque de Olivares, con el afán de distinguirse y ser distinguidos. Ello es más frecuente hoy en Estados Unidos y en la mayoría de los países latinoamericanos que en España, y últimamente ocurre de manera especial con el título de doctor o PhD.

Por otra parte, aniversarios, éxitos profesionales, bautizos, inauguraciones y, sobre todo, matrimonios siguen siendo ocasiones para medir y ostentar poder y estatus. La celebración tiene que dejar claro el valor familiar y el reclamo de pertenencia a un determinado grupo o clase superior. A veces sobrepasando la fortuna de que se dispone, la familia que celebra cumple con una norma social que conlleva un verdadero referéndum acerca del respeto y las consideraciones que merece: todo en la celebración forma parte, como elemento probatorio, del juicio sumario; desde la sede elegida para la fiesta hasta los asistentes, trajes, comida y bebidas.

Bebida favorita de las cortes y de los nobles europeos y en especial de los franceses, el champán es hoy símbolo de estatus; no hay celebración que se precie sin esta bebida cuyo consumo ofrece la ilusión, aunque solo sea remota y adulterada, de participar de hechos memorables, de las maneras del mundo distinguido, y de ser parte de él. La ausencia del champán o su baja calidad denuncia sin género de dudas a las familias o individuos situados fuera del círculo de la «gente de bien».

Las clases populares, en los estratos más desdibujados, también se vieron arrastradas por las formas celebratorias de los fantasmas de la vieja aristocracia, y así en cada país existen remedos o versiones locales al alcance de todos los bolsillos de bebidas atribuidas al gusto de los superiores.

La ostentación como valor aristocrático tiene una versión colonial muy colorida. Los historiadores Lyman Johnson y Sonya Lipsett Rivera resumen así el estilo ostentoso de la época colonial latinoamericana: «Brazaletes de oro, y cadenas y vajillas de plata, anillos de oro con perlas, diamantes, esmeraldas y otras piedras preciosas; ropa costosa, mobiliario de nogal fino; una esclava [...], casas de arquitectura y ornamentación sofisticadas, sirvientes y séquito, también, eran centrales en el anhelado estilo de vida de los nobles». Para el recibimiento en la ciudad de Lima del virrey duque de la Palata, en el año 1682, la aristocracia criolla empedró con barras de plata las dos principales calles por donde había de pasar el cortejo virreinal.[29]

Un testimonio que me fue transmitido de forma privada muestra la influencia de esa dimensión analizada en la vida cotidiana de Latinoamérica; he aquí la transcripción:

Noviembre 28 de 2012. Hoy estuve en un acto solemne por los treinta años de funcionamiento de un jardín fiscal donde nosotras nos iniciamos como maestras en 1980.

Hubo discursos de autoridades, condecoraciones a ciertas autoridades del ministerio, entrega de placas a las maestras fundadoras (nosotras), a las directoras que han antecedido a la actual, certificados a maestras y a los mejores estudiantes (niños de cuatro años), números artísticos protagonizados por unos pocos niños y niñas del jardín, banda militar, presentación y alzada en las paredes de las fotografías de todas las directoras pasadas (muertas y vivas), brindis con cola en copas de champán, bocaditos y fotos. Entre los asistentes muy pocos padres de familia, solo los del comité, ningún niño, ninguna niña del jardín.[30]

Incluso en su versión caricaturesca, como la descrita, la exaltación del éxito y triunfo en esta clase de celebraciones y la consiguiente pretensión de entronizar personajes crean un espacio exclusivo y trazan una línea que separa a superiores e inferiores en los microcosmos en que toman forma.

Pocas veces se encuentran disidencias acerca de estas formas de celebración; una de las más hermosas viene de América Latina: «El vino, de plátano; y si sale agrio, ¡es nuestro vino!», escribió José Martí.

BELLEZA FÍSICA Y VIRTUD

La belleza física femenina, conforme un determinado patrón estético, es en sí misma una señal de distinción. Gracias a una de las finas operaciones intelectuales de la historia de los valores, la belleza física se convirtió en seña tanto de riqueza como de virtud. El patrón fue construido en Occidente a lo largo de muchos siglos. En los primeros tiempos de la cristiandad y durante la Edad Media europea, la Iglesia y la aristocracia laica desarrollaron un poderoso sistema de simbolismo cromático que vinculó el oro y lo dorado con la divinidad, y lo blanco y lo plateado con pureza y virginidad.[31] Así se estableció una conexión entre apariencia externa y moral, belleza y virtud, que favorecía directamente a «la raza rubia, es decir, la raza de los conquistadores», en palabras de Nietzsche, que en su estudio sobre la genealogía de la moral tuvo la agudeza de observar cómo en el idioma gaélico «el bueno, el noble, el puro, significaba en su origen "el cabeza rubia", [en] contraposición a los habitantes primitivos, de piel morena y cabellos negros».[32]

Así, la clase social, el grupo étnico, la armonía, simetría y proporción, riqueza material, desenvoltura en sociedad y buenas maneras de mesa cumplen una función importante en la encarnación del ideal de belleza, que sin falta coincidió con las características de la mujer europea, primero de la aristocracia, luego también de la burguesía y hoy incluso de la clase media y hasta popular: mujer blanca, de cabello rubio, marrón o negro pero siempre lacio (el crespo delataría impureza), ojos verdes, grises o azules... aún son signos de distinción. La vinculación entre el oro y la plata, la belleza y los valores morales con las clases sociales pudientes, conectados a través de la asociación con personajes bíblicos, fue una de las operaciones más perversas e influyentes de la Iglesia.

La belleza física y la consagración de un prototipo incrementan la nómina de requisitos para establecer la superioridad. En las sociedades en que la belleza física femenina —enaltecida por costosos ornamentos— tiene un lugar destacado, se potencia la desigualdad social. La profesora Valerie L. Garver afirma que entre la aristocracia carolingia la belleza femenina era una «poderosa fuerza social». En el siglo XVII español, la buena apariencia o «belleza exterior» llegó a ser tan importante que hubo órdenes religiosas que llegaron a exigirla como requisito para la admisión de la pretendiente. En sociedades como las latinoamericanas, la belleza física femenina es utilizada no solo como fuerza social sino además política, y así las reinas de belleza —el mismo título de «reina» es un indicio— han sido candidatas a importantes funciones públicas nacionales y los títulos locales de belleza son tan numerosos, diversos y codiciados que pueden llegar a provocar litigios irreconciliables entre familias, instituciones e incluso poblaciones enteras.

Como en el mundo carolingio, también en el nuestro la belleza femenina desempeña «un rol integral».[33] Belleza y riqueza van de la mano, dice Valerie L. Garver. Como reseña la misma Garver, para la apariencia de encanto y hermosura la riqueza cuenta mucho, por la superior calidad de la dieta, la no exposición a duros trabajos manuales o exteriores, el uso de calzado o de calzado adecuado... En los casos más destacados, la inmaculada belleza de la mujer de clase pudiente termina adquiriendo un halo moral: «Parece un ángel», se dice de una mujer cuya belleza nos remite a imágenes religiosas, una virgen, por ejemplo, cuya fisonomía ha sido ya adaptada por la tradición al tipo de belleza femenina común en la clase nobiliaria.

Riqueza, belleza y bondad están, así, frecuentemente asociadas en las clases altas: dignidad y virtud vienen con ellas. En la sociabilidad de las familias, una mujer hermosa ataviada con trajes costosos y ornada con joyas de piedras preciosas acredita a su marido como alguien de alto estatus y poder: un superior y una superior.[34] La mujer de medios adinerados termina convirtiéndose para la mayoría en el modelo de mujer, sin duda superior que la de estratos sociales bajos.

Es así como la belleza femenina es uno de los elementos de más alto valor de la cultura burguesa, también en esto heredera de la nobiliaria.

VIRGINIDAD

En otro lugar hemos dicho que hay virtudes de las clases altas y virtudes de los pobres. La virginidad es una señal de superioridad moral. Debe ser considerada, por una parte, en su dimensión social y, por otra, en la moral, es decir, como distinción y como virtud.

Socialmente, la virginidad está ligada al honor individual y familiar. Su observancia y reconocimiento acrecen el valor social de la núbil y confieren un honor superior a su familia, lo cual queda pública y oficialmente ratificado en los ritos y celebraciones del matrimonio.

Moralmente, lo que se observa es una convergencia por la que la virtud de la virginidad provee de una alta distinción que sitúa sin controversias a la mujer y a su familia en el restringido espacio de los superiores que no lo son solo por la riqueza ni por el poder sino por sus elevados estándares morales; un lugar al que no se accede por méritos compartidos sino por la integridad de una individualidad sin mácula.

Durante las últimas décadas del siglo XX, la virginidad fue solo campo de estudios históricos de investigadoras feministas; no un rasgo de la cultura contemporánea sobre el que fuera necesario debatir, sino un fenómeno del pasado lejano cuyo tejido valía la pena descifrar: ¿por qué los primeros padres de la Iglesia tuvieron la obsesión de la virginidad?, etcétera. En otras palabras: la virginidad estaba colocada entre los estudios de género.

Sin embargo, la ola neoconservadora visible entre los jóvenes, especialmente entre los de familias pudientes, parece haber propiciado un retorno de la virginidad como ideal, que se extiende entre la élite económica. En Estados Unidos, a esa restauración ideológica algunas personas la llaman *revolución moral* o *nueva revolución sexual*.

No se trata, como la virginidad histórica, de una renuncia definitiva al mundo, por la que la núbil se compromete a ser solo la novia de Dios; la nueva virginidad católica, al contrario, está ligada al sacramento del matrimonio y consiste en esperar al novio o la novia en estado inmaculado.

Gracias al cultivo de esta especial virtud que es la castidad prematrimonial, la nueva esposa adquiere el estatus más anhelado: el de la ejemplaridad, el acrisolado brillo de los superiores. También en esto la burguesía siguió la estela de los valores nobiliarios.

La ejemplaridad moral de la mujer es tan deseable como la cultura cosmopolita, la riqueza y la elegancia. Virtud, belleza y riqueza forman un triángulo de poder: cada elemento supone y exige la presencia del otro según los estándares de las clases gobernantes; porque, como ya hemos dicho, hay unas virtudes para los superiores y otras para los inferiores; unas para Dulcinea del Toboso y otras para Aldonza Lorenzo. Actualmente, en la ola neoconservadora, la virginidad prematrimonial se erige también como principio masculino de jóvenes imbuidos de principios aristocráticos.

Históricamente, María y la virginidad fueron un modelo para todas las mujeres, pero una exigencia mayor para las de la élite. La santidad nunca fue una meta de los pobres. Una rápida mirada al origen social de los santos bastará para interrogarse sobre la recién mencionada relación entre virtud y riqueza.

BUEN GUSTO, ELEGANCIA Y LUJO

Son propias de la aristocracia, y durante mucho tiempo fueron además exclusivas, el buen gusto, la elegancia y el lujo. Mientras el primero se consagra como señal de alta cultura e incontestable jerarquía de una minoría, la elegancia y el lujo son preocupaciones centrales de los individuos con aspiraciones sociales. Vestuario, joyas, vivienda, coche, muebles, vajillas, cubertería tienen en cuenta el criterio de elegancia y lujo como señas de identidad y estatus. El lujo, particularmente, se utiliza hoy como antes: como signo de diferenciación social, como distinción vertical de un superior sobre los inferiores. El tipo de coche, de reloj, de joyas, por ejemplo, marca una distancia de rangos sociales, enfatiza el lugar que se ocupa en la estratificación de la sociedad, si alto o bajo.

La implantación de la elegancia, de la buena apariencia y la distinción exterior como un valor social es consecuencia de la sociabilidad cívica y civil. La ropa fue siempre una marca de rango y jerarquías. Uno estaba situado en el campo de la distinción o de la ordinariez y la vulgaridad también según la práctica vestimentaria. En el Antiguo Régimen, en el trasiego de la vida en las cortes reales, la jerarquía en la selección de tejidos, colores y estilos, así como la observación del lujo y los decorados adecuados en la indumentaria, eran parte del código que un cortesano debía conocer y practicar. Desde muy temprano, quizá desde el siglo XIII, existieron las llamadas «normas suntuarias» que cuidaban de que en la sociedad nadie pretendiera sobrepasar con una elegancia y ostentación arbitrarias el estatus social que realmente le correspondía. Tanto en América como en Europa hubo épocas en que, por ejemplo, el uso del oro y la seda estaba restringido por esas leyes a los nobles.

La desaparición de las cortes reales y nobiliarias provocó cambios importantes en este aspecto; en realidad, probablemente en ningún aspecto de la vida social se observe tanto el paso del Antiguo Régimen al democrático como en el del vestuario. Sin las cortes, la alta burguesía se lanzó a ocupar el espacio social que había dejado la distinción nobiliaria, pretendiendo, además, imponer una nueva jerarquización. El sociólogo Edmond Goblot, escribió: «Hay, pues, en el vestir burgués un deseo de distanciamiento con respecto a las clases populares y de identificación con la aristocracia».[35] Los lugares públicos que requerían la práctica de la sociabilidad civil, fuera de la cual se caía en un lugar vacío, se multiplicaron considerablemente. En paseos, plazas, iglesias, salas de conciertos, clubes o restaurantes, la elegancia requerida era otra, más diversa pero no menos exigente en cuanto a la observación de estándares de elegancia. «La burguesía solo puede obtener la consideración por la apariencia; para ella las virtudes están comprendidas en el vestir», dice el mismo Goblot.

Si en esta época de predominio social de la burguesía las diferencias se han hecho exteriormente menos ostentosas que en la era nobiliaria, no por eso se abandonaron los principios dominantes en relación con el vestuario. La indumentaria, la elegancia y el lujo siguen interpretando un papel clave, aunque hayan dejado de estar sujetos a normas que imponen una jerarquía que antes no podía transgredirse sin sanción. Hoy los atuendos ordinarios de un rey no son visiblemente distintos a los del presidente de un banco o los de un ministro. La libertad ha llegado a los estilos, especialmente a los femeninos, que disponen de un amplio margen para decidir sin coerción sobre la exhibición que desean hacer (de sus ornamentos, su vestuario o su cuerpo), una libertad que no está tan generalmente reconocida a los hombres. Pero no debemos engañarnos. La ropa sigue construyendo identidad social; es todavía una forma funcional de objetivar las relaciones sociales. El lenguaje de los vestidos aún es elocuente. La vida lujosa, un ideal. «Lo que hace a la aristocracia es la excelencia, y esta se compone de buenas maneras, buena educación y buenos vestidos»: una sentencia de este tipo puede ser encontrada en cualquier página promocional de la aristocracia de hoy.

En la boda de la princesa de Mónaco, ocurrida en 2010, su vestido de Armani tenía 40.000 cristales de Swarovski, 20.000 madreperlas, 30.000 piedras doradas y una cola de 20 metros: los «detalles» confirman el rango. Hay una clara jerarquía de las apariencias. En los medios con altas pretensiones, bodas, nacimientos, congresos, recepciones, conciertos sinfónicos u operísticos, inauguraciones, presentaciones o funerales suelen ser ocasiones de subrayar estatus y distinción, de clasificar quiénes están entre los superiores y quiénes entre los inferiores.

El deseo de ser diferente y superior hace que en la apariencia exterior se cifre un

> sentido pleno y doble de nobleza, de dignidad, de elegancia, de una parte, y de demarcación, de diferenciación, por otra parte [...],

una manera de marcar un límite entre lo distinguido y lo vulgar, de constituir una élite y de confortarla con la idea de que ella existe gracias a sus cualidades (éticas, estéticas, intelectuales).[36]

Ello no ocurre exclusivamente en las casas reales europeas, ni en las más altas esferas burguesas, ni solo en instituciones militares y eclesiásticas, que conservan de un modo ostentoso las más antiguas marcas de distinción. También en el ámbito laico y civil de la llamada clase media se impone la herencia del mundo nobiliario como lo demuestra la reglamentación sobre el uso de traje en los jefes de sección de la administración pública y privada y en los empleados de toda laya que tienen funciones de representación, aunque solo sea en una ventanilla. Los empleados de banco, los gerentes de sucursales o supervisores, el comercial de la inmobiliaria, el corredor de seguros y sus colegas de otros ramos empresariales, todos pueden ser identificados por su vestuario con un estatus superior al ordinario, que tanto él como su empresa quieren proyectar. Los distintivos se perciben fácilmente, una jerarquía de tejidos, textiles, estilos y cortes. El epítome es la corbata roja de los empleados del Banco Santander.

Se trata de alejarse todo lo posible de lo común, de relegar a la pobreza al indigno extrarradio de la vulgaridad u ordinariez. A tal punto la burguesía ha exacerbado sus pretensiones de distinción basadas en su vestuario, que cada cierto tiempo los grandes modistos sienten la necesidad de advertir a sus potenciales clientes de que «la elegancia no se compra».

PROFESIONES Y OFICIOS

Se da por descontado que para la mentalidad aristocrática la profesión es superior al oficio, siempre sospechoso de «vileza» e indicador de baja condición. Esta mentalidad descarta cualquier trabajo que consista en una forma de administración o en una actividad manual. Ello se debe al principio que clasifica a las ocupaciones entre honorables y vulgares. Las primeras conciernen al intelecto y al espíritu; las segundas, al trabajo manual, pues la parte elevada y noble del ser humano radica en la mente, no en el cuerpo.

Se ha asegurado que en la era moderna es imposible determinar una actitud aristocrática acerca de las profesiones. Aunque fuera así y no haya una respuesta uniforme, hay profesiones repudiadas y otras preferidas; en todos los casos es notorio el rechazo a ejercer profesiones que no tengan un amplio y elevado reconocimiento social. La jurisprudencia, la medicina y la diplomacia mantuvieron un atractivo tradicional para las élites; las presidencias honorarias o activas de grandes empresas o instituciones de gobierno son también opciones buscadas por la aristocracia. También en este caso la historia nos ayuda a entender el fondo y los matices: durante mucho tiempo la nobleza ostentó el privilegio de exclusividad para ocupar los más elevados cargos políticos, diplomáticos y militares. Aparte de eso, desdeñó profesiones y oficios, aunque algunos de sus miembros emprendieran a título personal carreras «liberales».

Sobre este punto debemos observar la competencia de rangos entre universidades e incluso en el interior de estas, así como la que se establece entre los estudiantes, en especial en el mundo anglosajón y en la Europa continental, y desde hace unos pocos años también en América Latina. Tal competencia habla de la subsistencia de esquemas ideológicos tradicionales en relación con las profesiones, los títulos universitarios y el prestigio profesional como una clave de diferenciación social.

La cultura mundana de apariencia cosmopolita, el diletantismo intelectual, incluso el dandismo cultural parecen comunes en esta clase social en relación con las humanidades. El diletante es un personaje característico: «El ideal aristocrático fue el de un talentoso amateur que ejerce una variedad de habilidades sin alcanzar un dominio profesional en ninguna», asegura un historiador.[37]

Traspasar la línea del diletante pondría al intelectual de gusto aristocrático frente al dilema del rigor profesional, lo cual rebajaría la libertad y la elevación de su vida; una profesión activamente practicada podría parecer impropia de su condición, por una razón sencilla y determinante: él no tendría que necesitar una profesión para vivir; debería bastarle con las rentas, el linaje o su jerarquía intelectual o moral.

En ningún caso hay que desdeñar el valor social del título profesional que, siendo burgués, es tan importante en el mundo rico como en todo tipo de sociedades con grandes desigualdades económicas, que se traducen en desiguales oportunidades educativas. En estas sociedades el título académico o profesional confiere a su poseedor un rango distintivo que le hace objeto de deferencias y privilegios. Especialmente en América Latina, la posesión de un título académico o profesional ha sido utilizada para asumir una condición de superioridad frente a campesinos y trabajadores manuales.

Para la burguesía y las clases trabajadoras, las profesiones fueron un instrumento de promoción social, aunque la función que la sociedad les asigna esté estrechamente relacionada con el servicio a los grupos que gobiernan y con la intermediación entre el poder y los más débiles.

La servidumbre doméstica como oficio merece consideraciones especiales. Como demostración de estatus, la nobleza y la alta burguesía siempre la han utilizado, en general para funciones superfluas. Cabe decir de este tiempo lo que se ha escrito del siglo XVII español: «Todo aquel que quería tratarse como noble debía mantener numerosa servidumbre, en parte por la necesidad de mantener una o más grandes casas [...], en parte por ostentación de fasto y riqueza».[38]

En los países industrializados, la servidumbre marca una frontera inferior y otra superior. En la primera, la ausencia de «asistentes domésticos» necesarios señala el estado miserable de la familia; en la segunda, la presencia de asistentes funcionalmente innecesarios distingue a la verdadera élite de los demás grupos.

En la colonia hispanoamericana la servidumbre era solo ornamento. Hoy, en ese continente, la función de la servidumbre ha cambiado poco: es demostración de poder de la clase media sobre los más pobres.

LIBERTAD

La cultura señorial, y en ella toda relación binaria y vertical —siervos y señores, machos y hembras, blancos y negros/indios/mestizos, etcétera— es contraria a la libertad, en la medida en que el superior condiciona y limita al inferior, influyendo en su voluntad y anulando su independencia.

Y sin embargo la libertad es uno de sus reclamos, relacionado con cierto principio de soberanía. Encima de un noble solo hay un rey; nada ni nadie más: «Nunca me he doblegado ante nadie», declara Jacobo Siruela, hijo de la duquesa de Alba, en una afirmación de clase social.[39]

A diferencia de la burguesía, que es normativa, quisquillosamente reglamentaria, la aristocracia se inclina hacia la excepción. «Nada es más ajeno a la civilidad aristocrática que la obsesión por los reglamentos y normas de comportamiento definidas de manera explícita. La libertad de las maneras y el gusto por la transgresión y la extravagancia eran características aristocráticas probadas.»[40]

Para esta cultura la libertad no es un derecho humano sino un privilegio. Tal vez los esclavos fueran los primeros en necesitar la libertad, pero los primeros en reclamarla fueron los aristócratas. Era una libertad moral (la *vie libertine*), fiscal y judicial. En atención a su rango y en compensación por sus contribuciones al Estado, ellos creían que no debían ser sometidos a las mismas constricciones legales que recaían sobre los «comunes». Esa libertad con respecto a la ley, es decir, esa petición de excepción, estaba vinculada a un sentido de la antigua independencia nobiliaria, que se resintió con el sometimiento a un superior —el rey— o a una ley. Es este el género de «libertades» que se reclama con frecuencia entre las clases dirigentes latinoamericanas ante gobiernos que no son enteramente suyos. Aunque hay que decirlo todo: los burgueses, interesados principalmente en el beneficio económico, solo han pedido libertad cuando sus negocios la han necesitado. Y esa es aún su tónica.

CULTURA LETRADA

Como vimos en el capítulo III, la alabanza de la cultura letrada fue uno de los legados más tempranos que la nobleza romana hizo a la Iglesia y, a través de esta, a la historia europea.

La instrucción letrada fue desde muy pronto una seña de distinción. Los ideales nobiliarios quedaron exquisitamente registrados en géneros literarios como la epopeya y la tragedia, en las canciones de gesta, las leyendas germánicas, la novela artúrica, la novela de caballería, la poesía cortesana, el drama heroico, la tragedia neoclásica, la novela histórica y la novela romántica.

Durante siglos, los pensadores y creadores literarios procedieron exclusivamente de la nobleza, que con ellos alcanzó una vía de autodescripción. Hasta la llegada de la modernidad y su espíritu crítico, solo en raros y significativos casos esta cultura dejó de ser una herramienta de dominación y uno de los caminos para el ascenso social. La inapelable autoridad de lo escrito ahondó la división entre la cultura de élite y la popular.

En la modernidad europea, los poseedores de lo que ahora se llama «capital cultural», el pensador y el escritor, se convirtieron en figuras públicas en un campo que admitió una estricta jerarquía relacionada con el capital simbólico que hubieran acumulado o se les hubiera reconocido. Los pensadores y escritores se situaron en un rango social indudablemente excepcional, fuera de las gradaciones ordinarias determinadas por méritos comunes. En esa posición tienen acceso a un púlpito desde el cual expresar sus principios y ejercer el poder que la sociedad les otorga, conforme a la jerarquía de los valores que la rigen. Hoy, reconocidos tanto por la aristocracia como por la burguesía de altos o medios funcionarios, por profesionales, banqueros, industriales y comerciantes, convertidos en protagonistas de foros cada vez más amplios, escritores y pensadores conservan un rango elevado y una voz influyente. Conscientes no solo de su propio estatus sino de la posición alcanzada por sus ancestros, procreados hasta hace poco por la nobleza y, por tanto, beneficiarios de privilegios, suelen concebir fundadas y a veces afiebradas esperanzas de fama, poder y grandeza. La disputa por el púlpito se combina con la pugna por el reconocimiento oficial de la propia figura y obras tanto de parte del Estado como de la élite privada y aun del «público», en una competencia similar a la que tiene lugar en otros campos por ocupar los sitiales más elevados. Así, el Premio Nobel causa muchos insomnios.

Que la cultura haya pasado enteramente a manos de la industria ha alterado solo muy débilmente el cuadro anterior y no ha desvanecido el sueño de los más ambiciosos. Aún portadores de suficiente prestigio como para ejercer influencia en sus sociedades, dejada atrás ya la etapa en que la cultura tuvo una función crítica, ahora la élite de escritores y pensadores vuelve a concebir los privilegios institucionales como metas apetecibles. La pertenencia a academias reales, el otorgamiento de honores y la atribución de condecoraciones estatales, la asignación de puestos honorarios en instituciones de prestigio o la concesión de columnas permanentes en medios periodísticos de ámbito nacional o internacional son premios perseguidos con un énfasis propio del Antiguo Régimen.

Últimamente el dominio de la industria del audiovisual ha llevado incluso a pensadores y escritores de alto estatus a ambicionar la popularidad y la riqueza, deseos antes impropios de la élite que se han convertido en pruebas de éxito.

VIII
CONCLUSIÓN

La relación de valores que acabamos de realizar demuestra la sobrevivencia de los más antiguos principios de dominación moral concebidos por la cultura occidental. En este ámbito, las revoluciones políticas y los movimientos de reforma moral no borraron las estructuras modeladas por los *aristos* griegos y los *nobili* romanos, primero, y por los aristócratas del alto clero cristiano, después. De la ética del mejor a la fama, de la beneficencia a la superioridad, de la excelencia a la diferencia moral, de la riqueza a la deferencia, del lujo a la caridad, de la ostentación al clientelismo, del triunfo a las jerarquías, estos valores forman parte de nuestra cultura y convierten cotidianamente la vida práctica en un drama polimorfo, ajeno al espíritu democrático.

Históricamente impuestos por vía de dominación, los antiguos principios de la ética señorial preformaron las sociedades occidentales y adquirieron carta de naturalidad mediante su inserción en las democracias. Desde sus orígenes a finales del siglo I, pero especialmente desde el siglo IV, la Iglesia católica, como guía intelectual de la nobleza, dio legitimidad divina y consagró el orden moral en todas las épocas al enseñar a sus fieles a reverenciar a los señores. De este modo brindó una contribución de primer orden y a gran escala a la magna mistificación que consistió en «colocar a cada uno en su lugar». En la llamada Edad Moderna, los grupos en el poder —comerciantes, prestamistas, industriales, intelectuales y profesionales— cooptaron ese orden moral para transformar la tradición nobiliaria en cualidades universales con inequívocas funciones de preservación de los mecanismos de reproducción social que les fueran favorables. El ideal de superioridad, la ética del mejor, del más rico o más poderoso, la pertenencia a una élite privilegiada, obtener el reconocimiento, en fin, como seres selectos gracias a su poder, riqueza, linaje, títulos, talento o mérito se convirtió en meta y verdadero credo o sueño de los individuos de las clases altas. Esa cooptación fue una auténtica estratagema para lograr la entronización en el vértice social, así como para dar legitimidad a la voluntad de dominación de los nuevos poderes: el mantener el sometimiento moral sobre los subalternos fue así una condición y una seña de vida del tipo de democracia (la de las instituciones) que se había puesto en marcha.

La nobleza, la Iglesia (antigua, medieval y moderna) y la burguesía elaboraron conjuntamente y hasta tal punto sus principios morales, los sostuvieron durante tanto tiempo, los rodearon de tanto prestigio y les dieron vida en espacios tan dilatados que, en plena modernidad, y al menos desde mediados del siglo XIX, en el mundo occidental se ha pensado y sentido en gran medida con la mente y el regusto dejados por la vieja aristocracia y apenas modulados por la burguesía y los matices y las determinaciones que han traído el tiempo, el lugar y las nuevas dinámicas económicas. Muchos de esos principios siguen arraigados en nosotros, ciudadanos de las democracias de hoy, herederas del pacto señorial y burgués. Aunque fruto de un proceso secular de construcción cultural, estos valores nos han llegado con la invisible apariencia de lo innato, de lo inherente al hombre y sus instituciones. Parece que fuera propio de la naturaleza humana el deseo de jerarquía, distinción y fama, o sea, de dominación moral; o que la esencia de la justicia dictaminara que el mérito, la riqueza y la virtud se recompensen con privilegios, honores y posiciones preeminentes.

La nobleza —con su vanguardia, la aristocracia— supo presentar la implantación social de sus valores como parte del proceso de civilización, como un elemento clave de una sociedad universal. Desde la Grecia antigua hasta la aparición del movimiento ilustrado en el siglo XVIII, el pensamiento político de Occidente se ocupó de la traducción teórica, de la legitimación moral de la aristocracia, mientras el arte, hasta la irrupción de las vanguardias, se hizo cargo principalmente de la representación verbal, plástica y sonora de la historia y el mundo del señor. La sociedad del señor, su imaginario, su magnificencia, sus personajes y sus victorias fueron durante largos siglos materia de la filosofía, la música, la escultura, la pintura mural y de caballete, la épica, la tragedia, el drama y la lírica.

Hubo salvedades, claro: desde Epicuro y Lucrecio a Spinoza y Marx, la filosofía ha contestado el modelo señorial de dominación moral. Filócides prefiere una ciudad pequeña bien ordenada a los lujos de Nínive; Hesíodo no se ocupa de escribir loas a la victoria, la gloria y la grandeza como Píndaro, sino que reclama el interés de la comunidad; Marcial no celebra a César, como Virgilio; y Villon y Rabelais miran fuera de palacio, más allá de la Biblia y los torneos y guerras de nobles. Siempre ha habido valores y culturas contestatarias. Sin embargo, la modernidad no consiguió superar completamente los postulados antiguos. Salvo excepciones, sus instituciones políticas, sociales, religiosas y educativas contribuyeron a fortalecer ideales aún impregnados de los principios centrales de la aristocracia. En las estructuras mentales de las democracias representativas, las antiguas nociones de humanidad no verdadera, diferencia moral y jerarquía social se han renovado constantemente.[1]

Aún influidos por las matrices del pensamiento aristocrático, en las democracias seguimos rechazando que exista una sola humanidad, y sin ambages afirmamos que las diferencias naturales se traducen legítimamente en diferencias morales. Para nuestra mentalidad occidental la humanidad y sus derechos no vienen dados naturalmente a todos los miembros de la especie sino que se construyen, pueden administrarse, medirse, otorgarse o negarse, y deben alcanzarse mediante el desarrollo de una racionalidad política y moral, como en la *polis*, y por la adhesión a ciertas formas de vida, a ciertos hábitos y costumbres, a cierta ética e incluso a cierta comunidad política o religiosa.

Para este pensamiento, la naturaleza y el nacimiento no confieren directamente el atributo humano a los hombres pero sí otorgan, a algunos de ellos, cualidades eminentes, merced a las cuales esa humanidad es alcanzada de modo pleno. Gracias a esos hombres verdadera y plenamente humanos —los mejores; los antiguos o nuevos señores—, la humanidad potencial de la especie es realizada y las sociedades preservadas. La naturaleza ha distinguido a esos hombres con excepcionales capacidades y habilidades especiales, de las que nacen las diferencias económicas, políticas y sociales. Es por naturaleza y mérito que unos son inteligentes y ricos y otros «mediocres» y pobres; unos superiores y otros inferiores. Y cuando la realidad palmaria impide argüir capacidades superiores en los dominadores, a esa mentalidad le basta con transformar el poder económico, político o cultural en superioridad moral, *tout court*. Con mayores sutilezas —faltaría más—, los pensadores de las democracias —las representativas y las socialistas— confirmaron esta matriz y todo el set de valores que le están asociados y que hemos visto en el capítulo anterior. Aceptando una repercusión moral de las diferencias naturales, políticas o económicas, sostuvieron que la diferencia que contaba en una democracia era la del talento, el mérito y la virtud. Y postularon la legitimidad de la aristocracia del mérito, como antes se acordó la del nacimiento, el linaje o la riqueza.

Así pues, en sus diferentes versiones —liberal o socialista—, este pensamiento tiene el fundamento común que ya hemos señalado: la humanidad y la dignidad no son atributos naturales e idénticos de los hombres; y entre estos existen diferencias naturales que distinguen moralmente a unos de otros. Aunque la democracia representativa postuló la igualdad de todos ante la ley y la democracia socialista planteó la igualdad social, las dos mantuvieron vigentes este principio de diferencia o desigualdad moral.

Si el pensamiento democrático debe oponerse a este razonamiento es porque el concepto diferenciado de humanidad y su consecuencia, la jerarquización moral, han sustentado todo tipo de discrimines legales en la historia: han sido el fundamento para que los diferentes cuerpos legislativos hayan negado derechos por razones raciales, sociales, religiosas, sexuales en todas las épocas y actualmente a esclavos, judíos, palestinos, pobres, mujeres, homosexuales, etcétera. Las nociones de humanidad y dignidad que prevalezcan en una sociedad se traducen en una estructura determinante de valores y en patrones de acción pública, en la calidad de las relaciones interpersonales y sociales, en el reconocimiento o denegación de derechos, en la topografía moral entre los hombres, que sitúa a estos en rangos diferentes, en posiciones de jerarquía o igualdad. Si este asunto debe convocarnos inapelablemente es porque influye de manera importante en decisiones políticas y económicas, en políticas públicas y en estrategias internacionales; es, en suma, porque las ideas que prevalezcan en las democracias no carecen de consecuencias sociales generales. Las ideas de las élites grecorromanas justificaron la esclavitud; las de la Iglesia legitimaron la tortura y la hoguera, la conquista y la esclavización «perpetua» de los no cristianos; las de los nazis concibieron las cámaras de gas. Y cierta idea de humanidad y dignidad (que identifica la humanidad cabal solo con los países ricos) está detrás del racismo y el repudio de los refugiados e inmigrantes abandonados en las aguas mediterráneas y detrás de toda línea fronteriza. En todos los casos el sustrato teórico y moral es el mismo: una humanidad plena, legitimada como tal para conducir la historia, impone sus *condiciones* a pueblos, grupos e individuos de especies inferiores, a veces semejantes pero nunca idénticos, solo parcialmente humanos, como hace sin conflicto con los animales, las plantas... Si a alguien le parece que todo esto está «muy visto» se equivoca: de la humanidad no verdadera y de las diferencias morales no se habla. Y este género de convicciones ha sustentado diversas doctrinas sobre diferencias de derechos civiles y sociales. La aplicación de estos principios en forma de políticas públicas consagra la existencia en las democracias de ciudadanos de primera, segunda y hasta de tercera clase y, por ejemplo, de lenguas de primera y de segunda en Cataluña y Euskadi en relación con el catalán y el euskera, por una parte, y el castellano por otra. En América latina ocurre lo mismo, pero a favor del castellano y en menoscabo de las lenguas indígenas.

Para el pensamiento democrático, en cambio, la humanidad, con la dignidad y los derechos que le son inherentes, es el primer atributo natural de los miembros de la especie, cualquiera que sea el origen y la condición física, intelectual, racial, económica, social o moral de cada uno de ellos. La dignidad y los derechos no se adquieren por formar parte de una civilización, un continente, un país, una nación, una raza, una familia, una clase o un grupo, ni por costumbres ni hábitos determinados, ni por méritos ni por virtudes, sino por la mera pertenencia al género humano. El saber humano ha llegado, a través de la antropología y la biología, a establecer el concepto de humanidad como culminación del proceso de hominización. A día de hoy, está establecido que la naturaleza humana, en la que radica la fuente de los derechos, es la misma para todos los miembros de la especie. Si a consecuencia de la llamada revolución transhumanista, en el horizonte abierto por la tecnología, la nanotecnología, la biotecnología, la genética o la robótica, se avizora un género poshumano, eso será materia de una ética del futuro. Esta deberá empezar por marcar fronteras entre lo humano y lo poshumano y fijar el estatus moral, los derechos y deberes que quiera acordar a ese hipotético género nuevo. Si este fuera incapaz de autogenerarse y de alcanzar su propia libertad, sería solo un subproducto más de la humanidad, que en ese sentido no sufriría variación en su naturaleza. Por ahora solo hay una humanidad y es posible que así sea aún durante siglos. En la dimensión puramente humana, las diferencias naturales (sean anatómicas, psíquicas, intelectuales, estéticas, morales, étnicas, de sexo, de aptitudes, etcétera) son contingentes, insuficientes para trascender las fronteras de la especie; carecen de la sustancia distintiva para dar forma a otra humanidad.

Por ello, la naturaleza humana tiene carácter absoluto, y su unidad es indudable: es un valor que no está sujeto a ningún tipo de modificación. A diferencia de otros (como el del oro o el del honor), que dependen del lugar o la época en que se realiza la tasación, el de la criatura humana no varía y no puede variar; su valor no depende de nada, ni de épocas ni de lugares ni de acciones u omisiones. El valor de un ejemplar humano no está sujeto a contingencias: es el mismo siempre y en todos los lugares, tiempos y circunstancias, y cualesquiera que sean los principios que dominen la vida de una comunidad; no depende de ninguna forma de variable histórica. Existe del mismo modo y con el mismo alcance en cada uno de los ejemplares de la especie. Ningún acto, mérito, virtud o vicio puede hacer que ese valor se incremente o disminuya. En este sentido, no hay diferencias entre la dignidad y los derechos humanos de un ser virtuoso y uno vicioso; entre Nelson Mandela, pongamos por caso, y un condenado por corrupción o crimen. Ni la virtud ni el vicio pueden modificar la naturaleza de la criatura humana ni, por tanto, su valor en cuanto tal criatura, la dignidad y los derechos que se derivan de su humanidad. Los actos humanos, históricos y contingentes, están sujetos al juicio moral; la condición humana, no.

Efectivamente: los actos, como las ideas, sentimientos y pasiones de cada espécimen humano, en cuanto se trascienden a sí mismos e impactan en la realidad exterior, sí están sujetos a tasaciones distintas, porque la bondad y el mérito, la virtud o el error moral de cada acto repercuten de modo distinto sobre ella. El juicio moral sobre esos actos, sentimientos o pasiones puede diferir y generar valoraciones diversas, positivas o negativas; pero la diferencia de esos actos no es fruto de una diversa naturaleza o humanidad, sino de la condición misma de la existencia histórica, individual y social. Los actos y las valoraciones que se hagan de ellos no alcanzan a modificar la naturaleza y por tanto el valor y la dignidad de los seres que los han realizado, que nunca acrece ni decrece, sea cual sea la reacción moral que esos actos provoquen, los sentimientos que susciten, las ideas que profesen esos seres o los valores que determinen su comportamiento. Hitler o Nerón no dejan de ser humanos por el carácter horrendo de sus actos; su humanidad no ha podido ser modificada por estos. No eran —ni podían ser— más o menos humanos que otros. Eso es lo que significa que la dignidad y los derechos inherentes a la criatura humana son irrevocables, imprescriptibles, inmutables e inalienables: que su reconocimiento no depende de los actos realizados. Como la naturaleza es inmutable, los derechos que se derivan de ella también lo son: son connaturales, solo se extinguen con la muerte, no por la modificación de la condición civil, ni por peculiaridades del comportamiento cívico, legal o moral.

De la unidad de la humanidad se deduce que no hay ni puede haber países, razas, grupos, clases o individuos moralmente superiores o inferiores; que no puede haber nadie con mayor o menor dignidad, ni de manera transitoria ni permanente. Por la unidad de la humanidad, no puede haber diferencias, gradaciones, excepciones, distinciones ni privilegios morales.

Así pues, el carácter incontrovertible de la unidad y singularidad del género humano excluye toda idea condicional de humanidad y tiene como consecuencia la irrefutable igualdad de nuestro valor moral. La unidad natural de la humanidad se expresa en su unidad moral. Por esto, la igualdad sobre la cual se han de levantar todas las otras formas de igualdad es la moral.

El pensamiento democrático no niega, por supuesto, que

existan desigualdades naturales entre los hombres, sino que, a partir de la idea común de humanidad, rechaza que esas diferencias, cualesquiera que sean, naturales o no, de capacidades, experiencias, hábitos, costumbres, raza, anatomía, carácter o méritos, puedan fundamentar ética, legal y racionalmente privilegios y diferencias en la valoración de la dignidad y en el reconocimiento de derechos de cada individuo y sociedad.

El género humano considerado como unidad moral invariable es la piedra angular de la democracia, entendiendo este concepto en el sentido que adquirió en su mayor definición moderna: como una libre comunidad de iguales. Pero precisamente esa condición de la humanidad es la que ha sido ignorada sistemáticamente en Occidente. Aquí los valores heredados de la vieja ideología señorial pugnan a diario por negar la igualdad moral y mantener una jerarquía en la dignidad de los hombres.

Si la democracia es, como aceptamos, un régimen que procura la existencia de una comunidad de libres e iguales, una «cultura democrática» debe inducirnos a una conducta pública y privada favorable a la vida equitativa de una comunidad; debe ayudar a constituirnos, sentirnos y actuar como una comunidad orientada hacia el bienestar material y moral de todos.

SEIS CONDICIONES PARA ALUMBRAR UNA CULTURA DEMOCRÁTICA

Llegar a un consenso sobre lo que es la cultura democrática y abrir vías para su desarrollo constituye una de las más importantes tareas que debemos acometer. Una de las grandes limitaciones de las democracias de hoy radica precisamente en definirse únicamente por el lado formal: son democracias de instituciones, no de cultura. En época de crisis ello es más notorio: algunos ciudadanos salen en defensa de las instituciones, pero se abstienen de señalar cómo la falta de una cultura democrática nos afecta a todos. Pero la misma crisis enseña la necesidad de sobrepasar el nivel de la democracia de las estructuras políticas, legislativas, jurisdiccionales, judiciales y policiales, para alcanzar otro más desarrollado que se sustente en nuevos principios para los ámbitos privado y público.

Para la discusión en torno a los caminos por los que ha de abrirse paso la cultura democrática, hacemos aquí estas seis propuestas:

1. Reconocimiento de la unidad natural y moral

En primer lugar hemos de tener presente la unidad natural de la humanidad y por tanto su igualdad moral, sobre lo que hemos abundado en este libro. El punto de partida debe ser pues una definición del hombre liberada de la falacia «humanidad verdadera/humanidad no verdadera», y del substrato condicional en que se asienta.

Si el paradigma nobiliario partió del modelo del aristócrata para su definición del hombre, y así quedó establecido que las señas de este eran la sociabilidad política y la racionalidad deliberativa capaz de elegir el bien, la cultura democrática hace una postulación radicalmente distinta: su modelo no es el hombre de linaje noble (*homini genere*), ni el de comercio (*homo economicus*), ni el operario (*homo faber*), sino el hombre en su primera condición, el *hominem nudum*: el ser tal y como es al nacer. Para el pensamiento democrático, el mero nacimiento otorga al miembro de nuestra especie el atributo humano y por tanto toda la dignidad y los derechos que esta especie ha acordado para sí misma. El enfoque basado en el *hominem nudum* es el único capaz de reconocer la humanidad en todos los miembros de la especie, sin distingo de naturaleza alguna, incluidos los individuos y pueblos que no viven en comunidades políticas, se guían por patrones de conducta ajenos a los imperantes, cuyas deliberaciones siguen procesos distintos a los nuestros o no los conducen a acciones que puedan ser mayoritariamente compartidas. El enfoque del *homi-*

nem nudum permite así comprender la unidad natural y moral de la humanidad como la base de toda democracia.

2. *Reconocimiento de la dependencia humana recíproca*

El segundo punto retoma el anterior. Porque la cultura democrática hace una descripción del hombre que prescinde de la idea de autosuficiencia heredada de la ambición ilustrada y elige como fundamento, como hace Erasmo en uno de sus más justamente célebres *Adagios*, a la pura materialidad del *hominem nudum* que acabamos de mencionar: a la simple y elemental corporeidad. La cultura democrática tiene presente, como el maestro holandés, que el animal desnudo que es el hombre nace débil e indefenso; tiene las extremidades frágiles y la piel delicada; depende por mucho tiempo de sus padres para sobrevivir y su sobrevivencia se fundamenta en una imprescindible política de servicios recíprocos: es el único animal cuyo ser e identidad, cuya posibilidad misma de vida, está intrínsecamente ligada a la benevolencia y la asistencia ajena:[2] «Solo el hombre ha sido concebido de tal manera que depende totalmente y por un largo período del sostén ajeno», dice Erasmo.[3] Y también: «La naturaleza ha querido que el hombre deba su vida a la benevolencia, para que pueda comprender que ha sido concebido para experimentar gratitud y para sentirse ligado a los otros hombres».[4] Según Erasmo, en el hombre, el deseo y la necesidad de socializar son una sola cosa y ello hace de él un ser inclinado naturalmente a la amistad: «Cuando nace, no sabe hablar, no sabe procurarse el alimento, solo puede pedir ayuda con vagidos, y de eso se entiende que es el único animal nacido completamente para la amistad, que crece y se fortalece solo a partir de servicios recíprocos».[5]

Esta descripción destaca una condición, un ligamen natural e insoslayable entre los hombres, que estos no pueden modificar y que fortalece la idea de la unidad natural y moral de la humanidad. Si, como se ve, la igualdad moral no es un ideal ni un fruto de la especulación o la racionalidad civilizada sino una condición natural y una determinante de la especie, toda pretensión de jerarquía entre los hombres será superflua.

3. *Ilegitimidad de los privilegios basados en la pretensión de superioridad*

Este tercer punto es una consecuencia obvia de lo dicho anteriormente: todo sistema de derechos y privilegios basado en jerarquías naturales o morales es ilegítimo. Ya hemos repetido que ni virtud, educación, inteligencia, prestigio, talento, mérito, belleza o excelencia, ni altas funciones, cargos o responsabilidades, ni ningún atributo externo excepcional, ni, al contrario, el vicio, la falta de virtudes, competencia o distinción pueden justificar pretensiones de preeminencia o de inferioridad moral, de merecimientos de derechos o discrímenes morales. Así como hoy resulta indefendible que la riqueza o el género sustenten pretensión alguna de superioridad, del mismo modo la conciencia democrática encontrará insalvables dificultades para aceptar que se discrimine en base a distinciones naturales o morales.

4. *Ilegitimidad de la traducción moral de la condición exterior*

Al hacer evidente la superficialidad e ilegitimidad de cualquier privilegio basado en diferencias morales, se desactivará la búsqueda de expresiones simbólicas de distinción, que siempre lleva consigo el reclamo de superioridad de valor moral, la voluntad de dominación. Asimismo se volverá inútil el afán de traducir moralmente los elementos exteriores, materiales o simbólicos, peculiares de una clase social, una nacionalidad, grupo o etnia, ya se trate de apariencia física, vivienda, coches y ropa, u otros menos obvios como educación, modales, o competencia profesional o lingüística, e incluso formas corporizadas de manifestar la distinción, que la nobleza acuñó a lo largo de los siglos, como gestualidad, acento de voz, seguridad y asertividad en la expresión oral: todo lo que busca transmitir la impresión de superioridad, de que ciertas clases, ciertos grupos, capas o individuos son intrínsecamente superiores a la «gente ordinaria».[6]

5. *Ética de lo pequeño e inspiración popular*

Nuestro quinto punto busca un giro copernicano, que sin embargo solo es una derivación directa de las consideraciones que hemos hecho hasta ahora: la cultura democrática necesita empeñarse en la elaboración e implantación de un paradigma opuesto a la grandilocuencia señorial.

Tanto en la vida del individuo como en la de las ciudades y los estados, la búsqueda de fama, grandezas y distinciones, proezas, hazañas y heroicidades, así como la monumentalidad y la ostentación, son formas apenas veladas de petición de reconocimiento universal de superioridad, de legitimación para el sometimiento moral de los otros. Solo los individuos y naciones de ideología aristocrática han perseguido la grandeza como meta, como si únicamente esa grandeza pudiera justificar su existencia.

La grandeza ha sido la seña de identidad de los poderosos. Ello ha sido evidente en política, especialmente en la noción de imperio, y en las artes históricas espaciales, en la arquitectura y la escultura. Tanto en la Antigüedad como en el Renacimiento y la Edad Moderna los grandes monumentos civiles y religiosos fueron concebidos bajo la ética y la estética señoriales: como demostración de poder de un imperio, un reino, un señor, un grupo o una clase social, una región o un linaje, sea cual sea la lectura filosófica o estética que quepa sobre tal o cual periodo u obra. Las ordenadas por Nabucodonosor II, en Babilonia, para la celebración de su imperio; las dispuestas por Pericles para exaltar la preeminencia de Atenas, entre las que se cuenta el Partenón; la monumentalidad pública de Roma; las catedrales erigidas por la nobleza europea; las construcciones emblemáticas de la modernidad como el Palacio de Cristal y la torre Eiffel en las llamadas Exposiciones Universales, y la carrera de los siglos XX y XXI por ostentar los edificios o puentes más altos, largos o espectaculares comparten el reclamo de grandeza: fueron diseñados para representar universalmente la superioridad de unos señores sobre otros, sobre sus pares o sus inferiores. Esas obras debían su existencia al trabajo de los servidores del señor, y su fama, a sus propagandistas.

Dicho con otras palabras: la cultura de lo grande comporta una ética de la dominación y lo monumental es expresión de una política en que la dominación material adquiere una consagración estética, una legitimación moral: la grandeza material busca correspondencia con la grandeza moral. La magnificencia de las obras celebra la gloria de los hombres, entendiendo que gloria, grandeza y poder son inseparables. Gloria del poder y poder de la gloria.

Así fundidos gloria y poder, la tendencia se traslada de los individuos, las familias y el linaje a las ciudades y los estados, afectados por la misma fiebre de grandeza y magnificencia. Ello fue particularmente visible en la arquitectura y la escultura públicas de Roma y en el Renacimiento italiano. En Venecia, la ciudad debía «consolidarse y festejar su pacífico poder con alardes de pompa y magnificencia [...], la belleza de la ciudad es celebrada como instrumento político», y el esplendor de los edificios públicos y el decoro de los privados se imponía con el argumento de que «la *virtus* de una república bien constituida debe plasmarse en estructuras visibles y elocuentes».[7] En el Renacimiento veneciano, «los edificios grandiosos y por así decir eternos» debían recordar al pueblo la autoridad de la Iglesia, la arquitectura magnificente ayudaría a evitar los levantamientos populares e imponer respeto y temor a los enemigos.[8]

Si esta cultura busca así disfrazar la meta de dominación moral, la democrática necesitará situarse precisamente en las antípodas: renunciar a esa dominación, abandonar el paradigma de la jerarquía, el rango y los principios que lo sustentan.

Pero todo ello parece arrojarnos a un espacio intelectual y moral desconcertante. ¿Implica esa renuncia un abrazo, un elogio de lo «mediocre», una «nivelación por abajo», como dice la cantaleta de los voceros del pensamiento señorial? La pregunta misma pertenece a una lógica equivocada desde el punto de vista de la cultura democrática. Arriba y abajo, mediocridad y excelencia, son conceptos que solo tienen sentido en un esquema de jerarquías. Renunciar a estos no tiene por qué conducir ni a la dimisión de la voluntad ni a ninguna pérdida cualitativa en la acción humana. El poder y el renombre no son los únicos movilizadores de la existencia. Elitismo y populismo son, por eso, dos conceptos antagónicos que surgen del mismo lugar. Las llamadas cultura alta y baja pueden tener suficiente potencial de verdad para interactuar recíprocamente. En el arte de Arnold Schöenberg, Michael Jackson o Julio Jaramillo, el admirador puede llegar a percibir elementos irreductibles y fuerzas emancipadoras equivalentes.

Pero es cierto que situarse en las antípodas de lo señorial nos orienta hacia el lugar más bajo del campo social, el más alejado del poder, allí donde, por las mismas insoslayables condiciones materiales de la existencia, solo puede germinar una cultura de lo pequeño. Efectivamente, si la cultura aristocrática nace del poder de la clase nobiliaria y se fortalece primero en la alianza con la Iglesia y luego con la burguesía, la democrática solo puede originarse en el universo de lo popular, en las clases y grupos que no participan del poder.

La cultura democrática, que renuncia a las jerarquías y a la dominación moral, debe apuntar hacia lo pequeño porque su medida solo puede ser la del *hominem nudum*, la del hombre natural, el desnudo de Erasmo, el que compone la sociedad de hombres con necesidades materiales y morales comunes a todos. Esos hombres comunes que no tienen poder poseen una perspectiva moralmente adecuada para una democracia.

El lugar social que ocupan no les invita a la trascendencia ni a la dominación. Su medida es simplemente humana y su meta la sobrevivencia digna, la vida del individuo, la familia y el grupo, y no tienen otra opción que perseguirla a través de la colaboración con sus semejantes. Sus ideales no pierden de vista su condición originaria que requiere de la ayuda y del apoyo recíprocos para sobrevivir. Ese perímetro moral en que se desenvuelven las clases subalternas hace que la cultura democrática deba buscar su inspiración en ellas, entre los hombres comunes, en los estratos populares.

Es muy difícil y hasta improbable llegar a conocer cuáles son los principios que rigen hoy la vida de las clases populares, los patrones de sus comportamientos, si es que esos principios y patrones existen como tales. ¿Cuáles son las determinaciones de su cultura, el set de valores espontáneamente movilizados en la diversidad de situaciones de su vida cotidiana? La erradicación casi total de la cultura popular es un hecho en los países industrializados; la configuración de la sociedad y el modelamiento de conductas que llevan a cabo comerciantes e industriales tienden a borrar patrones tradicionales; por otra parte, el ocio y el entretenimiento de las clases populares son manipulados exitosamente por la industria. ¿Cómo hablar pues de principios, valores y patrones individuales y sociales populares? La respuesta ha de tener en cuenta una vez más el poder de la materialidad cotidiana y la historia: aunque resulte difícil aislar una cultura popular cohesionada, sí es posible identificar elementos de una axiología históricamente asociada a las clases subalternas, sobre todo a las de América Latina.

Como hemos dicho, la posición social de las clases subalternas, su lejanía respecto al poder, aun en condiciones de alienación histórica (que les hace víctimas de la ideología patriarcal, del machismo y las supersticiones), les impide concebir como meta la trascendencia individual y el sometimiento moral de otros; las libera del prestigio de lo superior y las aparta de las tendencias a la emulación respecto a las clases altas. Por su posición, lo popular tiende a lo pequeño y lo homogéneo, a lo que contribuye a la cohesión del grupo, único escudo en los embates sociales y por tanto un factor decisivo en su supervivencia. La educación que recibe de su propia existencia precaria otorga a las clases populares perspectivas capaces de fundar valores opuestos a los de las clases nobiliaria y burguesa. Desde lo popular, las metas sociales son necesariamente diferentes: las de una ciudad no estarán relacionadas con la grandeza ni con el prestigio, las riquezas o el poder, sino con la satisfacción de las necesidades materiales y morales cotidianas. Desde la perspectiva popular, una ciudad *bene instituta* no tiene por qué apelar a la magnificencia, la elocuencia o el esplendor. No tenemos necesidad de grandeza. A un pueblo no le hace falta ser grande para ser feliz. Más que grandeza, un pueblo necesita paz, justicia, unidad, solidaridad, un mundo de todos.

Lo mismo cabe decir de las familias y los individuos. Dos grandes filósofos materialistas de la antigüedad, Epicuro y Lucrecio, incluyen entre las causas de la desdicha algunas de las metas de la ética aristocrática tales como la búsqueda de gloria, renombre, honores, autoridad y poder. Intuitivamente sabedores de ello, los hombres comunes se fijan metas individuales pequeñas en comparación con las nobiliarias, metas que están relacionadas con la justicia en la resolución de sus conflictos y el respeto de sus costumbres, sus formas de existencia, sus modos de asociarse y reproducirse, sus cultos y festividades. Desde la perspectiva de lo popular, no se celebrará la grandeza ni el poder ni la victoria, sino la fecundidad, la reproducción, el trabajo, la justicia, la colaboración, el bienestar y la equidad en el grupo.

Si la cultura democrática debe tender a los ideales opuestos a los de la señorial, la ética popular ha de ser uno de sus componentes esenciales. Promover una cultura de lo pequeño y una ética que la consagre no es, por eso, una opción entre otras, sino el postulado que deriva de la renuncia a la jerarquización de la dignidad y al sometimiento moral, sutiles y eficaces refuerzos de la dominación material.

En el universo social popular se tiende, más que a la trascendencia, a la existencia; más que al futuro, al presente; más que a lo imperecedero, a lo evanescente; más que a la gloria, a la satisfacción; más que a lo permanente, a lo provisional; más que a la jerarquía y el rango, a la singularidad en la homogeneidad; más que a la reputación y al honor, al respeto; más que a lo exclusivo, a lo compartido; más que a la separación, al vínculo; más que a la inmutabilidad, al cambio; más que a la solemnidad, a la festividad y el juego, que hacen las relaciones más humanas y vivas.

En el imperio de lo popular, es posible que aún esté vigente aquella «cosmovisión carnavalesca unitaria pero compleja del pueblo» que Mijail Bajtin destacó en la cultura de la Edad Media y el Renacimiento en Europa, que consistía en la «gozosa comprensión de la relatividad de las verdades y autoridades dominantes», gracias a la vigencia de una «lógica original de cosas al revés», de «las permutaciones constantes de lo alto y lo bajo ("la rueda"), del frente y el revés, y por las diversas formas de parodias, inversiones, degradaciones, profanaciones, coronamientos y derrocamientos bufonescos».[9]

La preferencia por lo material, lo sensible, lo corporal, la experiencia, lo provisional y lo finito, lo relativo, lo reversible y lo cambiante, por el juego y el placer, por la participación ordinaria en planes comunes con los semejantes, no renuncia al mundo del espíritu y las ideas, a ningún objetivo superior de la vida humana, sino que coloca todo ello en un mismo nivel moral, en igual medida que caracteriza a la existencia de toda la especie. Solo en ese rango común la cultura estará viva, más cierta y próxima a los hombres reales, más humana y por tanto más propia de una sociedad democrática, de una comunidad de libres e iguales.

6. Revolución moral

Vemos que en el momento actual el establecimiento social de relaciones igualitarias desde el punto de vista moral requiere la demolición de principios antiguos y la elaboración de otros nuevos. En nuestras democracias la igualdad moral es incipiente y solo puede ser concebida como ideal por las clases populares.

En las democracias de hoy se requiere revolucionar los espacios públicos y privados en los que se modelan las percepciones y categorizaciones sociales y aquellos en los que se construyen las mentalidades, las subjetividades y las disposiciones que determinan nuestra forma de sentir, pensar y actuar; se necesita auxiliar y revitalizar el espacio de la individualidad, el de la vida síquica o interior: no solo la parte hoy dominada por la racionalidad instrumental sino también lo que quede de la intimidad, el lugar donde se desarrollan las llamadas «enfermedades del alma», equivocadamente descartadas hasta ahora como campo de atención de la acción pública. Es necesario modificar la concepción y la estructura del poder, transformar los ideales sociales, nuestro fondo moral, los *habitus* o principios generadores de prácticas de clase, y el sistema mismo de clasificación social de esas prácticas; en suma, actuar sobre aquellos lugares desde donde operan fuerzas capaces de regenerar el mundo que se intenta dejar atrás.

Como hemos dicho, en la construcción de la cultura democrática las sociedades han de aprender de los modelos populares, de la ética igualitaria generada espontáneamente en su vivir práctico, de los modos de relación en los que se intercambian los roles y el valor moral se equipara. Se trata de modelos basados en implícitas visiones del mundo en las que la humanidad es reconocida en su plena universalidad incondicional. Las prácticas de las clases populares, las menos contaminadas por la violencia y el poder, las menos afectadas por la impronta señorial, constituyen en sí mismas nutrientes transformadores que pueden alcanzar dimensiones fructíferamente democráticas. Pequeñas comunidades subalternas informales del pasado y del presente, como las de pescadores artesanales y comuneros (y hasta de piratas, como en las novelas de Conrad), han llamado la atención de pensadores políticos, escritores y revolucionarios por sus mecanismos de autorregulación, basados en principios de participación, equidad e igualdad en una medida más importante que la que actúa en las democracias representativas.

¿Puede una transformación moral como esta tener lugar sin que le preceda una revolución política? Probablemente sí. La revolución política no es una condición para la revolución moral. Sin embargo, es evidente que una revolución política sin revolución moral siempre estará afectada por una debilidad estructural que la hará sucumbir más temprano que tarde. En ausencia de una revolución económicamente igualizadora, las diferencias desestabilizarán las pretensiones de igualdad moral, pero será difícil que puedan bloquearlas en el marco de la institucionalidad democrática. La última revolución moral que trascendió las fronteras nacionales fue impulsada por el movimiento contracultural de Estados Unidos, sin que una transformación política radical la hubiera precedido, como causa o factor dinamizador, y sin que ninguna tentativa política o policial fuera capaz de detener y anular sus efectos.

Obviamente, este género de necesidades no serán satisfechas solo con medidas económicas, políticas o sociales. Ninguna revolución cambiará la sociedad si se limita a procurar una mejor distribución de la riqueza o atacar la injusticia en las relaciones laborales.[10]

La transformación moral no será tarea de un ejército revolucionario ni precisará bombas ni fusiles. Probablemente será silenciosa y no tendrá lugar a lo largo de unos pocos años sino de varias generaciones. Las crisis económicas y políticas de Occidente de las últimas décadas han llevado a centenares de asociaciones a poner en marcha programas de los que la democracia puede alimentarse y obtener principios importantes.[11] Incluso es posible que una revolución moral ya esté secretamente en marcha. Se trata de no dejar de descubrir sus objetivos, a veces solo implícitos, de no perderlos de vista, de no emprender o continuar la marcha en una dirección equivocada.

En el marco institucional de las democracias, la cultura democrática en constante construcción fomentará la prevalencia de valores fundados en una noción universal e incondicional de la humanidad, en la igualdad moral entre los miembros de la especie como piedras angulares de la vida. Esa cultura ha de tender a la erradicación del ideal de superioridad y los valores que le están asociados, a descubrir principios que contribuyan a forjar una ética y una estética de lo pequeño y lo común; estimulará la búsqueda de metas individuales y privadas tanto como públicas; pondrá en juego métodos no competitivos sino colaborativos, y convertirá las instituciones en infraestructuras de uso cotidiano para la invención de nuevos y renovados modos de vivir, de construir y valorar la vida privada y común.

Claro que ese trabajo revolucionario sufrirá la oposición de los actuales beneficiarios del poder moral, de los detentadores de los poderes material y simbólico, de los dirigentes del Estado, las empresas y la Iglesia. Estos, y sus principios identitarios, deben ser los primeros blancos de la revolución moral, en especial la Iglesia, que ha sido y aún es una de las fortalezas ideológicas de la ética señorial y a la cual es necesario quitarle todo poder. A cambio de esa oposición, la revolución moral recibirá aliento y encontrará aliados en las clases y grupos subalternos y en los espacios de confluencia social (federaciones y asociaciones, cooperativas, movimientos, grupos, colectivos) en los que las reivindicaciones cotidianas han ido cimentando prácticas colaborativas y valores igualitarios.

El desarrollo de la nueva cultura democrática, más que de una revolución, será fruto de una sucesión de pequeñas revoluciones que transformarán progresivamente los resortes profundos de nuestra existencia interior y exterior. Para ello será necesario un esfuerzo continuo y largo por mantener vivo el espíritu de reciprocidad que la propia condición del hombre le ha inculcado, y por sustituir con valores sustentados en esa reciprocidad los viejos principios de la cultura señorial y sus variaciones burguesas, basadas en la fuerza del capital y en los objetivos mercantiles. Solo mediante la prevalencia de esta cultura la democracia actual podrá legitimarse. Esta cultura será, pues, la clave de la democracia de mañana.

AGRADECIMIENTOS

El autor desea dejar constancia de su sincero agradecimiento a Ignacio Echevarría, por sus consejos; Ligia Chadwick y Cecilia Ryder, por la eficiente ayuda con las necesidades bibliográficas; Gina Portaluppi, por sus observaciones acerca de los temas de este libro en la realidad ecuatoriana y latinoamericana, y Alina Danciu, por el paciente desciframiento y transcripción del intríngulis caligráfico de los originales de este libro.

Dejo asimismo constancia de mi reconocimiento a Roberto M. Iturralde, que en su condición de director del Instituto de la Democracia de Ecuador me invitó a exponer y debatir públicamente las primeras tesis de este libro.

BIBLIOGRAFÍA

ADKINS, Arthur W. H., *Merit and Responsibility. A Study in Greek Values*, Clarendon, Oxford University Press, 1960.

—, *Moral Values and Political Behaviour in Ancient Greece: From Homer to the End of the Fifth Century*, Londres, Chatto and Windus, 1972.

AGAMBEN, Giorgio, *Homo Sacer. Il potere sovrano e la nuda vita*, Turín, Einaudi Editore, 2005.

AMBROSIO DE MILÁN, *Ambrose: Selected Works and Letters*, Philip Schaff y Henry Wace (eds.), Grand Rapids, Michigan, Wm. B. Eerdmans Publishing Company http://www.ccel.org/ccel/schaff/npnf210.titlepage.html

—, *De Officiis Ministrorum Libri III. Cum Paulini Libello de Vitas S. Ambrosii...*, anotación crítica e ilustrativa de Georgious Krabinger, Tubinga, Libraria Henrici Laupp, 1857.

—, *Discursos consolatorios*, edición, traducción y notas de Agustín López Kindler, Madrid, Ciudad Nueva, 2011.

—, *Political Letters and Speeches*, traducción con introducción y notas de J. H. W. G. Liebeschuetz con asistencia de Carole Hill, Liverpool, Liverpool University Press, 2005a.

AQUINAS, Thomas, *De Regno. On Kingship to the King of Cyprus*, traducción de Gerald B. Phelan, revisado por I. Th. Eschmann, O. P., editado por Paul A. Böer, Sr.; publicado en 1949 por The Pontifical Institute of Mediaeval Studies, Toronto, Veritas Splendor Publications, 2012, edición para Kindle.

ARDITI, Jorge, *A Genealogy of Manners. Transformations of Social Relations in France and England from the Fourteenth to the Eighteenth Century*, Chicago-Londres, The University of Chicago Press, 1998.

ARISTÓTELES, *Política*, traducción de Carlos García Gual y Aurelio Pérez Jiménez, Madrid, Alianza, 1998.

ARNHEIM, Michael (ed.), *U. S. Constitution for Dummies*, Indianápolis, Wiley Publishing, Inc., 2009.

ARRIANO, Flavio, *Obras completas*, México, Jus, 1964.

ATIENZA, Julio de, *Títulos nobiliarios hispanoamericanos*, Madrid, Aguilar, 1947.

BAJTIN, Mijail, *La cultura popular en la Edad Media y en el Renacimiento. El contexto de François Rabelais*, Madrid, Alianza, 1998.

BALMORI, Diana, Stuart F. Voss y Miles Wortman, *Notable Family Networks in Latin America*, Chicago-Londres, The Chicago University Press, 1984.

BARTLETT, Robert, *The Making of Europe. Conquest, Colonization and Cultural Change 950-1350*, Nueva York, Penguin Press, 1993.

BÉNICHOU, Paul, *The Consecration of the Writer, 1750-1830*, traducción de Mark K. Jensen, Lincoln, University of Nebraska Press, 1999.

BETHENCOURT, Francisco y Jean Birrell, *The Inquisition: A Global History. 1478-1834*, Cambridge, Cambridge University Press, 2009.

BISSON, Thomas N. (ed.), *Culture of Power: Lordship, Status and Process in Twelfth- Century Europe*, Filadelfia, University of Pennsylvania Press, 1995, edición digital.

BLUMENTHAL, Uta-Renate, *The Investiture Controversy. Church and Monarchy from the Ninth to the Twelfth Century*, traducción de la autora, Filadelfia, University of Pennsylvania Press, 1988.

BOUCHARD, Constance B., *Sword, Miter, and Cloister*, Ithaca, NY, Cornell University Press, 2009.

BOURDIEU, Pierre, *La distinción. Criterio y bases sociales del gusto*, traducción de María del Carmen Ruiz de Elvira, Madrid, Taurus, 1998.

BOYARIN, Jonathan, *The Unconverted Self: Jews, Indians, and the Identity of Christian Europe*, Chicago, The University of Chicago Press, 2009.

BRAUDEL, Fernand, *Civilization and Capitalism 15th-18th Century. Vol. 2: The Wheels of Commerce*, traducción de Siân Reynol, Berkeley, University of California Press, 1982.

BRAUDY, Leo, *The Frenzy of Renown. Fame and its History*, Nueva York, Oxford University Press, 1986.

BRISSOT DE WARVILLE, JeanPierre, *New Travels in the United States of America*, Cornell University Library, Nabu Press, Digital Collection, 2011.

BRYSON, Anna, *From Courtesy to Civility. Changing Codes of Conduct in Early Modern England*, Oxford, Clarendon Press, 1998.

BURCKHARDT, Jacob, *The Greeks and Greek Civilization*, traducción de Sheila Stern, edición de Oswyn Murray, Nueva York, St. Martin's Press, 1998.

BURKE, Peter, *Los avatares de «El Cortesano». Lecturas y lectores de un texto clave del espíritu renacentista*, Barcelona, Gedisa, 1998.

BURKHOLDER, Mark A. y Lyman L. Johnson, *Colonial Latin America*, Nueva York, Oxford University Press, 2008.

BUSHMAN, Richard L., *The Refinement of America. Persons, Houses, Cities*, Nueva York, Alfred A. Knopf, 1992.

CAMPAÑA, Mario, *Necesidad de América*, Baltimore, Q'antaty, 2010.

CAMPIONI, Giuliano, *Nietzsche: crítica de la moral heroica*, prólogo de Diego Sánchez Meca y traducción de Sergio Sánchez, Madrid, Avarigani, 2011.

CARDOZA, Anthony L., *Aristocrats in Bourgeois Italy. The Piedmontese Nobility, 1861-1930*, Cambridge, Cambridge University Press, 1997.

CARMAGNANI, Marcello, *El otro Occidente. América Latina desde la invención europea hasta la globalización*, México D.F., FCE, 2004.

CAROCCI, Sandro, *El nepotismo en la Edad Media. Papas, cardenales y familias nobles*, traducción de Adela Fàbregas García, Valencia-Granada, Universitat de València-Universidad de Granada, 2007.

—, *Vassalli del papa. Potere pontificio, aristocrazie e città nello stato della Chiesa (XII-XV sec.)*, Roma, Viella, Libreria Editrice, 2010.

CARR, Chester G., *The Aristocratic Temper of Greek Civilization*, Nueva York, Oxford University Press, 1992.

CASTRO, Américo, *España en su historia. Cristianos, moros y judíos*, Barcelona, Crítica, 2001.

CHAMBERS, Sarah C., *From Subjects to Citizens: Honor, Gender, and Politics in Arequipa, Peru 1780-1854*, University Park, Pensilvania, The Pennsylvania State University Press, 1999.

CHAUSSINAND Nogaret, Guy, *The French Nobility in the Eighteenth Century. From Feudalism to Enlightenment*, traducción de William Doyle, Cambridge, Cambridge University Press, 1985.

CICERÓN, *Les devoirs*, vol. I., edición bilingüe, texto establecido y traducido por Maurice Testard, París, Les Belles Lettres, 2009.

—, *Les devoirs*, vols. II y III, edición bilingüe, texto establecido y traducido por Maurice Testard, París, Les Belles Lettres, 2010.

CICERONIS, *De republica*, texto latino, Barcelona, Antoni Bosch, 1980.

CLEMENTE DE ROMA, *Carta a los corintios. Homilía anónima*, edición bilingüe y traducción de Juan José Ayán Calvo, Madrid, Ciudad Nueva, 1994.

—, *The Writings of Clement of Rome*, traducción al inglés de Roberts Donaldson, 2010, edición digital para Kindle.

COCHRANE, Charles Norris. *Christianity and Classical Culture*, Nueva York, Oxford University Press, 1944.

COLLINS, Roger, *Keepers of the Keys of Heaven. A History of the Papacy*, Nueva York, Basic Books, 2002.

CORRÊA DE OLIVEIRA, Plinio, *Nobleza y élites tradicionales análogas en las alocuciones de Pío XII al patriciado y a la nobleza romana*, Madrid, Fernando III El Santo, 1993.

CRUZ, Jesús, *El hombre fino: Courtesy Books and Male Bourgeois Conduct in Nineteenth-century Spain*, BHS, 2012, edición digital, pp. 347-362.

DALOZ, Jean-Pascal, *The Sociology of Elite Distinction. From Theoretical to Comparative Perspectives*, Nueva York, Palgrave Macmillan, 2010.

DAVENPORT GARDINER, Frances (ed.), *European Treaties bearing on the History of the United States and its Dependencies to 1648*, Washington D. C., Carnegie Institution, 1917.

DE DIJN, Annelien, *French Political Thought from Montesquieu to Tocqueville. Liberty in a Levelled Society?*, Nueva York, Cambridge University Press, 2008.

DEWALD, Jonathan, *The European Nobility 1400-1800*, Cambridge, Cambridge University Press, 1996.

—, *Aristocratic Experience and the Origins of Modern Culture. France, 1570-1715*, Berkeley y Los Ángeles, University of California Press.

DOMÍNGUEZ ORTIZ, Antonio, *La esclavitud en Castilla en la Edad Moderna y otros estudios de marginados*, Granada, Comares, 2003.

—, *Las clases privilegiadas en el Antiguo Régimen*, Madrid, Akal, 2012.

DONLAN, Walter, *The Aristocratic Ideal and Selected Papers*, Wauconda, IL, Bolchazy Carducci Publishers, Inc., 1999.

DOYLE, William, *Aristocracy and its Enemies in the Age of Revolution*, Oxford, Oxford University Press, 2010.

—, *The Ancient Regime*, Nueva York, Palgrave, 2001.

DUDDEN, Frederick H., *The Life and Times of St. Ambrose*, Clarendon Press, 1935, edición digital, 2012.

DUSSEL, Enrique, *A History of the Church in Latin America. Colonialism to Liberation (1492-1979)*, traducción de Alan Neely, Grand Rapids, William B. Eerdmans Publishing Company, 1981.

—, (ed.), *The Church in Latin America. 1492-1992*, Nueva York, Orbis Books, Maryknoll, 1992.

ELIAS, Norbert, *El proceso de la civilización. Investigaciones sociogenéticas y psicogenéticas*, México D. F., Fondo de Cultura Económica, 1989.

ÉPICURE, *Épicure: Lettres et maximes*, edición de Marcel Conche, Megare, Villers-Sur-Mer, 1977.

ERASMO DE ROTTERDAM, *Escritos de crítica religiosa y política*, traducción y notas de Miguel Ángel Granada, Madrid, Tecnos, 2008.

Encyclopaedia Britannica, 2012, edición digital.

FAULKNER, Robert, *The Case for Greatness: Honorable Ambition and its Critics*, New Haven, Yale University Press, 2008.

FAŸ, Bernard, *George Washington. Republican Aristocrat*, Boston-Nueva York, The Riverside Press Cambridge, 1931.

FICINO, Marsilio, *Cartas*, vol. I, Palma, José J. de Olañeta, Editor, 2009.

FISHER, Andrew B.; Matthew C. O'Hara, (eds.), *Imperial Subjects. Race and Identity in Colonial Latin America*, Durham-Londres, Duke University Press, 2009.

FLORES GALINDO, Alberto, *Obras completas III (II)*, Lima, Casa de Estudios del Socialismo, 2010.

FOLZ, Robert, *The Concept of Empire in Western Europe from the Fifth to the Fourteenth Century*, traducción de Sheila Ann Ogilvie, Londres, Edward Arnold Ltd., 1969.

FORD, Leicester Paul, *The True George Washington*, B&R Samizdat Express, 1986, edición digital.

FULCHER OF CHARTRES *et al.*, *The First Crusade: primary accounts*, traducido por Dana Munro, Cambridge, Charles Rivers Editors, 2010, edición digital.

GARNSEY, Peter, *Ideas of Slavery from Aristotle to Augustine*, Cambridge-Nueva York, Cambridge University Press, 1996.

GARVER, Valerie L., *Women and Aristocratic Culture in the Carolingian World*, Ithaca, Cornell University Press, 2009.

GASPARI, Paolo, *Terra patrizia. Aristocrazie terriere e società rurale in Veneto e Friuli*, Udine, Istituto Editoriale Veneto Friuliano, 1993.

GLANCY, Jennifer A., *Slavery as Moral Problem in the Early Church and Today*. Minneapolis, Fortress Press, 2011, edición digital.

GRACIÁN, Baltasar, *Oráculo manual y arte de prudencia*, Gerónimo y Juan Baptista Verdussen, Amberes, 1669, edición digital para Kindle.

GRAY, Edward G., *Colonial America. A History in Documents*, Nueva York, Oxford University Press, 2003.

GREENBLATT, Stephen O. C., *Renaissance Self-Fashioning: from Moore to Shakespeare*, Chicago, University of Chicago Press, 1979.

GUINIER, Lani, *The Tyranny of Meritocracy: Democratizing Higher Education in America*, Boston, Beacon Press, 2015.

HEERS, Jacques, *La naissance du capitalisme au Moyen Âge. Changeurs, usuriers et grands financiers*, París, Perrin, 2012.

HERRERA, Clara E., *Las místicas de la Nueva Granada: tres casos de búsqueda de la perfección y construcción de la santidad*, Barcelona, Paso de Barca, 2013.

HIERONYMUS, *Dialogus adversus pelagianos*, en *Operum onmium*, Documenta Catholica Onmia, 2006, edición digital en http://www.documentacatholicaomnia.eu/02m/0347-0420,_Hieronymus,_Dialogus_Adversus_Pelagianos,_MLT.pdf

HIRSCHMAN, Albert O., *The Passions and the Interests. Political*

Arguments forCcapitalism before its Triumph, Princeton, Princeton University Press, 1997.

HUGH, Thomas, *La trata de esclavos. Historia del tráfico de seres humanos de 1440 a 1870*, Barcelona, Planeta, 1997.

HUNT, Lynn (ed.), *The French Revolution and Human Rights. A Brief Documentary History*, traducción e introducción de Lynn Hunt, Boston, Bedford Books, 1996.

HUTTON, William H., *The Church and the Barbarians Being an Outline of the History of the Church from A.D. 461 to A.D. 1003*, Londres, Rivingtons, 1906, edición digital.

ISRAEL, Jonathan, *A Revolution of the Mind. Radical Enlightenment and Intellectual Origins of Modern Democracy*, Princeton-Oxford, Princeton University Press, 2010.

JAEGER, Stephen C., *The Origins of Courtliness: Civilizing Trends and the Formation of Courtly 939-1210*, Filadelfia, University of Pennsylvania Press, 1991.

JAEGER, Werner, *Early Christianity and Greek Paideia*, Cambridge, The Belknap Press of Harvard University Press, 1961.

—, *Paideia: los ideales de la cultura griega*, Ciudad de México, Fondo de Cultura Económica, 2001.

JAMES, Henry, *Las bostonianas*, Barcelona, Penguin Clásicos, 2015.

JANES, Dominic, *God and Gold in Late Antiquity*, Cambridge, Cambridge University, Press, 1998.

JEFFERS, James S., *The Graeco-Roman World of the New Testament Era. Exploring the Background of Early Christianity*, Downers Grove, Inter Varsity Press Academic, 1999.

JEFFERSON, Thomas, *Autobiography*, edición digital para Kindle.

JENKINS, Philip, *Breve historia de Estados Unidos*, traducción de Guillermo Villaverde López, Madrid, Alianza, 2004.

JENNINGS, Francis, *Empire of Fortune, Crowns, Colonies and Tribes in the Seven Years War in America*, Nueva York, Norton, 1990.

JOHNSON, H. B., Jr. (ed.), *From Reconquest to Empire: the Iberian Background to Latin American History*, introducción de H. B. Johnson, Jr., Nueva York, Alfred A. Knopf Inc., 1970.

JOHNSON, Lyman L., Sonya Lipsett Rivera, *The Faces of Honor. Sex, Shame, and Violence in Colonial Latin America*, Albuquerque, University of New Mexico Press, 1998.

KAGAN, Donald, *Pericles of Athens and the Birth of Democracy*, Nueva York, The Free Press, 1991.

KATEB, George, *The Inner Ocean. Individualism and Democratic Culture*, Ithaca, Cornell University Press, 1992.

KEANE, John, *The Life and Death of Democracy*, Londres, Simon and Schuster, 2009, edición digital.

KERTZER, D., *The Pope and Mussolini: The Secret History of Pius XI and the Rise of Fascism in Europe*, Nueva York, Random House, 2014, edición digital.

KETT, Joseph F., Merit: The History of a Founding ideal from the American Revolution to the *Twenty-First Century*, Ithaca, Cornell University Press, 2013.

KIDDER, Daniel P., *The Lives of the Popes from A.D. 1000 to A.D. 1853*, RareBooksClub.com, 2012.

KONETZKE, Richard, *Colección de documentos para la historia de la formación social de Hispanoamérica 1493-1810*, Madrid, Consejo Superior de Investigaciones Científicas, 1962.

—, *El imperio español, orígenes y fundamentos*, Madrid, Nueva Época, 1946.

KRAUSE, Sharon R., *Liberalism with Honor*, Cambridge, Harvard University Press, 2002.

KREIDER, Alan (ed.), *The Origins of Christendom in the West*, T&T Clark, Edimburgo y Nueva York, 2001.

—, *The Change of Conversion and the Origins of Christendom*, Eugene, Oregón, Wipf and Stock, 2006.

LADERA DE DÍEZ, Elizabeth, *Contribución al estudio de la «aristocracia territorial» en la Venezuela colonial: la familia Xerez de Aristeguieta…*, Caracas, Academia Nacional de la Historia, 1990.

LAERCIO, Diógenes, *Vida de los filósofos más ilustres*, Ciudad de México, Porrúa S.A., 1984.

LANCIEN, Didier y Monique de Saint Martin (dirs.), *Anciennes et nouvelles aristocraties de 1880 à nos jours*, posfacio de Pierre Bourdieu, Maison des sciences de l'homme, París, 2007.

LE GOFF, Jacques y Jean Claude Schmitt, *Diccionario razonado del Occidente medieval*, Madrid, Akal, 2003.

LEONARD, Irving A., *Books of the Brave. Being an Account of Books and of Men in the Spanish Conquest and Settlement of the Sixteenth Century New World*, Berkeley y Los Ángeles, University of California Press, 1992.

LIDA DE MALKIEL, María Rosa, *La idea de la fama en la Edad Media castellana*, México D.F., FCE, 2006.

LIVINGSTONE, R.W., *Greek Ideals and Modern Life*, Londres, Oxford University Press, 1936.

LOCKE, John, *Second Treatise on Civil Government*, texto de la edición de C.B. McPherson, Indianápolis y Cambridge, Hackett Publishing Company, 1980, edición digital para Kindle.

LOHMANN VILLENA, Guillermo, *Los americanos en las órdenes nobiliarias*, tomos I y II, Madrid, Consejo Superior de Investigaciones Científicas, 1993.

LONGMORE, Paul K., *The Invention of George Washington*, Charlottesville, University Press of Virginia, 1999.

LOUDEN, Robert B. y Paul Schollmeier (eds.), *The Greeks and Us. Essays in Honor of Arthur W. H. Adkins*, Chicago-Londres, The University of Chicago Press, 1996.

LUTERO, Martin, *Sobre el comercio y la usura*, traducción de Esteve Serra, Palma, José J. de Olañeta Editor, 2009.

MACFARLANE, Alan, *The Culture of Capitalism*, Oxford, Basil Blackwell, 1987.

MADISON, James, *Federalist No. 10. The Same Subject Continued: The Union as a Safeguard Against Domestic Faction and Insurrection*, The New York Pocket, 1787. Edición digital: The Library of Congress, The Federalist Papers, https://www.congress.gov/resources/display/content/The+Federalist+Papers#TheFederalistPapers-10

MALATESTA, Maria, *I Signori della Terra. L'organizzazione degli interessi agrari padani (1860-1914)*, Milán, Istituto di Studi Storici Gaetano Salvemini, Franco Angeli Libri, 1989.

—, *Le aristocrazie terriere nell'Europa contemporanea*, Roma, Editori Laterza, 1999.

MANN, Barbara Alice, *George Washington's War on Native America*, Lincoln, University of Nebraska Press, 2005.

MANN, Horace, *The Life of the Popes in the Early Middle Age. Vol. I: The Popes Under the Lombard Rule. St. Gregory I The Great to Leo III*, San Luis, Misuri, Herder B. y Kegan Paul, Trench, Trubner & Co. Ltd., 1906, edición digital.

MARTANS, David (ed.), *Lettres de noblesse I. L'imaginaire nobiliaire dans la littérature française du XXe siècle*, París, Lettres Modernes Minard, 2016.

—, *Lettres de noblesse II. L'imaginaire nobiliaire dans la littérature française du XXe siècle*, París, Lettres Modernes Minard, 2016.

MAYER, Arno J., *The Persistence of the Old Regime: Europe to the Great War*, Nueva York, Pantheon Books, 1981.

MCCLELLAND, S. J., *A History of Western Political Thought*, Londres, Routledge, 1996.

MCMANNERS, John, *Church and Society in Eighteenth Century France. Vol. I: The Clerical Establishment and its Social Ramifications*, Oxford, Clarendon Press, 1998.

MCNAMARA, Peter (ed.), *The Noblest Minds. Fame, Honor, and the American Fathers*, Lanham, Rowman & Littlefield Publishers, 1999.

MICHELS, Robert, *Political Parties. A Sociological Study of the Oligarchical Tendencies of Modern Democracy*, traducido al inglés por Eden y Cedar Paul, Londres, Jarrold & Son, 2008, edición digital para Kindle.

MIRANDOLA, Pico Della, *Oratio de hominis dignitate*, Progetto-Pico/PicoProject, Università di Bologna/Brown University, Providence, s/f, http://www.brown.edu/Departments/Italian_Studies/pico/oratio.html

MIROFF, Bruce, *Icons of Democracy. American Leaders as Heroes, Aristocrats, Dissenters, & Democrats*, Lawrence, Kansas, University Press of Kansas, 2000.

MONTANDON, Alain (ed.), *Les espaces de la civilité*, Mont-de-Marsan, Editions Interuniversitaires, 1995.

—, *Pour une histoire des traités de savoir-vivre en Europe*, Clemont-Ferrant, Université Blaise Pascal, Association des Publications de la Faculté des Lettres et Sciences Humaines de Clermont-Ferrand, 1994.

MONTESQUIEU, *De l'esprit des lois*, Norph-Nop, 2011.

MORSEL, Joseph, *L'aristocratie médiévale. Ve-XVe*, París, Armand Colin, 2004.

MULDOON, James, *Empire and Order. The Concept of Empire, 800-1800*, Nueva York, Saint Martin Press Inc., 1999.

NEUSCHEL, Kristen B., *Word of Honor: Interpreting Noble Culture in Sixteenth Century France*, Ithaca, Cornell University Press, 1989.

NIETZSCHE, Friedrich, *La genealogía de la moral*, traducción de Andrés Sánchez Pascual, Madrid, Alianza, 1972.

NORRIS, Charles, *Christianity and Classical Culture*, Nueva York, Oxford University Press, 1944.

PAGDEN, Anthony, *Lords of all the World. Ideologies of Empire in Spain, Britain and France c. 1500-c. 1800*, New Haven-Londres, Yale University Press, 1995.

—, (ed.), *The language of political theory in early modern Europe*, Cambridge, Press Syndicate of the University of Cambridge, 1987.

PALMER, R. P., *The Age of the Democratic Revolution. A Political History of Europe and America, 1760-1800*, The Challenge, Princeton, Princeton University Press, 1959.

PARISH KIDDER, Daniel, *The Lives of the Popes from A.D. 1000 to A.D. 1853*, RareBooksClub.com, 2012.

PARISSE, Michel, *La Noblesse Lorraine, XI-XIIIe*, Nancy, Université de Nancy II, 1975.

PATTERSON, Orlando, *Freedom in the Making of Western Culture*, vol. I, Nueva York, Basic Books, Harper Collins Publishers, 1991.

PETERSON, Merrill D. (ed.), *The portable Thomas Jefferson*, Nueva York, Penguin Books, 1977.

PETRARCA, Francesco, *Triunfos*, traducción de Jacobo Cortines y Manuel Carrera, Madrid, Editora Nacional, 1983.

PLATÓN, *La república*, traducción de Conrado Eggers Lan, Madrid, Gredos, 2000.

PLATT, Len, *Aristocracies of Fiction. The Idea of Aristocracy in Late Nineteenth Century and Early Twentieth Century Literary Culture*, Westport-Londres, Greenwood Press, 2001.

PLINIO EL VIEJO, *Historia natural*, traducción de Antonio Fontán *et al.*, Madrid, Gredos, 2001.

POPE URBAN II, Fulcher of Chartres & Ekkehard, *The First Crusade: Primary Accounts*, traducción de Dana Munro, Cambridge, Charles Rivers, 2010, edición digital.

PRICE, Simon y Peter Thonemann, *The Birth of Classical Europe. A History from Troy to Augustine*, Nueva York, Viking, 2011.

RAPP, Claudia, *Holy Bishops in Late Antiquity. The Nature of Christian Leadership in an Age of Transition*, Berkeley, University of California Press, 2005.

REINHARD, Wolfgang (ed.), *Las élites del poder y la construcción del Estado*, México, FCE, 1997.

RIESENBERG, Peter, *Citizenship in the Western Tradition. Plato to Rousseau*, Chapel Hill-Londres, The University of North Caroline Press, 1992.

ROBERTSON, James Craigie, *History of the Christian Church: A.D. 590-1122*, II, Londres, John Murray, 1862.

RODA, Sergio (ed.), *La parte migliore del genere umano. Aristocrazie, potere e ideologia nell'Occidente tardoantico*, Turín, Scriptorium, 1994.

RODRÍGUEZ ADRADOS, Francisco, *La democracia ateniense*, Madrid, Alianza, 1998.

ROMANO, Ruggiero y Corrado Vivanti (eds.), *I caratteri originali II*, Turín, Einaudi, 1998.

SABEAN, David, *Power in the Blood: Popular Culture and Village Discourse in Early Modern Germany*, Cambridge, Cambridge University Press, 1988.

SALA MOLINS, Louis, *Dark Side of the Light. Slavery and the French Enlightenment*, traducción de John Conteh Morgan, Minnesota, Minnesota University Press, 2006.

SALZMAN, Michele R., *The Making of Christian Aristocracy: Social and Religious Changes in the Western Roman Empire*, Cambridge, Harvard University Press, 2004.

SAN AGUSTÍN, *La Ciudad de Dios*, traducción de Santos Santamarta del Río y Miguel Fuertes Lanero, Madrid, Biblioteca de Autores Cristianos, 2007, sexta edición.

SARASA, Esteban y Serrano, Eliseo (eds.), *Estudios sobre señorío y feudalismo. Homenaje a Julio Valdeón*, Zaragoza, Institución Fernando El Católico, 2010.

SCHALK, Ellery, *From Valor to Pedigree. Ideas of Nobility in France in the Sixteenth and Seventeenth Centuries*, Princeton, Princeton University Press, 1986.

SIEYÉS, Emmanuel Joseph, *Préliminaire de la Constitution français. Reconnaissance et Exposition Raisonnée des Droits de l»Homme et du Citoyen*, Versalles, 1789, edición Gallica, biblioteca numerique, en http://gallica.bnf.fr/ark:/12148/bpt6k41690g/f4.image, p. 37.

SMITH, Adam, *The Theory of Moral Sentiments*, edición digital para Kindle.

STANTON, G.R., *Athenian Politics c. 800-500 BC*, Londres-Nueva York, Routledge, 1990.

STARR, Chester G., *The Roman Empire, 27 B.C.-A.D. 476. A Study in Survival*, Oxford, Oxford University Press, 1982.

STENDHAL, *Le Rouge et le Noir*, Gutenberg Project, 1997, edición digital, http://www.gutenberg.org/ebooks/798

STONE, Lawrence, *Family and fortune: Studies in aristocratic finance in the sixteenth and seventeenth centuries*, Oxford, Oxford University Press, 1973.

STONE, Lawrence, *The Crisis of Aristocracy 1558-1641*, Londres, Oxford University Press, 1967, edición limitada.

TAFURI, Manfredo, *Venezia e il Rinascimento. Religione, scienza, architettura*, Turín, Giulio Einaudi Editori, 1985.

TEJA, Ramón, *Emperadores, obispos, monjes y mujeres. Protagonistas del cristianismo antiguo*, Madrid, Trotta, 1999.

The Federalist Papers, The Library of the Congress, en https://www.congress.gov/resources/display/content/The+Federalist+Papers

The Manual of Tank and Nobility: Or, Key to the Peerage: Containing the Origin and History of All the Various Titles, Orders, and Dignities, Hereditary Honours, Peculiar Privileges, Heraldic Distinctions, Rights of Inheritance, Degrees of Precedence, Court Etiquette, &c., &c., of the British Nobility: With the Origin and History of the Royal Titles, Prerogatives, Ceremonies, Great Officers of State and of His Majesty's Household &c., &c.: Collected from the Best Authorities, Londres, Saunders and Otley, 1828.

THIELE, Leslie Paul, *Friedrich Nietzsche and the Politic of the Soul. A Study of Heroic Individualism*, Princeton, Princeton University Press, 1990.

—, *The political ideas of St. Thomas Aquinas*, edición con una introducción de Dino Bigongiari, Nueva York, Free Press, 1997.

THOMAS, Keith, *Religion and Decline of Magic: Studies on Popular Beliefs in Sixteenth and Seventeenth-Century England*, Londres, Penguin Books, 1971, edición digital.

TOCQUEVILLE, Alexis de, *De la démocratie en Amérique*, en *Oeuvres*, volúmenes II y III, Édition Vassade, edición digital.

TREVIJANO, Ramón, *Patrología*, Madrid, Biblioteca de Autores Cristianos, 2009, cuarta reimpresión.

VALDÉS GUÍA, Miriam, *La formación de Atenas. Gestación, nacimiento y desarrollo de una polis*, Zaragoza, Libros Pórtico, 2012.

VARGAS UGARTE, Rubén, *Concilios limenses (1551-1772)*, tres tomos, Lima, 1952-1954, reimpreso por Facsismile Publisher, Delhi, 2016.

WALBANK, F.W., *The Hellenistic World*, Cambridge, Harvard University Press, 1980.

WALLACE, Quency E., *The Early Life and Background of Paul the Apostle*, Hayesville, The American Journal of Biblical Theology, 2002, www.biblicaltheology.com/Research/WallaceQ01.html

WASHINGTON, George, *The Writings of George Washington from the Original Manuscript Sources, 1745-1799*, editado por John C. Fitzpatrick (1931-1944), 39 vols., Washington Resources, University of Virginia Library, https://archive.org/details/writingsofgeorge27wash

WECKMANN, Luis, *Las Bulas Alejandrinas de 1493 y la Teoría Política del Papado Medieval. Estudio de la Supremacía Papal Sobre Islas 1091-1493*, Ciudad de México, Universidad Nacional Autónoma de México/Editorial Jus, 1949.

WEIL, François, *Family Trees. A History of Genealogy in America*, Cambridge, Harvard University Press, 2013.

WOOD, Gordon S., *The Idea of America: Reflexions on the Birth of the United States*, Penguin Books, 2011, edición digital.

—, *The radicalism of the American Revolution*, Vintage eBooks, 2011, edición digital.

Zuller, Jerry, *The Mind and the Market. Capitalism in Western Thought*, Nueva York, Anchor Books, 2002.

ARTÍCULOS, CAPÍTULOS DE LIBROS Y ENTREVISTAS

ÁLVAREZ DE TOLEDO, Cayetana, «Me encantaría que Preysler se uniese a Libres e Iguales», respuesta a Emilia Landaluce, en *El Mundo*, 8 de agosto de 2015, http://www.elmundo.es/cultura/2015/08/08/55c4957846163fd05b8b4581.html

ATIENZA LÓPEZ, Ángela, «Nobleza, poder señorial y conventos en la España moderna. La dimensión política de las fundaciones nobiliarias», en Esteban Sarasa y Eliseo Serrano (eds.), *Estudios sobre señorío y feudalismo. Homenaje a Julio Valdeón*, Zaragoza, Institución Fernando el Católico, 2010.

AZÚA, Félix de, «La educación en Catalunya consiste en enseñar odio a España y a lo español», en *La Vanguardia*, 13 de marzo de 2016, http://www.lavanguardia.com/politica/20160313/40402239686/felix-de-azua-educacion-cataluna.html

BARAT, Frank, «Interview with Noam Chomsky», en Red Pepper.org, mayo de 2011, http://www.redpepper.org.uk/interview-with-noam-chomsky/

BIDEGAIN, Ana María, «The Church in the emancipation process (1750-1830)», en Enrique Dussel (ed.), *The Church in Latin America. 14921992*, Nueva York, Orbis Books, Maryknoll, 1992.

BRAUN, Rudolf, «Mantenerse arriba: reproducción sociocultural de las élites del poder europeas», en Wolfgang Reinhard (ed.), *Las élites del poder y la construcción del estado*, traducción de Tomás Segovia, Ciudad de México, Fondo de Cultura Económica, 1997, pp. 295-324.

BROWN, Peter, R. L., Saint Ambrose, en *Encyclopedia Britannica*, 2012, edición digital.

BRONWEN, Neil, «The Papacy in the Age of Gregory the Great», en Bronwen, Neil y Matthew dal Salto (eds.), *A Companion to Gregory the Great*, Leiden, Brill, 2013.

BURKHOLDER, Mark A., «Honor and honors in Colonial America», en Lyman L. Johnson y Sonya Lipsett Rivera, *The Faces of Honor. Sex, Shame, and Violence in Colonial Latin America*, Albuquerque, University of New Mexico Press, 1998, pp. 18-44.

CAMACHO, Cristián, «El origen social del conquistador español y sus objetivos económicos y sociopolíticos en Venezuela», Mérida, Venezuela, Saber Universidad de Los Andes, en http://www.saber.ula.ve/bitstream/123456789/23094/1/articulo35.pdf, s/n.

CARRÉ, Jacques, «L'Espace du club londonien au XIXe siècle», en Alain Montandon (ed.), *L'espace de la civilité*, Mont de Marsan, Éditions Interuniversitaires, 1995.

CASTRO, Américo, «The Spanish Sense of Nobility», en H. B. Johnson, Jr. (ed.), *From Reconquest to Empire. The Iberian background to Latin American History*, Nueva York, Alfred A. Knope Inc., 1970, pp. 185-208.

CLEMENTE, Guido, «Cristianesimo e classi dirigente prima e dopo Costantino», en Sergio Roda (ed.), *La parte migliore del genere umano: Aristocrazia, potere e ideología nell'Occidente tardoantico*, Turín, Scriptorium, 1994, pp. 59-76.

DESCENDRE, Roman, «Les villes et le monde. Comparatisme géographique et théorie de la croissance urbaine au début de l'âge moderne», posfacio a *Des causes de la grandeur des villes*, edición, traducción y notas de Romain Descendre, París, Éditions Rue d'Ulm – Press de l'École normale supérieure, 2014.

DURBACH, Nadja, «Londres, capitale des exhibitions exotiques de 1830 à 1860», en Pascal Blanchard *et al.* (eds.), *Zoos humains et exhibitions coloniales*, París, La Découverte, 2011, tercera edición, pp. 123-131.

ESPADA, Arcadi, «La calumnia, lisa y llanamente», en *El Mundo*, 27 de marzo de 2016, http://www.elmundo.es/opinion/2016/03/27/56f6ba9a46163fd34b8b45a8.html

FURIÓ, Antoni, «Mercancías humanas: el nuevo auge de la esclavitud al final de la Edad Media», en Manuel Chust Calero (ed.), *De la cuestión señorial a la cuestión social*, Valencia, Prensa Universidad de Valencia, 2002, pp. 23-38.

GINZBURG, Carlo, «Folklore, magia religione», en Ruggiero Romano y Corrado Vivanti (eds.), *I caratteri originali II*, Turín, Einaudi, 1998, pp. 603-679.

HAROCHE, C. y A. Montoia, «Le duc de Saint Simon en la dimension politique de l'espace dans la société d'Ancien Régime», en

Alain Montandon (ed.), *Les espaces de la civilité*, Mont de Marsan, Editions Interuniversitaires, 1995.

HUME, David, «On civil liberty», en David Hume, *Essays*, Londres, John Long Ltd., 2011, edición digital para Kindle.

FAULKNER, W., «Pantaloon in Black», en *Go Down Moses and other stories*, Londres, Vintage Books, edición digital.

KREIDER, Alan, «Beyond Bosch: The Early Church and the Christendom Shift», en *International Bulletin of Missionary Research*, vol. 29, n.º 2, 2005, pp. 62-64.

MEIER, Johannes, «The Religious Orders in Latin America: A Historical Survey», en Enrique Dussel (ed.), *The Church in Latin America. 1492-1992*, Nueva York, Orbis Books, Maryknoll, 1992.

MILL, John Stuart, *Considerations on Representative Government*, Nueva York, Harper and brothers Publishers, 1862, edición digital.

MILLET, Hélène y Peter Moraw, «Los clérigos en el Estado», en Wolfgang Reinhard (ed.), *Las élites del poder y la construcción del Estado*, México D. F., FCE, 1997.

MIRA CABALLOS, Esteban, «Indios nobles y caciques en la Corte real española, siglo XVI», en *Temas Americanistas*, n.º 16, 2003, p. 115.

MONTRONI, Alberto, «Aristocracy and Professions», en M. Malatesta, *Society and the Professions in Italy, 1860-1914*, Cambridge, Cambridge University Press, 1995, pp. 223-254.

MUMFORD, Jeremy, «Aristocracy on the Auction Block. Race, Lords, and Perpetuity Controversy of Sixteenth Century Peru», en Andrew B. Fisher y Matthew C. O'Hara (eds.), *Imperial subjects. Race and Identity in Colonial Latin America*, Durham-Londres, Duke University Press, 2009, pp. 39-59.

NELSON, N. E., «Cicero's *De officiis* in Christian Thought: 300-1300», en University of Michigan Publications, *Language and Literature, vol. X: Essays and Studies in English and Comparative Literature*, Ann Arbor, University of Michigan Press, 1933, pp. 59-160.

PICARD, Dominique, «Caractéristiques et évolution de la ritualité sociale dans les traités de savoir-vivre contemporains», en

Alain Montandon (ed.), *Pour une histoire des traités de savoir-vivre en Europe*, Clermont-Ferrand, Collection Littératures, Association des Publications de la Faculté des Lettres et Sciences Humaines de Clermont Ferrand, 1994.

PIJPER, Frederik, «The Christian Church and Slavery in the Middle Age», en The American Historical Review, vol. 14, n.º 4, 1909, pp. 675-695, https://archive.org/details/jstor-1837055

PIKE, Ruth, «Slavery in Seville at the Time of Columbus», en H. B. Johnson, Jr. (ed.), *From Reconquest to Empire. The Iberian Background to Latin American History*, Nueva York, Alfred A. Knopf, 1970, pp. 85-101.

RAHE, Paul A., «Fame, Founder, and the Idea of Founding in the Eighteenth Century», en Peter McNamara (ed.), *The Noblest Minds. Fame, Honor, and the American Founding*, Londres, Rowman & Littlefield Publisher, Inc., 1999, pp. 336.

REAL ACADEMIA ESPAÑOLA, «Estatutos», en Real Academia de la Lengua Española, http://www.rae.es/la-institucion/organizacion/estatutos

SCHAFF, Philip, «Prolegomena, notes and introduction», en Ambrosio de Milán, *Selected works and letters*, editado y traducido por Philip Schaff, T&T, Clark, Grand Rapids, MI, Christian Classics Ethereal Library.

SKINNER, Quintin, «Sir Thomas More's Utopia and the language of Renaissance humanism», en Anthony Pagden, *The Language of Political Theory in Early Modern Europe*, Cambridge, Cambridge University Press, 1987, pp. 123-157.

NOTAS

PRELIMINAR

[1] Es cierto que para su definición de lo humano (*Homo Faber, Homo Economicus*...), la modernidad se inspiró también en otros modelos (el burgués o el obrero, por ejemplo) pero la primera definición subsiste. Y prevalece.

[2] Véase *infra* capítulo I, pp. 38-41.

I
INTRODUCCIÓN

[1] Pierre Bourdieu (1998), pp. 169-171. Bourdieu considera, en efecto, que los estilos de vida son «productos sistemáticos de los *habitus*».

[2] Jonathan Dewald (1996), p. 97.

[3] Ibídem, p. 61.

[4] Uno de los principales expositores de la mencionada nueva historiografía es Guy Chaussinand Nogaret. Su libro *La Noblesse au XVIIIe siècle* apareció en 1976 y se tradujo al inglés en 1985. La cita está tomada de la edición inglesa, *The French Nobility in the Eighteenth Century*, traducción del historiador William Doyle, Nueva York, Cambridge University Press, 1985, p. 116.

[5] Destacan las investigaciones seminales del profesor Arthur W. H. Adkins (1960, 1972). También se puede consultar con provecho el volumen editado por los profesores Robert B. Louden y Paul Schollmier (1996).

[6] William Doyle (2010), p. xv.

[7] Véase en especial *Aristocratic Experience and the Origins of Modern Culture* (1993). Dewald concluye destacando como los nobles «turned eagerly to a variety of liberal ideologies, and to the visions of emotional life that accompanied them. Their enthusiasms have been seen to prefigure and explain the Revolution», p. 208.

[8] Chester G. Starr (1992).

[9] Len Platt (2001), pp. 95-96.

[10] David Martans (ed.) (2016). Una discusión sobre este tema tuvo lugar en el Coloquio L'Imaginaire nobiliaire de la littérature moderne: 1900-1950 / The Aristocratic Imaginary of Modern Literature:1900-1950, Ben De Bruyn y David Martans (dirs.), Lovaina, Universidad de Lovaina (KU Leuven), 21-22 de marzo de 2013. Una selección aumentada de las contribuciones aparece publicada en la revista *Neohelicon*, volumen 42, número 1, junio de 2015.

[11] Para el análisis de este proceso en España, véase Jesús Cruz (2012).

[12] Algunos de los principales resultados están recogidos en Alain Montandon (ed.) (1994).

[13] «Dans un État bien ordonné, le gouvernement ne doit être qu'une dépendance de la production, qu'une commission chargée par les producteurs, qui la paient pour cela, de veiller à la sûreté de leurs personnes et de leurs biens pendant qu'ils travaillent», citado por Annelien de Dijn (2008), pp. 93 y 110.

[14] Es la llamada *Elite Theory*, en la que destacan nombres como los de Robert Michels, Gaetano Mosca y Robert Dahl.

II
UNIVERSALISMO, IMPERIO Y HUMANIDAD. EL HOMBRE SUPERIOR SEGÚN GRECIA Y ROMA

[1] Simon Price y Peter Thonemann (2011), pp. 122-123.

[2] Flavio Arriano (1964), «Anábasis de Alejandro», *Obras completas*, pp. 270-271.

[3] Peter Reisenberg (1992), p. 83.

[4] Plinio el Viejo (2001), 39, 40, pp. 184-185.

[5] La referencia más importante al mapa de Agripa aparece en *Historia natural*, III, 17.

[6] Los romanos acuñaron un término para ese «no mundo» o «mundo no verdadero», *Barbaria*, que mencionaba a todo pueblo extranjero, no griego ni romano, caracterizado por la crueldad, la estupidez y el desorden.

[7] «Ita late per orbem terrarum arma circumtulit, ut qui res ejus legunt non unius Populi, sed generis humani facta discant», Loeb Classical Library, 1929, Proemio, 2, Universidad de Chicago, http://penelope.uchicago.edu/Thayer/L/Roman/Texts/Florus/Epitome/1A*.html#I

[8] Diógenes Laercio (1984), pp. 179-193.

[9] Las dos últimas citas proceden de Diógenes Laercio (1984), p. 179.

[10] Jacob Buckhardt (1998), p. 288.

[11] Anthony Pagden, *Lords of All the Words. Ideologies of Empire in Spain, Britain and France, c.1500-c.1800*, p. 11. «La idea de imperio permanece viva en todo Occidente a lo largo de la Edad Media, el título de emperador es codiciado», escribió el historiador Michel Parisse. La relación entre la concepción medieval y cristiana de imperio, y su influencia en la elaboración de la idea imperial moderna ha sido expuesta ya por los historiadores.

[12] Desde los años cuarenta del siglo XIX Estados Unidos vivía una atmósfera expansionista hacia el exterior del continente, que se encendió aún más 1847, con la adquisición, tras una guerra con México y la firma del tratado Guadalupe-Hidalgo, de lo que serían los estados de Arizona, Nuevo México, Nevada, Utah y California. En 1850 el escritor Herman Melville ya proclamaba que Estados Unidos era «un pueblo singular y elegido el Israel de nuestra época [...]. En nosotros mismos, casi por primera vez en la historia del planeta, el egoísmo natural es ilimitada filantropía; pues no podemos hacer el bien a América si no socorremos al mundo», citado en Philip Jenkins (2004), pp.135-136.

[13] Aristóteles (1998), 1253ª.

[14] Claro que en Grecia hubo un amplio debate filosófico, y no sólo antropológico, acerca de qué es lo que constituye "la esencia de la humanidad del hombre" (Heidegger), pero esa discusión no se situaba en un lugar ni en un tiempo previos, sino posteriores a la clasificación originaria entre unos seres estrictamente humanos y otros que parecen ser, en lo esencial, semejantes al resto de los animales. Cuando los filósofos tienen claro quiénes son los hombres se aplican a determinar en qué consiste su especificidad humana. A tal punto quedó todo claramente establecido que aún en el siglo III d. C., Diógenes Laercio, un historiador de la filosofía griega, podía escribir que en Grecia empezó no solo la filosofía sino la misma humanidad, la ἀνθρώπων ἦρξε, como él dejó escrito en su *Vidas, opiniones y sentencias de los filósofos más ilustres*, I, 3.

[15] Alexis de Tocqueville, *De la démocratie*, III, 11725.

[16] Donald Kagan (1991), p. 97.

[17] Por eso, en plena conquista española de América la Iglesia católica, cuando celebra sus concilios en Lima, hace gala de su supuesta piedad hacia los indígenas y exhorta a los curas a enseñar *Ut indi politice vivere instituantur*, es decir, «Cómo vivir políticamente», como reza el capítulo IV de la Actio Quinta del Tercer Concilio de Lima (1582-1583), para que esos indios abandonen su modo de vivir «indigno de hombres», «sus costumbres bárbaras y de salvajes [y] se hagan a vivir con orden y costumbres políticas». Véase Tercer Concilio 311, cap. IV: «Ut indi politice vivere instituantur», en Vargas Ugarte (1952-1954).

[18] *Política* (1998), p. 52, 1254b.

[19] «They all lacked what Aristotle called *timai*, or political status», Peter Riesenberg (1992), p. 28.

[20] Friedrich Nietzsche (1972), pp. 34-35.

[21] Sigo a Arthur W. H. Adkins (1960, 1972) para este esquema.

[22] Platón (2000), capítulos VII y VIII, pp. 351, 385, 443.

[23] Aristóteles (1998), 1252a. Aristóteles desarrolla su teoría de la esclavitud natural en diferentes lugares, especialmente en el primer libro de su tratado; ver por ejemplo 1252a, 1252b, 1254a, 1254b, 1255a y 1255b.

[24] Aristóteles, *Política* (1998), 1260a y 1260b.

[25] Werner Jaeger (2001), p. 61.

[26] A. W. H. Adkins (1972), pp. 99 y ss.

[27] Sigo asimismo a Arthur W. H. Adkins (1972 y 1960).

[28] G. R. Stanton (1990), pp. 40-41.

[29] John Keane (2009), 637.

[30] Carta escrita en el año 376 y dirigida a Vettio Agorio Pretestato, citada por Sergio Roda en la «Premessa» de *La parte migliore del genere umano. Aristocrazie, potere e ideologia nell'Occidente tardoantico*, Sergio Roda (ed.), Turín, Scriptorium, 1994, s/n.

[31] Citado por Carlo Ginzburg (1972), p. 658.

[32] Así lo expresa Washington en una carta del 7 de septiembre de 1783 dirigida a James Duane, presidente de la Comisión de Asuntos Indígenas del Congreso de Estados Unidos. En George Washington, vol. 27.

[33] Frank Barat (2011). Véase *infra* cap. VII, p. 185.

[34] En Louis Sala Molins (2006), p. 2.

[35] Petrarca (2011), *Mi Secreto*, pp. 149-150, Epístola senil X, 2, p. 545; Marsilio Ficino (2009), carta 55, p. 113; y, Pico della Mirandola, *Oratio*, §5, 1723 y § 6 2431.

[36] Se ha llamado «zoos humanos» a la «exhibición de seres humanos exóticos», es decir, inferiores, que, como resultado de la colonización del mundo surge en Europa y Estados Unidos como forma de «espectáculo, educación y dominación» y, según se asegura, se inscribía en «la producción del saber». En cuanto a las exposiciones coloniales, hay que decir que empezaron en la década de 1830. Similares a las exposiciones de animales salvajes, momias o «fenómenos de la naturaleza», esas exposiciones se nutrían de seres humanos traídos de las colonias. Podían verse a menudo en París, Londres o Nueva York, por ejemplo. «Esas exhibiciones de seres humanos no occidentales eran en realidad eminentemente instructivas, pues enviaban a los espectadores británicos mensajes esenciales sobre su propio lugar en la jerarquía de las razas y de las civilizaciones», asegura Nadja Durbach (2011), p. 124.

[37] «... they ain't human. They look like a man and they walk on their hind legs like a man, and they can talk and you can understand them and you think they are understanding you, at least now and then. But when it comes to the normal human feelings and sentiments of human beings, they might just as well be a damn herd of wild buffaloes», «Pantaloon in Black», en W. Faulkner, *Go Down Moses and Other Stories*, 2049. La traducción es de Ana María de Foronda, «Sonata en negro», en William Faulkner, *Desciende Moisés*, Argos Vergara, Barcelona, 1980, p. 117.

III
LA TRANSMISIÓN

[1] Sobre la «diáspora» medieval de la nobleza europea se puede consultar con provecho Robert Bartlett (1993).

[2] Algunas de las ideas expuestas en este apartado fueron discutidas con la profesora Nela Filimon y quedaron materializadas en el artículo N. Filimon & M. Campaña (2014). «The Role of Greco-Christianity in Preserving Ancient Aristocratic Cultural Values», en *Procedia. Social and Behavioral Sciences*, 140, pp. 517-521, presentado previamente en la 2nd World Conference on Psychology and Sociology (PSYSOC 2013), 27-29 de noviembre de 2013, Bruselas, Bélgica.

[3] James S. Jeffers (1999), p. 194.

[4] «This school, set up in the Painted Hall (Stoa Poikile), by Zeno of Citium, in Cyprus (335-263), taught a complete philosophical system which with certain modifications was to flourish throughout the Hellenistic period and to become the most popular philosophy during the first two centuries of the Roman Empire», F. W. Walbank (1980), p. 180, citado por Quency E. Wallace (2002), http:// www.biblicaltheology.com/Research/WallaceQ01.html

[5] «Bonus itaque Romani clavus imperii, qui totum regit orbem ac vestit principum frontem»: «Oración a la muerte de Teodosio», en Ambrosio de Milán (2011), pp. 334-335.

[6] Pagden, op. cit., p. VI.

[7] Citado en Robert Folz (1969), p. 177.

[8] William Holden Hutton (1906), p. 32.

[9] Véanse, por ejemplo, las bulas *Inter caetera* y *Eximiae devotionis* del papa Alejandro VI, ambas del 3 de mayo de 1493.

[10] San Agustín lo deja entrever casualmente en una de sus cartas a Nebridius, en el año 387, el mismo de su bautizo en la fe cristiana. En esa carta dice: «ut dicimus hominem, quasi hominem in comparatione homi-

nis illius quem Plato noverat; aut quasi rotunda et quasi quadra ea quae videmus, cum longe ab eis absint quae paucorum animus videt» («Y llamamos hombre a quien es solo medio hombre si lo comparamos con la idea de hombre de Platón, del mismo modo que en las cosas que vemos llamamos redondo o cuadrado a lo que carece de la perfección de esas formas que ve la mente de unos pocos»), S. Aurelii Augustini, *Epistolae*, Secundum, p. 64, http://www.documentacatholicaomnia.eu/02m/03540430,_Augustinus,_Epistolae,_MLT.pdf

[11] Denise Kimber Buell, «Why this New Race: Ethnic Reasoning in Early Christianity», citada por Jonathan Boyarin (2009), pp. 71-72.

[12] Denise Kimber Buell (2005), especialmente 1637, 1880, 1888 y 1897, además de los capítulos II y V.

[13] Citado en Thomas N. Bisson (1995), 3060.

[14] «Pope Urban II at Clermont, Account from Chronicle Fulcher of Chartres», en *The First Crusade: Primary Accounts, Fulcher of Chartres et al.*, Charles River Editors, p. 8.

[15] Clemente de Roma (1994), pp. 119-121.

[16] Werner Jaeger (1961), p. 81.

[17] Clemente de Roma (1994), pp. 149-151.

[18] Cicerón, *La república*, 1.34.51, en Orlando Patterson (1991), p. 265.

[19] El filósofo Tomás de Aquino y los papas León XIII, Pío X y Pío XII son buenos ejemplos. El primero escribió que así como en el cuerpo hay un órgano principal, como el corazón o la cabeza, que mueve a los otros, asimismo entre la multitud debe haber un poder que gobierne; en el caso de la comunidad perfecta ese hombre es el rey. En Aquino (1997), pp. 177-179. Los papas usaron la metáfora en alocuciones varias, en el mismo sentido de Clemente. Una selección de sus textos puede verse en Oliveira (1993), s/f.

[20] Kreider (2005), p. 64.

[21] El emperador, jefe supremo de la nueva Iglesia, tomaba decisiones sobre la misma estructura de la nueva institución: «Deseoso de que haya entre los ministros de la religión la misma gradación de rangos que existía entre los oficiales del estado, [Constantino] asumió la facultad de disponerlos como patriarcas, exarcas, metropolitanos y arzobispos», Daniel Parish Kidder (2012), p. 27.

[22] En algunos casos, los papas formaron parte de una dinastía de casas nobiliarias que rivalizaban entre sí y demostraban su poder mediante la posesión del papado y arzobispados. Algunos de las más reputadas casas europeas tienen entre sus miembros a más de un papa. Gregorio Magno, uno de los doctores de la Iglesia, papa entre los años 590 y 640, procedía de una familia, los Anicia, que contaba entre sus miembros a los papas Félix III y Agapito I, y a dos santos. Medicis fueron los papas León X

y Clemente VII; Della Rovere fueron Sixto IV y su sobrino, el famoso Julio II, más recordado por su encargo a Miguel Ángel del techo de la capilla Sixtina. La casa de los Colonna está llena de cardenales y en su árbol hay un papa. La de los Orsini tiene tres papas y treinta y cuatro cardenales; los Tusculum, seis o siete papas —no está claro que Sergio III (904-911) haya sido consanguíneo de los Tusculum, o solo parte de su red de afinidades—: Juan XI (931-935), Juan XII (elegido a los dieciocho años de edad; 955-963), Benedicto VII (974-983), Benedicto VIII (¿?-1024), Juan XIX (1024-1032) y Benedicto IX (1012-1055). Pero el nepotismo nobiliario papal no se manifestaba solo en la preferencia de los parientes para la designación de altos cargos, sino también en la frecuente inclinación de papas y cardenales a acrecentar la fortuna de sus familiares aprovechando sus cargos. Una buena fuente en castellano para este tema es Sandro Carocci (2007).

[23] Ramón Teja (1999), p. 77.

[24] Joseph Morsel (2004), p. 30.

[25] «In the late fourth and fifth centuries, many bishops of senatorial background in Gaul attained their appointment, just like their colleagues in the Pars Orientis, after many years in office in the civil administration», Claudia Rapp (2005), p.193.

[26] La relación entre la concepción medieval, cristiana, de imperio, y su influencia en la elaboración de la ideal imperial moderna ha sido convincentemente expuesta por historiadores como Anthony Pagden (1995) y James Muldoon (1999), respectivamente.

[27] Jennifer A. Glance (2011), localización 30.

[28] Patterson (1991) p. 320.

[29] Orlando Patterson, especialista en la historia de la libertad y la esclavitud, ha escrito, a propósito de la teología de la libertad de san Pablo, que «all who live in a large scale slave society are in one way or another influenced by it, be they monarch or beggar, slave or free, rich or poor, male or female. In a large scale slave society, the slave relation, like a cancer in the blood, pervades all, pollutes all, degrades all», ibídem, p. 319.

[30] Peter Garnsey (1996), pp. 180-181 y 176-179.

[31] Ibídem, p. 173.

[32] F. Homes Dudden, (2012), 1074.

[33] «Corona de cruce ut fides lucernat», «habena quoque de cruce ut potestas regat» y «Habeant hoc etiam principes Christi sibi liberalitate concessum»: en «Oración a la muerte de Teodosio» («De obitu Theodosii», en Ambrosio de Milán (2011), pp. 334-337.

[34] En Peter Garnsey (1996), p. 197.

[35] Ibídem, p. 196.

[36] Ibídem, p. 200.

[37] *Three Books on the Duty of the Clergy*, en Ambrosio de Milán (2005b), p. 91.

[38] Ibídem, nota 4, p. 198.

[39] La definición que los santos de la Iglesia católica han dado de «los bárbaros» es merecedora de atención. Ambrosio no está ni mucho menos solo. Patrick, el santo nacional irlandés, por ejemplo, los consideraba «fellow citizen of the demons».

[40] «Proinde bonus etiamsi serviat, liber est; malus autem etiamsi regnet, servut est», San Agustín (2007), p. 228.

[41] Peter Garnsey (1996), pp. 128-133 y Orlando Patterson (1991), pp. 267-269.

[42] Frederik Pijper (1909), pp. 676 y 682.

[43] Neil Bronwen, «The Papacy in the Age of Gregory the Great», en Neil Bronwen (ed.), *A Companion to Gregory the Great* (2013).

[44] Frances Gardiner Davenport (1917), pp. 20-26.

[45] Guido Clemente (1994), p. 78.

[46] Salzman (2004), p. 200.

[47] Dominic Janes (1998), p. 159.

[48] Alan Kreider ha insistido con importantes trabajos sobre el «cambio en el modelo de conversión» del cristianismo antiguo. Sigo en este apartado a Alan Kreider (2006), p. 346.

[49] Alan Kreider, *The Origins of Christendom in the West*, pp. 25-26.

[50] Salzman (2004), p. 218.

[51] Hablando de la avaricia, Salzman asegura que Chromatius, obispo de Aquileia, «adapts the traditional Roman criticism of avarice as morally destructive into a Christian framework that justifies wealth», ibídem, pp. 205-206.

[52] Ibídem, p. 205

[53] «Usa en ti mismo lo más valioso, y da a los pobres las cosas que sean inferiores», aconseja Agustín, citado por Salzman, ibídem, p. 206.

[54] Ibídem, p. 208.

[55] Ibídem, p. 213.

[56] Ídem.

[57] Claudia Rapp (2005), p. 187.

[58] Salzman (2004), p. 216.

[59] Entre los hombres ilustres de Jerónimo, naturalmente, estaban los apóstoles, pero no todos ellos, sino solo quienes escribieron libros: los cuatro evangelistas y san Pablo; de los otros no hay noticias. Ninguna mujer. Uno de los ilustres es Filo, un hombre de la alta nobleza que opinaba que «todo estúpido debe ser esclavo».

[60] Salzman (2004), p. 212.

[61] Hieronymus (2006), Prologus, 2, «Non invidia motus».

[62] Clemente de Roma (1994), XI, 1, pp. 85-87.

[63] San Agustín (2007), v. I., p. 337.

[64] Ibídem, pp. 333 y 338.

[65] Ángela Atienza López en Esteban Sarasa y Eliseo Serrano (2010), p. 237.

[66] Ídem, pp. 237-247.

[67] James Craigie Robertson (1862), pp. 409-410.

[68] C. Stephen Jaeger (1991), p. 22.

[69] Alexandre Murray, «Reason and Society in the Middle Age (Oxford, 1978), pp. 342-344; y Michel Parisse, *La Noblesse lorraine, XIe-XIIe siècle* (Universitè de Nancy II, 1975), pp. 339-340, ambos citados por Constant Brittain Bouchard (2009), p. 46, nota 1.

[70] John McManners (1998), pp. 210-211.

[71] Ibídem, p. 227.

[72] Claudia Rapp (2000), p. 200.

[73] McManners (1998), p. 251.

[74] Rudolf Braun (1997), p. 319.

[75] Jonathan Dewald (1996), pp. 60-61.

[76] *The Manual of Rank and Nobility or Key to the Peerage*, Londres, Saunders and Otley, 1828, pp. 129-130.

[77] Hélène Millet y Peter Moraw (1997), p. 228.

[78] Keith Thomas (1971), 2982.

[79] Stendhal (1997), capítulo XXIII, 6493.

[80] No ignoro la aparición episódica en la Iglesia, a partir del año 1 000, de movimientos opositores a la simonía y la riqueza, de grupos subversivos y mesiánicos que se rebelaron contra la doctrina de la jerarquía eclesiástica, pero me atengo a su escasa o nula influencia: tratados como herejías, todos fueron marginados o directamente expulsados. Las órdenes que reivindicaban la pobreza, como la franciscana y la carmelita, subordinaron su doctrina sin conflicto a las directrices del alto clero.

[81] Luis Weckmann (1949), pp. 147-148.

[82] J.N. Figgis, *Political Thought from Gerson to Grotius: 1415-1625*, citado en James Muldoon (1999), p. 65.

[83] *Summa teologiae*, 145, 2, 2: «Alia vero quae sunt infra virtutem honorantur, inquantum coadjuvant ad operationem virtutis, sicut nobilitas, potentia et divitiae», citado por Quentin Skinner (1987), p. 137.

[84] En *De Regno*, 9, 11, 12 y 14.

[85] Quentin Skinner (1987), p. 137.

86 Richard Bushman (1992), p. 80.

87 Un magnífico estudio sobre simbología imperial y de la realeza y la exhibición de riquezas en el arte cristiano es *God and Gold in Late Antiquity*, de Dominic Janes (1998), ya citado, especialmente el capítulo 5, «The Christian Display of Wealth», pp. 153-164.

88 Francisco Bethencourt y Jean Birrel (2009), p. 141.

89 Sobre la acumulación de propiedades y toda clase de riqueza material por parte de la Iglesia católica en las diferentes épocas y lugares se ha escrito mucho: menos se conoce sobre el enriquecimiento de su aristocracia, especialmente de papas y cardenales. Lo que se sabe, sin embargo, es suficiente para reconocer hasta qué punto la élite eclesiástica asimiló para su propio provecho la reforma de la doctrina original sobre la riqueza. Basta recordar el conocido ejemplo del papa Bonifacio VIII: «Antes de ser elegido pontífice, Benedetto Caetani adquirió durante su cardenalato dos buenos castillos y los territorios adscritos, parcela a parcela y casa a casa, y logró además acumular entre cantidades en metálico y artículos preciosos un tesoro inmenso. Para su transporte eran necesarios ochenta animales y su valor superaba, según algunos cronistas, los doscientos mil florines», en Sandro Carocci (2007), p. 57.

90 D. Kertzer (2014), 3455-3468.

91 Ídem.

92 El pacto, de tres puntos, se suscribió el 6 de agosto de 1938. En el tercer punto la «Santa Sede» se comprometía a no criticar las leyes raciales —antijudías— del dictador Mussolini y a que «la prensa católica, los sacerdotes, los portavoces católicos y similares se abstendrán de hablar de este asunto en público»: D. Kertzer (2014), 5217.

IV
LA BURGUESÍA Y LA TRANSMISIÓN

1 Jacques Heers (2012), p. 204.

2 Un buen ejemplo es lo que ocurrió con la inicial prohibición eclesiástica sobre el préstamo con interés, rechazado en los Evangelios y aún repudiado por Martín Lutero en su célebre sermón de 1524 sobre la usura y el comercio, pero siempre tolerado, y aprobado ya en los siglos XIX y XX, al punto que hoy el mismo Vaticano lo practica.

3 Véase por ejemplo Stephen Greenblatt (1979), pp. 46-47, y David Sabean (1994), pp. 201-206.

4 Adam Smith (2010), 977.

5 John Keane (2009), 881.

[6] Es la fecha de publicación del célebre folleto *La Noblesse commerçante*, del abad Gabriel François Coyer, París, Duchesne.

[7] John Locke, *Second Treatise of Government*, p. 32.

[8] «I cannot be supposed to understand all sort of "equality". Age or virtue may give men a just precedency. Excellency of parts and merit may place others above the common level».

[9] Montesquieu (2011), 2966.

[10] «Attracting the attention of scarce anybody but the most studious and careful observer. They are the wise and virtuous chiefly, a select, though, I am afraid, but small party, who are the real and steady admirers of wisdom and virtue. The great mob of mankind are the admirers and worshippers, and, what may seem more extraordinary, most frequently the disinterested admirers and worshippers, of wealth and greatness», Adam Smith (2010) 1171.

[11] Adam Smith, *Theory of Moral Sentiments*, 4717.

[12] Adam Smith (2010), 5073.

[13] Robert Michels (2008), 335.

[14] Ídem.

[15] Arno J. Mayer (1981), p. 86.

[16] Ellery Schalk (1986), pp. 174-201; y Lawrence Stone (1967), pp. 301-331.

[17] Fernand Braudel (1992), pp. 477 y 476.

[18] Arno J. Mayer (1981), p. 81.

[19] Guy Chaussinand Nogaret (1985); el libro originalmente apareció en 1976 y fue traducido al inglés en 1985. La cita corresponde a la edición inglesa, traducción del historiador William Doyle, pp. 23, 39-42.

[20] Jonathan Dewald (1996), p. 105.

[21] Ibídem, pp. 60-107; la cita procede de p. 95. Sigo al autor en su sistemática revisión de la antigua historiografía acerca de los grupos nobiliarios europeos, que identifica a la nobleza como un actor tan determinante como la misma burguesía, en este período.

[22] Peter Burke (1998), pp. 73, 162, 177, y Robert Bartlett (1993), especialmente capítulo 11.

[23] Baltasar Gracián (1669), p. 25.

[24] Les Cases, *Memorial*, I, 895, citado por William Doyle (2010), p. 316.

[25] William Doyle (2010), pp. 309-310.

[26] Los liberales plantearon entonces «una nueva aristocracia», una «aristocracia verdadera y natural» basada no en el linaje ni en la tierra, sino en los méritos, que debía desempeñar la misma función que sus defensores atribuían a la aristocracia tradicional; esto es, actuar como «un

poder intermedio» entre el rey y el pueblo. «The theme of the new aristocracy was propagated by liberals of various stripes and colours», Annelien de Dijn (2008), p. 111

[27] Arno J. Mayer (1981), p. 102.

[28] Ibídem, p. 81.

[29] Guy Chaussinand Nogaret (1985), p. 116.

V
LA CULTURA DE LAS DEMOCRACIAS MODERNAS

[1] «Los ciudadanos no deben tener una vida de artesanos o comerciantes, porque una vida tal es innoble y enemiga de la *areté*. Tampoco deben tener una vida de agricultores, porque el ocio es necesario para su desarrollo», Platón, *Las leyes*, 741, citado por R. W. Livingstone (1936), p. 107.

[2] «Commerce —dice Hume— [...] is apt to decay in absolute governments, not because it is there less secure, but because it is less honourable. A subordination of rank is absolutely necessary to the support of monarchy. Birth, titles, and place, must be honoured above industry and riches. And while these notions prevail, all the considerable traders will be tempted to throw up their commerce, in order to purchase some of those employments, to which privileges and honours are annexed», en David Hume (2011), 1253.

[3] Montesquieu (2011), 61586168.

[4] Ibídem, 92. La gobernabilidad fue la gran baza ofrecida por la democracia y en ella se concentró Locke en su obra *Second Treatise of Government*, que puso las bases del gobierno representativo, primera formulación de la democracia que prescinde de la participación directa del pueblo, en el que reside la soberanía.

[5] Tal «comportamiento civilizado» promovido o suscitado por el comercio, dice Jerry Zuller (2002), «fue casi un lugar común en todo el pensamiento iluminista», p. 72.

[6] «Lorsque la démocratie est fondée sur le commerce, il peut fort bien arriver que des particuliers y aient de grandes richesses, et que les mœurs n'y soient pas corrompues», dice Montesquieu en *De l'Esprit des lois*.

[7] «Free institutions are indispensable to the preservation of commerce», Joseph Cropsey, *Political and Economy: An Interpretation of the Principle of Adam Smith*, citado por Hirschman (1997), p. 104.

[8] «The spirit of liberty appears, in commercial countries, to depend chiefly upon two circumstances: first, the condition of the people rela-

tive to the distribution of property, and the means of subsistence: secondly, the facility with which the several members of society are enabled to associate and to act in concert with one another», ibídem, p. 89.

[9] *La democracia en América*, vol. 2, parte 2, capítulo 14, citado por Hirschman (1997), p. 123.

[10] Charles Dunoyer, *De la liberté du travail*, citado por Amelien de Dijn (2008), p. 92.

[11] «Natural Rights in this sense create a proper moral distance between men, a claim to a certain individual autonomy. Men's natural liberty is their chief moral resource», J. S. McClelland (1996), p. 240.

[12] En la gobernabilidad se concentró John Locke en su obra *Second Treatise of Goverment*, que puso las bases del gobierno representativo, primera formulación de la democracia.

[13] John Stuart Mill (1862), p. 46.

[14] Ibídem, pp. 77-79.

[15] «Consists partly of the degree in which they promote the general mental advancement of the community, including under that phrase advancement in intellect, in virtue, and in practical activity and efficiently, and partly of the degree of perfection with which they organize the moral, intellectual, and active worth already existing», Mill (1862), p. 43.

[16] J. S. Mill (1862), p. 42.

[17] Montesquieu (2011), 686.

[18] George Kateb (1992), p. 154.

[19] Ídem.

[20] Ibídem, pp. 39-40.

[21] Abad Sieyés, *Préliminaire de la Constitution françoise. Reconnoissance et exposition raisonnée des droits de l'homme et du citoyen*, Versalles, 1789, edición Gallica, biblioteca numérica, http://gallica.bnf.fr/ark:/12148/bpt6k41690g/f4.image, p. 37.

[22] «Debates over the status of servants, the propertyless, and the poor continued in France and elsewhere in the Western world throughout the nineteenth century and were not definitely resolved until the twentieth», Lynn Hunt (1996), pp. 19-20.

[23] «We hold these truths to be self-evident, that all men are created equal, that they are endowed by their Creator with certain unalienable rights, that among these are life, liberty, and the pursuit of happiness».

[24] Estos recién serían liberados con la decimotercera enmienda, en 1865, y adquirían la calidad de ciudadanos con la decimocuarta, en 1867.

[25] Jürgen Habermas (2005), p. 13.

VI
CULTURA ARISTOCRÁTICA AMERICANA

[1] Chester G. Starr (1982), p. 46.
[2] Véase, por ejemplo, la obra de Lawrence Stone (1973).
[3] Balmori, Voss y Wortman (1984), pp. 13-51, especialmente 29.
[4] Ibídem, p. 7.
[5] Balmori, Voss y Wortman (1984), p. 14 y ss.
[6] Gordon S. Wood (2011a), p. 31.
[7] Mark A. Burkholder y Lyman L. Johnson (2008), p. 198.
[8] H. James, p. 44.
[9] R. R. Palmer (1971), pp. 48 y 194.
[10] Richard L. Bushman (1992), pp. 323-324.
[11] Edward Gray (2003), p. 111.
[12] Bernard Burke, citado por François Weil (2013), p. 43.
[13] Citado en François Weil (2013), p. 22.
[14] Merrill D. Peterson (1977), p. 21.
[15] Michael Arnheim (2009), pp. 25, 26 y 68. En esta última página dice: «Neither the word democracy nor the word democratic figure anywhere in the text of the Constitution» («Ni la palabra *democracia* ni la palabra *democrático* figuran en ninguna parte en el texto de la constitución»).
[16] Thomas Jefferson, carta al presidente de Estados Unidos, del 9 de septiembre de 1792, y a Phillip Mazzei, del 24 de abril de 1796, respectivamente, en Merrill D. Peterson (1975), pp. 44-56, 470. Referencia en Bruce Miroff (2000), p. 367.
[17] Citado por Bruce Miroff (2000), pp. 17 y 221.
[18] Citado por Michael Arnheim (2009), p. 25.
[19] Citado por Bruce Miroff (2000), pp. 25 y 72-73.
[20] François Weil (2013), p. 26.
[21] Thomas Jefferson, *Autobiography*, p. 35. Thomas Jefferson, carta a John Adams del 28 de octubre de 1813, en Merrill Peterson (1977), p. 537.
[22] Carta a John Adams del 28 de octubre de 1813, en Merrill Peterson (1977), p. 537.
[23] Thomas Jefferson, *Autobiography*, p. 47.
[24] Sus propiedades incluían unos cuarenta mil acres de tierra en varios estados. Su faceta como hombre de negocios fue muy dúctil y variada. En 1778 incluso llegó a proponer un intercambio comercial muy heterodoxo: quería tierras a cambio de esclavos, «Negroes, of whom I every day long more to get clear of», Bernard Faÿ (1931), p. 180.
[25] «Rules of Civility and Decent Behaviour in Company and Conver-

sation»: 110 máximas capaces de marcar no solo las maneras sino la mente y la personalidad de un adolescente.

[26] Richard Brookhiser, Lorraine Smith Pangle y Thomas L. Pangle, citados por Sharon R. Krause (2002), p. 103.

[27] Paul Leicester Ford (1986), p. 247.

[28] Carta del 6 de marzo de 1779 al mayor general Horatio Gates, en *The Writings of George Washington from the Original Manuscript Sources*, vol. 14, Electronic Text Center, University of Virginia Library, carta mencionada en Barbara Alice Mann (2005), pp. 56, 191.

[29] Carta de George Washington del 31 de mayo de 1779 al general John Sullivan, citada en ibídem, p. 56. La guerra contra los nativos no fue ni mucho menos aceptada por todos los colonos o ciudadanos del nuevo país. Washington Irving, por ejemplo, «openly questioned the three "rights" by which europeans loftily intellectualized genocide for land seizure: the "right by conquest", the "right by cultivation"; and, the "right by civilization". In reality, Irving alleged, they exercised but one right in taking what they wanted: "RIGHT OF EXTERMINATION", which, Irving elucidated, meant "RIGHT BY GUNPOWDER"», Barbara Alice Mann (2005), p. 54.

[30] Ídem, pp. 37-38.

[31] Citado por Francis Jennings (1990), p. 63. La cita textual de Washington parece ser esta: «The Settlement of the Western Country and making a Peace with the Indians are so analogous that there can be no definition of the one without involving considerations of the other. For I repeat it, again, and I am clear in my opinion, that policy and economy point very strongly to the expediency of being upon good terms with the Indians, and the propriety of purchasing their Lands in preference to attempting to drive them by force of arms out of their Country; which as we have already experienced is like driving the Wild Beasts of the Forest which will return as soon as the pursuit is at an end and fall perhaps on those that are left there; when the gradual extension of our Settlements will as certainly cause the Savage as the Wolf to retire; both being beasts of prey tho' they differ in shape. In a word there is nothing to be obtained by an Indian War but the Soil they live on and this can be had by purchase at less expense, and without that bloodshed, and those distresses which helpless Women and Children are made partakers of in all kinds of disputes with them», carta del 7 de septiembre de 1783, dirigida a James Duane, presidente de la Comisión de Asuntos Indígenas del Congreso, en *The Writings of George Washington from the Original Manuscript Sources*, vol. 27, Electronic Text Center, University of Virginia Library.

[32] Jean Pierre Brissot de Warville (2011), p. 255. La de Warville no puede ser observación casual, pues «estudiar las condiciones del negro

en América fue uno de los objetos de su visita a América». El traductor del libro decía en 1792 que las observaciones de Warville «appear to be those of a well-informed reasoner, and an unprejudiced inquirer». Hoy los historiadores coinciden en aceptar esa cifra como la que corresponde al número de esclavos de Washington.

33 Bernard Faÿ (1931), p. 246.

34 R. P. Palmer (1971), p. 195.

35 «The late eighteenth century in the Atlantic world has been called "the age of the democratic revolution". It might better be called "the age of the republican revolution". For it was republicanism and republican principles, not democracy, that brought down the ancient monarchies», Gordon S. Wood (2011b), p. 57.

36 «Even members of the liberal professions if they were too dependent of their work as source of income, were regarded as ill equipped for virtuous leadership», Gordon S. Wood (2011a), p. 107.

37 Alexis de Tocqueville (1985), p. 212.

38 Joseph F. Kett (2013), p. 5 y capítulo 4, pp. 93-125.

39 Antoni Furió (2002), pp. 23-24.

40 Ruth Pike (1970), p. 86.

41 Esteban Mira Caballos (2003), p. 3.

42 Antonio Rodríguez Ortiz (2003), p. 37.

43 Hugh Thomas (1997), p. 82.

44 Mark A. Burkholder y Lyman L. Johnson (2008), p. 151.

45 Laennec Hurbon, «The Church and Afroamerican Slavery», en Enrique Dussel (1992), pp. 363 y 365.

46 Ibídem, p. 368.

47 Antonio Domínguez Ortiz (2012), pp. 220, 221 y 213.

48 Américo Castro (1983, reimpresión 2001), p. 566.

49 «The Catholic Church owned more slaves than any other institution ... By the eighteenth century the Society of Jesus was the single largest owner of slaves in the Americas», Mark A. Burkholder y Lyman L. Johnson (2008), p. 152.

50 Casos mencionados por el historiador Antonio Domínguez Ortiz (2012), p. 216, y nota 14.

51 Uno de los innumerables casos en que ese desprecio se puso de manifiesto, como un asunto de facto, lo ofrece el de la orden de los dominicos de Arequipa, con ocasión del intento del prefecto de derribar los muros que rodeaban el monasterio por necesidad urbanística. Los dominicos se opusieron, negándose a «join [their] cells to numerous neighborhoods, of generally vulgar and uneducated people, in which some sing, others dance, those argue, these shout, the kids cry, the dogs bark, the

workshops hammer, the guitars play impure and profane songs, and all this within our earshot», Sara C. Chambers (1999), pp. 91-92.

[52] Jonathan Dewald (1996), pp. 23-25.

[53] Américo Castro (2001), p. 567.

[54] Américo Castro (1970), p. 197.

[55] Mark A. Burkholder (1998), p. 19.

[56] Antonio Domínguez Ortiz (2012), pp. 271-287, especialmente pp. 283-284.

[57] L. P. Wright, «The Military Orders in Sixteenth and Seventeenth Century Spanish Society», citado en Mark A. Burkholder (1998), p. 20

[58] Ibídem, p. 21.

[59] Ibídem, p. 22.

[60] Cristián Camacho, «El origen social del conquistador español y sus objetivos económicos y sociopolíticos en Venezuela»; Mérida, Venezuela, Saber Universidad de Los Andes, http://www.saber.ula.ve/bitstream/123456789/23094/1/articulo35.pdf, s/n.

[61] Ídem.

[62] Américo Castro (2001), p. 557.

[63] En Lyman y Lipsett-Rivera (1998), p. 24.

[64] Esteban Mira Caballos (2003), p. 5.

[65] Jeremy Numford (2009), p. 54.

[66] Julio de Atienza (1947), pp. 445-449.

[67] Clara E. Herrera (2013), p. 70.

[68] Ídem.

[69] Citado en Burkholder y Lyman (2008), p. 265.

[70] Jeremy Numford (2009), p. 53.

[71] El lector interesado puede ver algunas listas de obras censuradas en el clásico libro *Books of the Brave* (Irving A. Leonard, 1992), pp. 337-403.

[72] Burkholder y Lyman (2008), p. 405.

[73] Ana María Bidegain (1992), p. 93.

[74] Johannes Meier (1992), p. 382.

[75] Burkholder y Lyman (2008), p. 406.

VII
LOS IDEALES

[1] Marsilio Ficino (2009), carta 55, p. 113.

[2] Pico della Mirandola, *Oratio*, §5, 1723 y § 6, 2431.

[3] George Washington, carta del 7 de septiembre de 1783. Véase nota 31 del capítulo VI («Cultura aristocrática americana»).

[4] La noción de humanidad como simple unidad biocultural que culmina el proceso de hominización no ha terminado de asentarse y por tanto aún no es base suficiente para el reconocimiento de una dignidad común a todos los hombres. El futuro afianzamiento de esta noción dejará atrás antiguas discusiones particularmente europeas sobre la humanidad verdadera y falsa, en las que no faltaron debates sobre la naturaleza de los conocidos como «enfants sauvages» y de los personajes que poblaron los llamados «zoológicos humanos»: ninguna peculiaridad —anatómica, mental, sensorial o de otro tipo— puede desconocer la condición de esa unidad biológica y cultural que ha culminado el proceso de hominización.

[5] «The United States has guarantees of personal rights that go beyond maybe any other country. But have a look at them. The amendments of the constitution state very explicitly that no person can be deprived of rights without due process of law. It reappears in the 14th amendment – it was in the 5th amendment, it was intended to apply to freed slaves but it's never been applied to them. The courts narrowed the meaning and broadened the meaning crucially. They broadened the meaning to include corporations: fictitious legal entities established by a state power. So they were given the rights of persons, by now rights way beyond persons. On the other hand, it was also narrowed because the term person, you might think, would also apply to those creatures walking around doing the dirty work in the society, who don't happen to have documents. And that wouldn't do, because they must be deprived of rights. So the courts, in their wisdom, decided they're not persons. The only persons are people with citizenship.» («Los Estados Unidos tienen garantías de los derechos personales que van más allá, tal vez, que las de ningún otro país. Pero hay que echarles un vistazo. Las enmiendas de la Constitución establecen explícitamente que ninguna persona puede ser privada de sus derechos sin el debido proceso de ley. La disposición aparece en la enmienda 14; estaba en la quinta enmienda, que intentó aplicarse a los esclavos liberados, pero nunca se les aplicó. Los tribunales limitaron y ampliaron el significado de modo crucial. Se amplió el significado para incluir a las corporaciones: entidades legales ficticias establecidas por un poder estatal. Así que se les dio los derechos de personas, incluso derechos que van mucho más allá que los de las personas. Por otro lado, se produjo una reducción, porque el término persona, se podría pensar, también se aplicaría a aquellas criaturas que caminan por ahí haciendo el trabajo sucio en la sociedad, que resultan no tener documentos. Y eso no podría ser, porque estos seres deben ser privados de derechos. Así que los tribunales, en su sabiduría, decidieron que estos no son personas. Las únicas personas son la gente con ciudadanía»), Frank Barat (2011).

[6] Los dos estatutos mencionados pueden ser consultados en el sitio oficial de la Real Academia de la Lengua Española, en http://www.rae.es/la-institucion/organizacion/estatutos

[7] Félix de Azúa: «La educación en Catalunya consiste en enseñar odio a España y a lo español», en *La Vanguardia*, 13 de marzo de 2016, http://www.lavanguardia.com/politica/20160313/40402239686/felix-de-azua-educacion-cataluna.html

[8] La cultura de esclavos, siervos, campesinos y obreros europeos, africanos y americanos, los «ofendidos de la tierra», posiblemente difiera de un continente y otro. Tal vez sea distinto el caso de los grupos primigenios u originarios, que suelen mantener mundos más cohesionados.

[9] Jürgen Habermas (2005), p. 15.

[10] Sigo a Pierre Bourdieu (1998), pp. 392-395.

[11] Cayetana Álvarez de Toledo (2015), «Me encantaría que Preysler se uniese a Libres e Iguales», respuesta a Emilia Landaluce, *El Mundo*, 8 de agosto de 2015, http://www.elmundo.es/cultura/2015/08/08/55c4957846163fd05b8b4581.html

[12] Arcadi Espada, «La calumnia, lisa y llanamente», en *El Mundo*, 27 de marzo de 2016, http://www.elmundo.es/opinion/2016/03/27/56f6ba9a46163fd34b8b45a8.html

[13] Lani Guinier (2015), p. 33.

[14] Arthur W. H. Adkins (1960), p. 77.

[15] San Agustín (2007), p. 705.

[16] María Rosa Lida de Malkiel (2006), pp. 15-31 y 32-102. Véase también la p. 113, donde la autora afirma que «el pensamiento de la Antigüedad clásica, fijado en la literatura romana, transmite a la Edad Media su apreciación entusiástica por la fama».

[17] Leo Braudy (1986), pp. 56-57.

[18] Cicerón (2009), p. 135.

[19] Citado por Leslie Paul Thiele (1990), p. 22.

[20] Paul Bénichou (1999), pp. 28-30.

[21] François Weil (2013), pp. 198-199. En el año 2005, el 73 por ciento de los estadounidenses declaraba estar «muy interesado» en su historia familiar y en saber quiénes fueron sus ancestros. Asimismo es indicativo de la orientación de ese interés el hecho de que hasta el éxito de la serie de televisión *Raíces*—que remitía a ancestros africanos— el interés por la genealogía fuera básicamente de blancos.

[22] Montesquieu (2011), 1575.

[23] Adam Smith (2010), 5066.

[24] Jacques Carré, «L'Espace du club londonien au XIX siècle», en Alain Montandon (1995), p. 41.

[25] Ídem.

[26] Richard Bushman (1992) p. 33.

[27] C. Haroche y A. Montoia, «Le duc de Saint Simon et la dimension politique de l'espace dans la société d'Ancien Régime», en Alain Montandon (1995), p. 16.

[28] Pierre Ansart (2000), p. 259.

[29] Julio de Atienza (1947), p.15.

[30] Gina Portaluppi, en mensaje privado dirigido al autor el 3 de noviembre de 2012.

[31] Dominic Janes (1998), pp. 50-58, 160-162 y 165-167.

[32] Friedrich Nietzsche (1972), p. 35.

[33] Valerie Garver (2009), pp. 22-23.

[34] Ídem.

[35] Citado en Dominique Picard, «Caractéristiques et évolution de la ritualité sociale dans les traités de savoirvivre contemporains», en Alain Montandon (1994), p. 384.

[36] Ibídem, p. 383.

[37] Donald Kagan (1991), p. 21.

[38] Antonio Domínguez Ortiz (2012), p. 147.

[39] Jacobo Siruela: «La aristocracia tiene un extraordinario instinto de supervivencia», en *El País*, Madrid, 1.º de diciembre de 2012.

[40] Jacques Carré (1995), p. 51.

VIII
CONCLUSIÓN

[1] Es indudable que en esa renovación ha jugado un papel central la Iglesia, baluarte del pensamiento aristocrático, que reforzó y aún continúa propugnando valores morales nobiliarios, no solo desde el púlpito sino también a través de la educación regular y las relaciones con los fieles como directora espiritual, unos valores que atribuye al plan de Dios para con los hombres.

[2] La idea de Aristóteles, que menciona la necesidad de todo hombre de la comunidad, carece de este matiz moral: la benevolencia ajena.

[3] «Solo homo sic prodit ut multo tempore totus a subsidio pendeat alieno», Erasmo de Rotterdam, «Dulce Bellum Inexpertis», 14, 22.

[4] «Natura uoluit hominem uitae munus tam sibi quam beneuolentiae acceptum ferre, quo uidelicet intelligeret sese gratiis esse dicatum ac necessitudini», ibídem, 14, 24.

[5] «Nec fari nouit nec ingredi nec cibum capere, uagitu tantum implo-

rat opem, ut uel hinc coniici possit solum hoc animal totum amicitiae nasci, quae mutuis officiis et coit et cohaeret potissimum», ídem.

[6] Véase Jean Pascal-Daloz (2010), capítulo 5, especialmente p. 81.

[7] Manfredo Tafuri (1985), pp. 156-157.

[8] Comentarios de Manfredo Tafuri sobre la expresión arquitectónica de las propuestas políticas venecianas durante el Renacimiento, resumidas por Roman Descendre (2014), 2384 y 3139.

[9] Mijail Bajtin (1998), p. 16.

[10] Aunque hayan pretendido lo contrario, llegando incluso a proclamar «revoluciones culturales», los estados oficialmente declarados socialistas y los gobiernos que sitúan diversas formas de socialismo como meta no se han distinguido por buscar el desarrollo de una cultura humanística renovada, que apunte a la superación de la herencia cultural del pasado secular. La prioridad en favor de los estudios y profesiones técnicas y la consiguiente hegemonía de los «ingenieros» entre los cuadros directivos de las antiguas repúblicas socialistas de Europa del Este, es inversamente proporcional a la falta de desarrollo del pensamiento humanístico, filosófico y político de esos estados en el período socialista.

[11] Que esos mecanismos surgidos en el fragor cotidiano despiertan interés lo demuestra el hecho de que, en España, en Madrid, Barcelona, Valencia y Cádiz las asociaciones y sus representantes políticos han recibido la confianza de los electores.

CONTENIDO

Esta primera edición de «Una sociedad de señores» se terminó de imprimir en Barcelona en febrero de 2017.

ALIOS · VIDI · VENTOS · ALIASQVE · PROCELLAS